# CONDUIRE UN PROJET

# DE DÉVELOPPEMENT DE PRODUIT

## Le management par la valeur

Éditions d'Organisation
1, rue Thénard
75240 Paris Cedex 05
www.editions-organisation.com

© Éditions d'Organisation, 2001
ISBN 978-2-7081-2556-8

Roland CHANUT

# CONDUIRE UN PROJET
# DE DÉVELOPPEMENT DE PRODUIT

## Le management par la valeur

Éditions
d'Organisation

# Table des matières

# Introduction

La norme européenne **EN 12973** qui présente **le concept de Management de la Valeur** en donne la définition suivante :

Le management par la Valeur est un style de management, destiné particulièrement à motiver les individus, à développer les compétences et à promouvoir les synergies et l'innovation.

Il a pour objectif de maximiser la performance globale d'un organisme.

En ce qui concerne la direction générale, le Management par la valeur repose sur une culture de l'organisme fondée sur la valeur. Il prend en compte la valeur pour les parties prenantes et les clients.

Au niveau opérationnel (activité par projet), il implique l'utilisation de méthodes et d'outils appropriés.

Dans le contexte historique de présentation de cette norme, on fait référence à l'origine de ce concept dont le père fondateur est Lawrence D MILES qui a dans les années 1940-1950 développé la démarche Analyse de la Valeur.

Cette démarche a considérablement évoluée au fil du temps ; elle est passée des produits, aux services, à de la gestion administrative.

Parallèlement elle a donné naissance à d'autres méthodes et techniques fondées sur le concept de valeur telles que la conception par coût objectif (CCO), la conception par coût global(CCG).

Toutes ces méthodes et outils reposent sur l'analyse fonctionnelle et son Cahier des Charges Fonctionnel (CdCF) ainsi que sur la maîtrise des coûts.

**La norme EN 12973 présente l'Analyse de la Valeur comme méthode et outil de référence pour la conduite de projet, dans le concept de Management par la valeur.**

Ce livre entre pleinement dans le cadre de cette norme EN 12973 et de son champ d'application. La méthodologie et les outils respectent les normes françaises et européennes dans le développement de produits*.

## Pourquoi cet ouvrage ?

Dans le cadre de la conduite de projet en développement de produit, un groupe de travail a besoin de méthodes et d'outils pour atteindre ses objectifs. Face à certaines situations le groupe ne sait pas comment résoudre le problème !

L'application de l'analyse de la valeur sur le développement de très nombreux produits dans divers secteurs d'activité (petites ou grandes entreprises), a fait apparaître un certain nombre de difficultés inhérentes à ces études.

Cette expérience de terrain a permis de rechercher et de **développer des méthodes et outils nouveaux** pour faire face à ces situations.

La méthode et les outils présentés dans cet ouvrage sont pour la plupart inédits. Certains outils sont connus, mais ils ont été remaniés et utilisés dans des conditions particulières, parfois pour des finalités différentes.

**Ces méthodes et outils de terrain ont été expérimentés et qualifiés avec succès sur de nombreux développements de produits.**

**Le progiciel VALORISE,** réalisé à partir de ces outils, est le seul qui traite de l'intégralité de la démarche Analyse de la Valeur. Il permet un gain de temps très appréciable pour l'étude du produit et le management du projet.

## Le contenu des chapitres

- Une présentation du management par la Valeur et les relations avec l'analyse de la valeur.

---

* Le terme produit est pris ici au sens large du terme, produits industriels, services, organisation, administration, procédures, procédés, process, etc.

- Un descriptif général de la démarche analyse de la valeur, les points fondamentaux et un rappel de la méthode et des outils.

- Les concepts fondamentaux de la démarche et les outils sont présentés sous une forme très directe visant l'essentiel.

- Un guide rapide des outils et de leurs concepts avec l'ordre chronologique d'utilisation.

- La liste des trente-deux outils présentés.

- Le développement détaillé des trente-deux outils avec des exemples d'applications correspondants.

## Les innovations et outils nouveaux

Les innovations sont reprises en détail dans le descriptif de chacun des outils. L'essentiel des concepts nouveaux peut se résumer ainsi :

- La notion de **check-list** pour les phases 1 orientation d'action et 2 recherche d'informations

- La recherche **des besoins et des causes fondamentales** liés au projet, au produit, à la fonction.

- Les **enquêtes internes et externes** dépendant de la chaîne des clients concernés par le développement produit.

- **L'organigramme produit** remanié dans le cadre de son application.

- La partie **analyse fonctionnelle** faite à partir du cycle de vie (utilisation particulière), des notions d'étapes clés, d'analyse séquentielle, de la cible, de l'outil systémique de recherche de fonction la Rosace, de la recherche spécifique des critères, du vrac, du compactage des fonctions, permettent d'aboutir au CdCF.

- **L'analyse de la concurrence** par un outil comparatif entre le CdCF, le produit de l'entreprise et la concurrence.

- **La maîtrise des coûts** par diverses méthodes et outils de détermination des coûts prévisionnels.

- **Le suivi et le développement** du nouveau produit.

- Les outils de **décision multi-critères fonctionnels** lors des bilans.

- Des outils de suivis pour la **conduite des réunions** avec le groupe de travail.

## La Pédagogie de l'ouvrage

L'ouvrage présente dans un premier temps les prérequis conventionnels, la démarche Analyse de la Valeur et la gestion d'un groupe de projet. Puis les concepts généraux de la méthode et des outils. Ce qui permet au lecteur d'avoir une vue très synthétique et concentrée de l'ensemble.

Dans une deuxième partie, on entre dans le détail point par point de chaque outil avec des exemples d'applications. L'ordre de présentation des outils suit le déroulement normal de développement de projet en théorie, mais la réalité de terrain nous démontre qu'il n'en est généralement pas ainsi et que de nombreuses itérations interviennent.

Après le rappel de quelques pages sur la démarche normalisée en Analyse de la Valeur, (voir p. 3), le lecteur pourra lire très attentivement les concepts généraux décrits page 12.

Cette lecture facilitera leur compréhension pour la suite, sur les exposés et les explications nécessaires, sur les méthodes et outils présentés.

La présentation et le déroulement de la méthode s'effectuent dans ce livre sur le principale « du général au particulier ». C'est-à-dire que nous allons présenter la méthode et les outils, par étapes successives à des niveaux de plus en plus détaillés, suivant les sept phases de la démarche analyse de la valeur.

# Première partie

# La méthode

1 - La démarche normalisée

2 - Les 7 phases de la méthode

# Chapitre 1

# La Démarche normalisée en Analyse de la Valeur

Suivant les normes X 50-152, l'Analyse de la Valeur, est une méthode de **compétitivité, organisée** et **créative**, visant la satisfaction du **besoin** de l'utilisateur, par une démarche spécifique de conception, à la fois **fonctionnelle, économique, et pluridisciplinaire**.

# 1 - Les fondements de la méthode

Reprenons les mots dans la définition, et commentons leur « poids ».

## COMPÉTITIVITÉ

L'AV est un plus pour l'entreprise qui l'utilise. Elle est plus performante que ses concurrents, ce qui lui permet également de s'assurer une certaine pérennité de son savoir.

Il n'y a pas si longtemps, des entreprises pratiquant l'AV gardaient ce fait confidentiel pour s'assurer un avantage par rapport à la concurrence.

## ORGANISÉE

L'AV est une méthode structurée passant par sept étapes avec des outils qui lui sont propres. On peut donc suivre un plan de travail type.

C'est généralement le rôle de l'Animateur. Il doit organiser le travail, gérer son groupe, apporter les outils, pour atteindre les objectifs fixés.

**Le plan de travail de la méthode :**

Sept phases sont à respecter :

Phase 1   Orientation de l'Action

Phase 2   Recherche d'informations

Phase 3   Analyse des fonctions et des coûts avec validation

Phase 4   Recherche d'idées, et voies de solutions

Phase 5   Etude et évaluation des solutions

Phase 6   Bilan prévisionnel, solutions retenues, décisions

Phase 7   Réalisation, suivi, bilan

### CRÉATIVE

L'expression fonctionnelle laisse l'ouverture à la créativité. Par conséquent dans la démarche AV, nous verrons que dans l'une des phases, nous utilisons les méthodes de créativité. Cela stimule le groupe de travail, à la découverte de concepts et solutions nouvelles, pour répondre aux fonctions exprimées dans le CdCF.

### LE BESOIN

C'est l'élément clé de la démarche ; on conçoit le produit par rapport aux besoins du client. Ce qui nécessite de bien cibler le marché et les clients, ainsi que leurs attentes et insatisfactions. Un contact permanent sera nécessaire avec le marketing, le commercial, le service après vente (SAV).

Les interactions avec le marketing sont permanentes jusqu'à l'industrialisation, pour répondre aux exigences du client.

La notion du besoin esthétique auquel doit répondre le Désigner, se concrétise par une collaboration très étroite entre le groupe de travail et celui-ci.

### CONCEPTION FONCTIONNELLE

On ne présente plus le produit en terme de solutions, mais en terme de finalités. En effet, lorsque l'on présente un produit sous forme de solutions, on limite le concepteur dans sa créativité. Au contraire le fait de s'exprimer par des fonctions, ouvre l'esprit vers des concepts nouveaux. On débouche sur de l'innovation, et donc des solutions nouvelles.

Le produit sera exprimé comme un assemblage de fonctions, et non de solutions.

L'expression générale du produit sera rédigée avec des fonctions sous la forme d'un modèle, nommé Cahier des Charges Fonctionnel.

(Normes X 50-151 CdCF).

### ECONOMIQUE

Le coût, est un objectif prioritaire dans la démarche. On agit bien entendu sur le produit, mais les retombées économiques vont bien au-delà. En effet, si l'on réduit le nombre de composants, il en résulte moins de stock, d'emballages, etc.

Les composants sont plus fiables, il y a moins de pannes, peu de retour en SAV, etc.

On pourra citer de nombreux exemples de gains dus à l'AV dans l'entreprise.

**L'AV prend en charge la maîtrise des coûts dès le début de l'action, elle est également la seule méthode qui permet de fixer le coût d'une fonction.**

PLURIDISCIPLINAIRE

Un groupe de travail est constitué de responsables issus des différents secteurs d'activité de l'entreprise, et qui seront personnellement concernés par le produit.

Ce groupe fera appel ponctuellement à toutes les compétences internes ou externes à l'entreprise, pour mener à bien le projet.

Les intérêts du travail de groupe sont les suivants :

- Amélioration des relations humaines entre les membres de l'entreprise.

- Décloisonnement, liaison horizontale entre les différents services.

- Meilleure conception du produit, chaque spécialiste étant autour de la table, la prise en compte des problèmes est immédiate, les décisions sont prises par l'ensemble du groupe.

**Exemple caricatural :** Dans l'ancien système linéaire descendant BE, Méthode, Fabrication, on s'apercevait au dernier moment, ou presque, que l'on ne disposait pas de la machine pour usiner.

En AV, le responsable fabrication est dans le groupe. Il signale instantanément qu'il ne peut usiner. Le groupe réagit immédiatement et prend les décisions nécessaires : soit modifier la pièce, soit acquérir la machine.

## 2 - Les règles générales de conduite en Analyse de Valeur (AV)

A la tête, on trouve le décideur (celui qui a reçu le pouvoir au sein de l'entreprise).

Néanmoins, on parlera ici de décideurs au pluriel. Il s'avère que la tendance actuelle va vers une prise de décision collégiale, effectuée par plusieurs personnes afin de faire face à la complexité des produits et des marchés.

Ces décideurs feront appel à un spécialiste en AV, nommé animateur, qui sera chargé d'assurer la bonne conduite du projet par l'AV avec le groupe.

Dans ce groupe de travail, on trouve le chef de projet, qui est chargé de l'exécution des décisions et des actions prévues par le groupe.

Le chef de projet et l'animateur travaillent en étroite collaboration pour gérer le groupe et atteindre les objectifs. Le chef de projet sera responsable de la partie développement technique, l'animateur de la conduite stratégique de management du projet.

Le travail du groupe est soumis en permanence aux décideurs, qui approuvent ou demandent des modifications.

# 3 - Développement en sept phases

Nous allons donner sommairement un éclairage nécessaire, sur chacune des phases qui seront reprises dans l'ouvrage.

Ces phases peuvent être soit simultanées, soit itératives.

## 1 - Orientation de l'action :

Elle consiste dans un premier temps à définir la rentabilité du projet, pour valider la décision d'exécution de celui-ci.

A partir de divers cahiers des charges élémentaires, complétés par ceux du marketing ou du cahier des charges du client (STB), les décideurs avec l'animateur assureront la procédure de mise en place de management du projet, afin d'aboutir aux objectifs fixés.

La constitution du groupe sera établie lors de ces réunions.

## 2 - Recherche d'informations

Après la constitution du groupe, l'animateur assure sa formation, puis donne à celui-ci toutes les informations nécessaires à l'étude.

L'animateur demande ensuite à son groupe de rechercher tous les acteurs d'environnement pouvant avoir une action directe ou indirecte sur le produit.

La synthèse de ces informations servira à la préparation de l'Analyse fonctionnelle, et des coûts.

### 3 - Analyse des fonctions et des coûts avec validation :

Le groupe de travail procède à l'élaboration de facteurs essentiels à la conception du produit.

a) Analyse fonctionnelle

b) Caractérisation des fonctions

c) Validation des fonctions

d) Ordonnancement des fonctions

e) Hiérarchisation des fonctions

f) Analyse des coûts du produit existant et détermination des coûts objectifs prévisionnels du nouveau produit

g) Etablissement de diagrammes

h) Cahier des charges fonctionnel

ANALYSE FONCTIONNELLE

Recherche des fonctions du futur produit.

Existence de nombreux outils (voir Normes X 50-150 et X 50-153).

Utilisation de la Rosace (Analyse systémique des acteurs d'environnement).

CARACTÉRISATION DES FONCTIONS

Trouver pour chaque fonction, les caractéristiques qualitatives et quantitatives, avec les flexibilités correspondantes.

VALIDATION DES FONCTIONS

Contrôler la bonne adéquation des résultats aux attentes et besoins des clients pour les fonctions et leurs critères.

ORDONNANCEMENT DES FONCTIONS

Classer les fonctions par ordre d'importance entre elles, suivant des critères préétablis.

HIÉRARCHISATION DES FONCTIONS

> Classer par intérêt ou valeur attribuée par le client (ou le prix que le client est prêt à payer).

ANALYSE DES COÛTS

> Comparer les composants techniques avec les fonctions du futur produit.

> Déterminer les coûts par fonction dans des grilles d'analyse.

ETABLISSEMENT DE DIAGRAMMES

> Exécuter les graphiques permettant de représenter le coût de chacun des futurs composants.

CAHIER DES CHARGES FONCTIONNEL

> Document de synthèse, regroupant toutes les informations concernant le produit, et permettant de modéliser celui-ci en vue de sa conception par tous les moyens nécessaires.

> Ce CdCF sert par la suite de référence pour la conception ou la consultation.

## 4 - Recherche d'idées et voies de solutions

> L'animateur stimule son groupe par des méthodes de créativité adaptées au produit à traiter.

> Il oriente son groupe sur des concepts, puis sur des solutions, afin de faire effectuer les faisabilités nécessaires.

## 5 - Etude et évaluation des solutions

> Le groupe de travail développe plusieurs solutions issues des séances de créativité, une étude de faisabilité s'effectue pour chacune d'entre elles.

> Des avant- projets sont exécutés pour chaque solution, sous la directive du groupe de travail.

> Le groupe assure le suivi de ces avant- projets. Il procède à une évaluation des solutions (techniques, économiques, humaines, etc.). Ensuite, il exécute une présentation détaillée de tous les éléments de chaque solution, avec les avantages et inconvénients. Puis il propose la solution la plus adaptée.

## 6 - Bilan prévisionnel

Devant le nombre de solutions possibles qui peut être variable en fonction des développements effectués, un choix devra être fait.

Il sera nécessaire dans un premier temps de fixer les indicateurs d'analyse permettant ce choix, puis de procéder avec des outils à la sélection de la solution la plus optimisée pour l'entreprise.

## 7 - Réalisation suivi : Bilan

Après exécution de la conception détaillée du produit, une dernière revue de détail AV des composants sera effectuée. Elle permettra d'optimiser au maximum le produit, et ce afin d'établir le dernier bilan prévisionnel.

Puis on procédera à la mise en action du développement des outils, procédures, process d'industrialisation avant la fabrication.

En cours de fabrication du produit, on réalisera un contrôle par audit pour éventuellement régler les dysfonctionnements. Une comparaison bilan définitif réel et bilan prévisionnel sera établie.

**Les normes**

EN 12973 Management par la Valeur 2000.

EN 1325-1 1996 et NF X 50-150 1990 Vocabulaire Management par la Valeur et Analyse fonctionnelle.

NF X 50-100 1996 Analyse fonctionnelle, caractéristiques fondamentales.

NF X 50-101 1996 Analyse fonctionnelle, outil interdisciplinaire de compétitivité.

NF X50-151 1991 Analyse de la valeur, analyse fonctionnelle Expression fonctionnelle du besoin et Cahier des Charges Fonctionnel.

NF X50-152 1990 Analyse de la Valeur, caractéristiques fondamentales.

NF X50-153 1985 Analyse de la Valeur, recommandation de mise en œuvre.

NF XP50-155 1997 Management par la Valeur et Coût global.

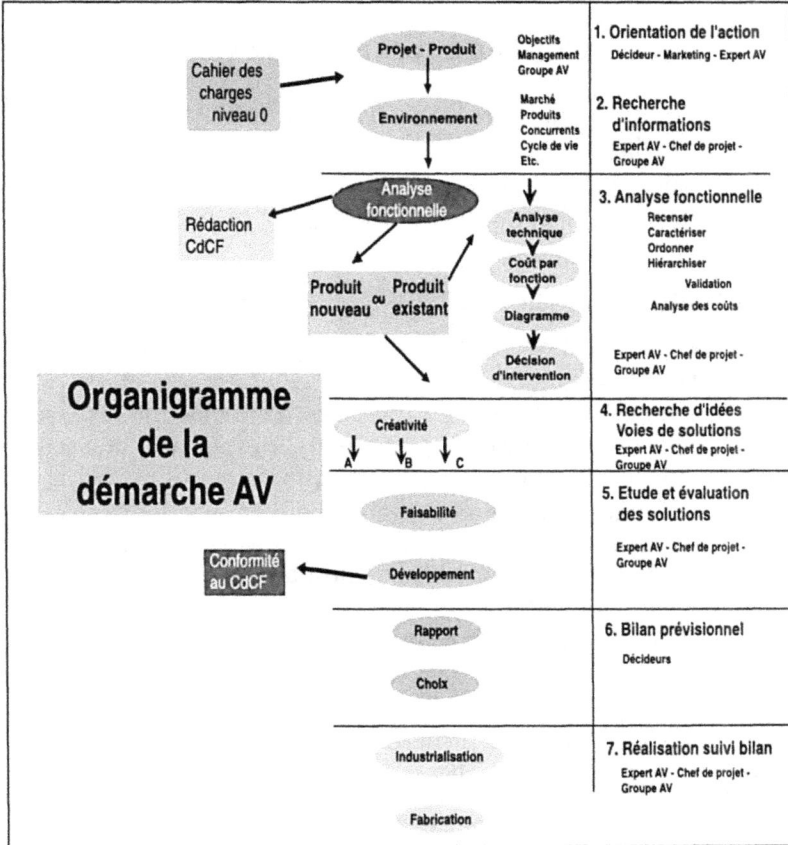

**Organigramme de la démarche AV**

Cahier des charges niveau 0

Projet - Produit

Environnement

Analyse fonctionnelle

Rédaction CdCF

Produit nouveau ou Produit existant

Conformité au CdCF

Objectifs Management Groupe AV

Marché Produits Concurrents Cycle de vie Etc.

Analyse technique

Coût par fonction

Diagramme

Décision d'intervention

Créativité
A  B  C

Faisabilité

Développement

Rapport

Choix

Industrialisation

Fabrication

**1. Orientation de l'action**
Décideur - Marketing - Expert AV

**2. Recherche d'informations**
Expert AV - Chef de projet - Groupe AV

**3. Analyse fonctionnelle**
Recenser
Caractériser
Ordonner
Hiérarchiser
Validation
Analyse des coûts

Expert AV - Chef de projet - Groupe AV

**4. Recherche d'idées**
**Voies de solutions**
Expert AV - Chef de projet - Groupe AV

**5. Etude et évaluation des solutions**
Expert AV - Chef de projet - Groupe AV

**6. Bilan prévisionnel**
Décideurs

**7. Réalisation suivi bilan**
Expert AV - Chef de projet - Groupe AV

# Les concepts généraux de la méthode

La démarche et les outils présentés dans cet ouvrage sont orientés sur trois axes principaux :
- la modélisation du produit,
- l'analyse de l'existant et de la concurrence,
- la conception du nouveau produit.

### La modélisation du produit

Le CdCF avec son analyse fonctionnelle et la caractérisation des fonctions représente ce modèle.

Pour concevoir celui-ci, le principe retenu est d'effectuer un recensement méthodique et exhaustif de tous les éléments pouvant avoir une action directe et indirecte sur le produit et sa conception.

Les phases orientation d'action et recherche d'environnement servent à identifier les acteurs d'environnement, qui permettront ensuite d'exécuter la (les) analyse(s) fonctionnelle(s) du produit. Ce sont les « réservoirs » préparatoires à cette dernière.

Les outils du N° 1 au N° 12 sont maillés entre eux et conçus pour atteindre cet objectif.

La partie Analyse fonctionnelle avec la rédaction du CdCF est le cœur du produit. Elle s'effectue par la recherche des fonctions et leur caractérisation avec les outils N° 13,14 et 15.

### L'analyse de l'existant et de la concurrence

L'hypothèse émise est qu'une bonne analyse critique des produits peut mettre en évidence un certain nombre d'éléments positifs ou négatifs. Il serviront plus tard de base de réflexion pour la conception du nouveau produit.

Cette étape consiste à analyser le produit existant. Mais aussi la concurrence sous divers aspects (techniques, économiques, etc.) par différentes études comparatives du produit de l'entreprise et de la concurrence. Ceci pour identifier les points forts et les points faibles de chacun d'entre eux.

Après ces analyses effectuées sur plusieurs paramètres on obtiendra à l'issue de la synthèse de l'ensemble de ces informations, une bonne « photo » à un instant « T » du produit de l'entreprise, face à la concurrence.

Les résultats de ces travaux seront ensuite pris en compte et intégrés dans la réflexion du groupe de travail lors de la conception du nouveau produit.

Les outils N° 16,17,18,19,20 contribuent en partie à ces analyses.

## La conception du nouveau produit

Pour assurer le développement d'un nouveau produit, le groupe de travail est confronté à un certain nombre de difficultés : la recherche de solutions, la faisabilité, les performances à atteindre, la technique à mettre en œuvre, les coûts à maîtriser, les délais d'exécution, etc.

Pour résoudre ces problèmes, le groupe de travail a besoin de méthodes et d'outils.

L'expérience de terrain a permis d'en développer un certain nombre, ils n'ont pas la prétention de tout résoudre, mais ils peuvent apporter des aides non négligeables.

La créativité et ses outils sont utilisés pour la recherche de solutions Puis il faudra après démonstration de faisabilité, passer au développement technico économique du produit, en assurant la maîtrise sur les trois principaux points : **performances, délais, coûts.**

Pour assurer l'innovation, la maîtrise du développement avec son suivi, les outils N° 21 à 26 seront des aides effectives.

Le choix étant toujours un problème délicat et « lourd de conséquences » sur les futurs engagements les outils N° 27 et 28 aident à résoudre cette difficulté.

Un groupe de travail doit disposer d'aides à la conduite de projet lors des réunions, ce sont les outils N° 29 à 33 qui fournissent ces éléments.

*Nota :* Nous attirons l'attention du lecteur sur le fait que les outils présentés ont été conçus et organisés afin de respecter un des concepts fondamentaux en Analyse de la Valeur qui consiste à concevoir un produit répondant aux besoins des clients.

Les besoins sont traduits en finalités à atteindre. C'est-à-dire les fonctions du produit.

Les premiers outils développés du N° 1 au N° 15 conduisent à ce résultat.

Les autres outils ont été réalisés en prenant comme **référentiel les fonctions** trouvées par ces outils.

**La fonction est devenue un référentiel pour chaque outil, elle permet ensuite de procéder à une étude, fonction par fonction, dans toutes les situations d'analyse et de conception.**

# Chapitre 2

# Les 7 phases
# de la méthode

# La phase 1 - Orientation de l'action

Généralement, cette opération se passe en deux étapes :

- Démontrer la rentabilité du projet pour l'entreprise qui a procédé à toutes les analyses nécessaires, évalué les risques de tous ordres, comparé les avantages et inconvénients, étudié les aspects financiers, etc.

    A l'issue de cette réflexion stratégique, la direction a décidé de réaliser, ou non le projet.

- Mettre en place la structure opérationnelle, en définissant tous les moyens à mettre en œuvre pour assurer dans les délais impartis le bon déroulement du projet.

Pour remplir ces conditions et ne rien oublier, **le concept retenu est l'idée d'utiliser une check-list** des points essentiels à traiter, avec des ajouts ou retraits d'éléments de la liste, en fonction du métier concerné.

Cette check-list ne peut être exhaustive car il serait assez difficile de traiter tous les secteurs d'activité et tous les produits. Mais elle représente quand même " un tronc commun " d'un grand nombre de situations. Chaque utilisateur pourra l'adapter à son métier.

La procédure à suivre consiste à :

- Enoncer et valider le besoin fondamental du projet par l'outil CBOE. Orienter l'action par une check-list.
- Transférer certaines de ces informations pour l'Analyse fonctionnelle et le CdCF, à l'outil cible pour préparation de l'outil Rosace des fonctions.

## 1. La check-list (adaptée ou spécifique)

La recherche des éléments à prendre en compte pour orienter l'action est établie à partir d'une check-list type conduisant les utilisateurs dans la recherche de ceux-ci.

Cette check-list est évolutive en fonction du cadre d'application du projet à développer.

Elle est établie en fonction du métier, du savoir et du savoir-faire de l'entreprise ainsi que des compétences internes et externes (partenaires et fournisseurs).

### 2. L'outil CBOE (cause, besoin, objectif, élément)

Il permet à différentes phases de la démarche de l'AV d'énoncer et de valider le besoin fondamental d'un projet, d'une étude, d'un produit, d'une fonction, etc.

Le concept d'utilisation spécifique sera énoncé pour chaque phase.

Il permet de définir et valider la raison d'être du projet, l'énoncé de la cause fondamentale qui est à l'origine de celui-ci, avec les risques correspondants.

# 2. La phase 2 - Recherches d'informations

Une fois le groupe constitué et rendu opérationnel, celui-ci recherche toutes les informations qui peuvent avoir **des incidences directes ou indirectes sur la conception** du produit.

### Le groupe de travail

• Le concept d'efficacité du groupe au démarrage de l'action a été mis au point par une procédure décrite dans un des paragraphes suivants « le groupe et sa gestion ».

Les principes sont :

**Motiver** par les enjeux.

**Informer** sur le contexte, le marché, le produit, etc.

**Former** à la démarche AV et aux outils.

**Agir** avec les compétences par une plate-forme technique.

**Disposer** d'aides et moyens nécessaires.

• Le concept d'efficacité des réunions est fondé sur les principes suivants :

**La préparation,** une réflexion sur le contenu en fonction du déroulement du projet avec la rédaction de l'ordre du jour.

**Le déroulement,** le respect de l'ordre du jour et du temps, et une bonne animation.

**L'enregistrement** des informations, des fiches d'idées, d'acquis, etc.

**La traçabilité** du projet par le classement et la conservation des documents.

**Le suivi** par la rédaction des actions à accomplir et par le contrôle de l'exécution.

**La pérennité** du projet par la rédaction des comptes rendus de chaque séance de travail.

(Le groupe de travail fait l'objet d'un paragraphe particulier ci-après).

## La recherche d'informations

Cette recherche d'informations doit être la plus exhaustive possible.

Comme pour la phase d'orientation d'action **l'idée de check-list** a été retenue. Dans ce contexte celle-ci doit absolument être constituée par métier, car les éléments qui la composent en dépendent.

Par exemple, on ne peut pas établir la même check-list pour l'industrie mécanique et le génie civil. Les agents d'intervention sont différents.

Il existe cependant certains points communs, mais la check-list doit être réalisée à la demande. (On peut noter que six outils méthodologiques décrits par la suite seront toujours présents dans celle-ci.).

Les concepts principaux de cette check-list sont les suivants :

**Préparer l'analyse fonctionnelle,** c'est-à-dire chercher toutes les données qui deviendront les acteurs d'environnement constitutifs de l'outil Rosace (analyse systémique de recherche de fonctions). Comme nous le verrons lors de l'utilisation de cet outil les fonctions trouvées dépendent de cette recherche.

**Faire s'approprier par chaque membre du groupe** toutes les informations recueillies. Il est indispensable que chaque participant ait une connaissance parfaite du produit, des contraintes, du contexte d'utilisation, etc.

Pour parfaire l'acquisition de ces données auprès de chaque membre de l'équipe, la check-list fera appel à six outils particuliers dont les concepts sont décrits dans la deuxième partie.

- **L'organigramme produit,** pour connaître le produit, identifier et harmoniser les coûts, connaître sa marge de manœuvre en conception.
- **Le CBOE,** pour déterminer les besoins, les causes fondamentales et valider.
- **La chaîne des clients,** pour identifier tous les types de clients concernés directement ou non par le produit.
- **L'enquête interne, et partenaires,** pour recenser des informations sur les problèmes rencontrés, les besoins, les insatisfactions, les suggestions.
- **Le cycle de vie,** pour identifier les flux de passage, fixer les étapes, différencier les coûts, définir les analyses fonctionnelles, trouver les fonctions d'appuis et de conception du produit. Il est un des éléments clés.
- **L'analyse séquentielle,** pour analyser en détail les tâches ou opérations qui s'effectuent lors d'une étape du cycle de vie, pour rechercher les acteurs d'environnement intervenant dans l'outil Rosace.

Ainsi il s'agit de **Chercher l'environnement du produit,** afin d'effectuer l'Analyse fonctionnelle complète du produit, par les moyens et outils décrits ci-après.

L'outil général utilisé, est une check-list adaptée au « métier » Identique au point 1.2 (différentes check-lists types existent à ce jour : industrie mécanique, génie civil, alimentaire, etc.

Chacune de ces check-list fait appel à 6 outils spécifiques qui sont :

Le CBOE

L'organigramme produit

La chaîne des clients

L'enquête interne et les partenaires

Le cycle de vie

L'analyse séquentielle

*1 - Le CBOE du produit*

Il permet d'énoncer et valider le besoin fondamental du produit, tel que le souhaitent les clients. Le groupe s'approprie la raison d'être du produit, et énonce la ou les fonctions principales du produit, en citant les contraintes et les risques d'évolution ou de disparition de celui-ci.

## 2 - L'organigramme produit

Il permet à partir des informations matérielles et immatérielles recueillies, d'analyser et de comprendre la composition et le fonctionnement du produit, et de le restructurer en indiquant pour chaque composant, sa codification, sa provenance, son coût.

Cette représentation s'effectue sous la forme d'organigramme des composants ou des tâches et opérations à faire. On effectue en même temps la distribution des responsabilités sur les services et les personnes.

Il fait découvrir et connaître le produit, ainsi que la provenance de chaque élément (entreprise, partenaire, fournisseur, etc.), avec les coûts correspondants. Ce qui permettra d'évaluer ceux sur lesquels le groupe aura une maîtrise totale ou partielle en conception ou reconception.

## 3 - La chaîne des clients

C'est établir la liste ordonnée et structurée de tous les clients concernés par le produit : que ce soient les acquéreurs, les prescripteurs, les utilisateurs, les partenaires, les services de l'entreprise, les commerciaux, etc. Ceci dans le cadre de marketing classique ou de relations clients fournisseurs (business to business).

On procède à des enquêtes internes pour recueillir toutes informations sur le produit et les difficultés rencontrées.

Une fois classés les clients en deux groupes, les **clients directs et les clients indirects** pour chaque type de client répertorié, on établit la liste des besoins, attentes et insatisfactions, pour optimiser la conception du futur produit.

Les clients directs sont les clients déterminés par des actions marketing ou dans les relations clients fournisseurs.

Les clients indirects sont les services de l'entreprise, les partenaires associés au produit, les organismes de vente.

## 4 - L'enquête interne et les partenaires

On procède généralement à des enquêtes externes (type marketing), mais on néglige trop souvent de procéder à des enquêtes internes auprès des services qui ont développé ou qui fabriquent le produit actuel. Il en est de même pour les partenaires associés au développement. Il s'agit ici de recueillir toutes les informations : attentes, besoins, insatisfactions, suggestions, etc. qui serviront utilement à la reconception du nouveau produit.

## 5 - Le cycle de vie

Il permet de définir l'arborescence complète de tout le produit, avec ses flux de passage.

Il s'agit de faire découvrir les principales étapes et étapes clés du produit. On neutralise les étapes de conception- fabrication en considérant que c'est l'objectif à atteindre. De ce fait, on démarre le cycle de vie à partir de ce point en considérant le produit comme « résolu » ou une « boite noire ».

Ce tracé particulier du cycle de vie, permet au groupe de travail d'identifier tous les points de passage du produit (appelées étapes et étapes clés).

Ceci permet également d'étudier tous les flux de passage du produit à travers ses différentes étapes et de ce fait de déterminer des incohérences, ou procéder à l'exécution d'un nouveau tracé plus adapté au contexte de circulation des flux du produit.

Les expérimentations faites avec succès sur les divers produits développés, nous ont permis de qualifier des procédures et d'en tirer **certaines règles :**

• Chaque étape définie peut faire l'objet d'une démarche AV.

Les étapes génèrent des fonctions d'appuis ou secondaires ne créant pas ou rarement des fonctions liées directement à la conception du produit.

Les étapes clés génèrent des fonctions qui interviennent directement sur la conception du produit.

• Les coûts doivent se répartir en deux grands postes.

Ceux liés aux étapes clés qui proviennent des fonctions de conception et qui entraîneront des coûts de conception.

Ceux liés aux étapes qui proviennent des fonctions d'appuis et qui entraîneront des coûts complémentaires non liés à la conception.

• Les étapes clés fondamentales sont de trois, cependant leur nombre peut varier de un à cinq.

• Chaque étape clé doit faire l'objet d'une analyse fonctionnelle au minimum (plusieurs si nécessaire et ceci en fonction de l'analyse séquentielle).

Les étapes sont par exemple : le transport, l'emballage, la manutention, la mise en rayon, ...

Les étapes clés les plus courantes sont :

■ Etape clé n°1

Mise en fonctionnement, ou montage, ou préparation, ou procédure..., qui précède l'étape d'utilisation du produit.

■ Etape clé n°2

Utilisation ou fonctionnement, ou service, etc. du produit.

■ Etape clé n°3

Entretien, maintenance, SAV, etc. du produit qui sont les conséquences de l'utilisation.

L'environnement permet de trouver les fonctions du produit, mais celui-ci est différent pour chaque étape clé.

En conséquence, il devient indispensable d'effectuer une **Analyse fonctionnelle pour chaque étape clé du produit.**

On remarque que tout produit a une étape clé au minimum qui est l'utilisation.

Sinon il n'a aucune existence possible !

## 6 - *L'analyse séquentielle*

Le groupe rédige un descriptif détaillé des opérations, tâches, moyens utilisés, organisations, etc. Il l'utilise lors de chaque étape et étape clé, pour **déterminer les acteurs d'environnement** au centre duquel le produit évolue au cours de son passage dans cette étape.

L'analyse séquentielle consiste à rechercher les acteurs d'environnement pour préparer la ou les analyses fonctionnelles, et participer à la construction de l'outil Rosace des fonctions.

Chaque étape clé fait l'objet d'une suite d'actions qui font-elles mêmes appel à des environnements différents. Le groupe liste ces actions avec leur enchaînement pour identifier l'environnement matériel ou immatériel du produit.

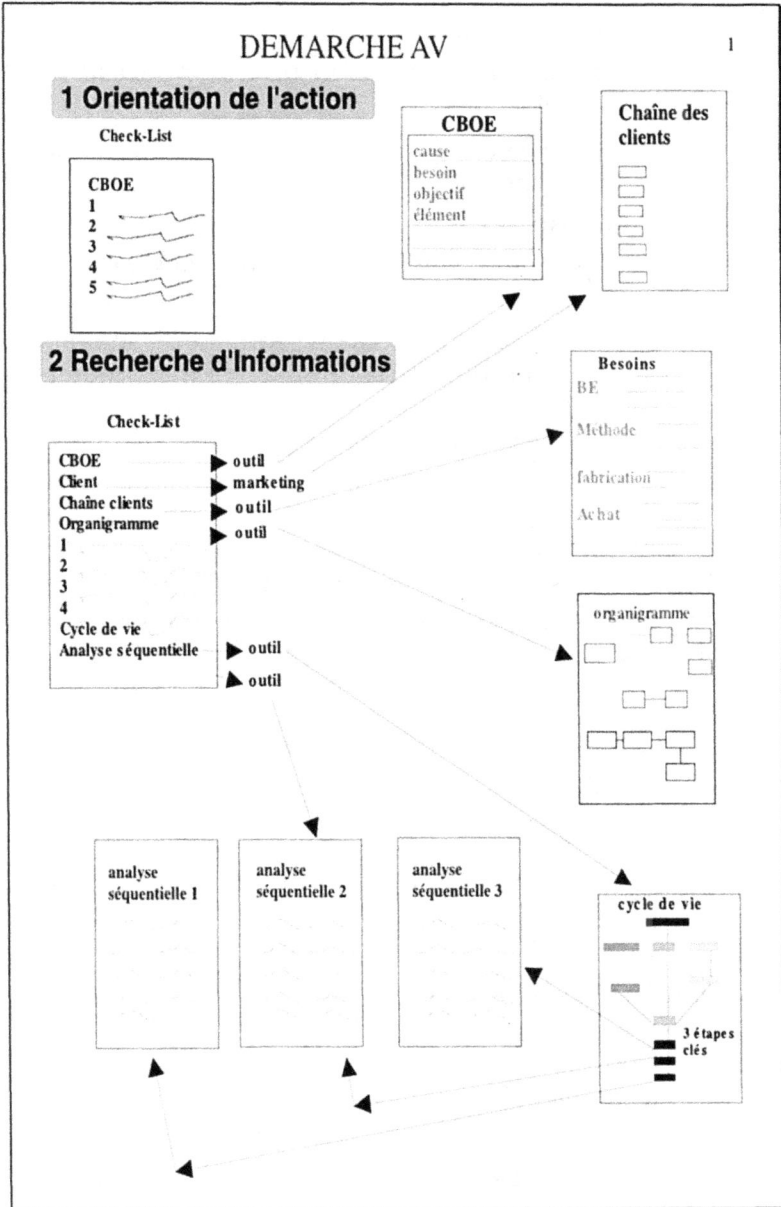

## 3. La phase 3 - Analyse Fonctionnelle

La phase d'Analyse Fonctionnelle consiste à créer un modèle fonctionnel du produit.

Après la réalisation de ce modèle Fonctionnel, nous avons une des deux situations suivantes :

- Soit la conception d'un produit nouveau (inconnu sur le marché).
- Soit la reconception d'un produit existant (ou analogue), sur le marché.

Pour assurer ces développements, on peut :

- Passer directement par les méthodes de créativité lors de la conception du produit nouveau.
- Effectuer, dans le cas du produit existant, différentes analyses du produit de l'entreprise et des produits concurrents, afin d'en tirer des conclusions significatives, pour optimiser la conception du futur produit (voir ci-après dans le texte).
- Procéder à une analyse de concurrence, en comparant le produit de l'entreprise et les concurrents, au modèle fonctionnel, sur trois axes essentiels au minimum que sont : les Coûts, la Technique, les Risques.

Les coûts par des matrices coûts /fonctions.

Le niveau de performance et la technique utilisée par des matrices de technicité.

L'analyse des risques par l'AMDEC.

(d'autres analyses peuvent également être effectuées).

Cette phase se divise en plusieurs parties.

Nous allons examiner successivement chacune d'elles puis présenter nos concepts.

### 1 - Recherche de fonctions et critères

Elle consiste à :

**Identifier et formuler les fonctions** du produit.

**Valider les fonctions,** ce qui correspond à vérifier si les fonctions trouvées collent bien aux attentes et besoins du client.

**Quantifier et qualifier chaque fonction.**

Nous chercherons les fonctions de haut niveau dénommées, **fonctions externes ou fonctions de service** du produit, qui peuvent se classer en :

Fonctions d'usage

Fonctions d'estime

Fonctions d'esthétique

Contraintes.

**Les fonctions techniques dites fonctions internes** sont des voies ou possibilités de solutions répondant aux fonctions ci-dessus. Elles débouchent généralement sur des solutions constituées de composants et d'interfaces de liaisons, puis sur des fonctions élémentaires avant d'arriver au procédé de fabrication.

Flux de chaîne descendante des fonctions

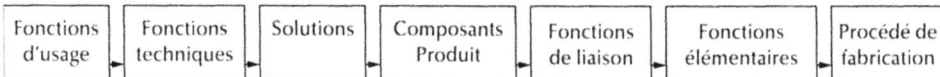

| Fonctions d'usage | Fonctions techniques | Solutions | Composants Produit | Fonctions de liaison | Fonctions élémentaires | Procédé de fabrication |
|---|---|---|---|---|---|---|

**Les définitions de ces fonctions et leurs finalités sont décrites dans les divers outils présentés dans la suite de ce document.**

Pour procéder à cette recherche de fonctions, nos concepts s'articulent autour de 4 points :

1 Disposer d'une procédure de recherche de fonctions performantes avec auto-contrôle pour ne rien oublier et corriger d'éventuelles erreurs.

2 Construire avec efficacité l'outil d'analyse fonctionnelle (la cible).

3 Maîtriser un outil d'analyse fonctionnelle efficace (la Rosace d'analyse systémique ).

4 Procéder à une recherche exhaustive de fonctions suivie d'une reclassification (vrac et compactage).

*a) La procédure de recherche de fonctions*

Précisons que l'outil utilisé pour procéder à l'analyse fonctionnelle est fondé sur la recherche de l'environnement du produit (normes X 50 151 et X50 153).

Le cheminement de cette procédure passe par le raisonnement suivant :

- Les données collectées dans les phases d'orientation d'action et de recherche d'informations deviennent les acteurs d'environnement qui serviront à construire les outils Rosace d'analyse fonctionnelle afin de trouver les fonctions du produit (voir construction outil Rosace).

- Les fonctions dépendent du milieu environnant dont la constitution varie par rapport au contexte de situation du produit (mise en service, utilisation, maintenance…).

  L'identification des données (transformées en acteurs d'environnement) permettant de procéder à l'analyse fonctionnelle est essentielle.

- Dans la phase d'orientation d'action un nombre important de données a été fourni par les décideurs dans le cahier des charges niveau 0 ou dans les divers autres cahiers des charges rédigés, par les clients, ou pour les clients. Le groupe recense toutes les informations intervenant dans l'environnement du produit.

- La phase de recherche d'informations a **volontairement été préparée et structurée** dans la composition de sa check-list avec l'intégration de six outils développés particulièrement à cet effet pour conduire avec efficacité la recherche de données.

Procédure à suivre pour identifier les acteurs d'environnement :

- Chercher les acteurs d'environnement dans la phase d'orientation d'action.

- Compléter par ceux trouvés dans la phase d'orientation (Check-List + les 6 Outils cités précédemment ).

- Définir à partir du cycle de vie le nombre d'analyses séquentielles à effectuer.

  Procéder aux analyses séquentielles.

*b) La construction de l'outil Rosace*

Après les phases d'orientation et de recherche d'informations dans lesquelles les concepts et outils utilisés ont été décrits précédemment, on procède à une synthèse des éléments essentiels à l'Analyse fonctionnelle **avec l'outil Cible.** Celui-ci permet de mettre en place l'outil d'analyse systémique.

Les acteurs d'environnement recueillis précédemment sont parfois nombreux, ils peuvent être répétitifs. Un tri et une réorganisation doivent être faits pour construire l'outil Rosace.

L'outil cible permet d'effectuer cette opération, en reclassant les acteurs d'environnement dans trois rubriques spécifiques qui serviront plus tard à la construction de la Rosace.

L'analyse fonctionnelle est réalisée à partir des acteurs d'environnement. On effectue une synthèse des éléments essentiels qui permettront de construire l'outil Rosace d'analyse systémique.

L'outil cible permet de regrouper et reclasser ces éléments. Ceux-ci sont ensuite transférés dans les acteurs d'environnement de la Rosace, afin de procéder à la recherche des fonctions.

### c) L'outil d'analyse fonctionnelle

Les outils conventionnels de l'AV peuvent être utilisés : méthode Mile, arbre des fonctions, FAST etc. (décrits dans la norme).

Dans notre démarche, nous utilisons l'outil **Rosace des Fonctions,** avec sa procédure de mise en œuvre.

La Rosace est un outil d'analyse systémique qui permet par interaction avec les acteurs d'environnement d'effectuer la recherche des fonctions du produit dans un contexte bien identifié.

On admet qu'il est possible de trouver plusieurs fonctions entre deux acteurs d'environnement et l'acteur produit (cette démonstration est faite dans la présentation détaillée de l'outil Rosace).

Les acteurs d'environnement seront séparés en deux rubriques, celle des fonctions et celle des contraintes.

On procède à l'**Analyse fonctionnelle** simple ou complexe, **mono ou multi Rosaces,** suivi d'une recherche de **critères par méthode d'interactions.**

On procède par étapes à la recherche des fonctions, et des critères correspondants.

Dans le cas d'Analyse Fonctionnelle complexe, (grand nombre de Rosaces par conséquent de Fonctions), on réorganise les fonctions par ordonnancement.

### d) La recherche, le vrac, le compactage des fonctions

**Le vrac** est une recherche exhaustive des fonctions. Il est par définition imparfait.

**Le compactage** consiste à effectuer un regroupement et à affiner la liste présumée définitive des fonctions du produit avant validation de celle-ci.

Le compactage fait apparaître les premiers critères, par réduction des fonctions secondaires.

La recherche des critères relatifs à chaque fonction s'effectue également à partir de l'outil Rosace (suivant deux principes).

L'utilisation de la Rosace nous permet de lister un nombre important de fonctions, cette liste étant appelée vrac des fonctions. Lors de cette recherche on s'aperçoit de redondances, de définitions imparfaites ou mal formulées.

Le compactage permet de regrouper les fonctions par affinité et d'effectuer des corrections sur la définition grammaticale afin d'exprimer sans ambiguïté la finalité de celle-ci.

Ce regroupement donnera naissance aux premiers critères par transformation des fonctions d'ordre secondaire.

### e) La validation des fonctions

Les fonctions énoncées doivent faire l'objet d'une vérification, pour s'assurer qu'elles correspondent bien, en tant que finalités aux besoins qui ont été formulés.

Pour chaque outil Rosace, nous validerons les fonctions avec l'outil CBOE.

Pour chaque fonction trouvée on s'assure que le produit satisfait les besoins du client.

On contrôle également la validité de chaque fonction dans le temps, par son évolution ou son risque de disparition ; l'outil CBOE est utilisé pour répondre à cette validation.

*f) La caractérisation des fonctions*

Elle consiste à rechercher les critères, qualitatifs et quantitatifs, qui permettent de définir plus en détail la fonction. Ils sont eux-mêmes assortis des niveaux et flexibilités pour une négociation (ce qui pourrait correspondre aux spécifications techniques d'un produit).

La caractérisation des fonctions nécessite une recherche exhaustive, suivie d'un reclassement et d'une validation des fonctions.

**L'outil d'interaction directe** est utilisé dans l'outil Rosace pour rechercher les critères entre l'acteur produit et un acteur d'environnement (relations uni ou bi directionnelles).

La recherche peut s'effectuer de deux façons : fonction par fonction ou par une distribution sur l'ensemble des fonctions.

Cette interaction bijective implique des actions, des flux, des forces, etc. que l'on traduira plus tard en termes de critères.

La recherche de critères se doit d'être la plus exhaustive possible. On réalisera par la suite une sélection et une validation des critères à introduire dans la fonction.

*g) Le tableau fonctionnel*

On effectue le tableau de l'ensemble des critères, des niveaux et flexibilités, suivant la présentation recommandée dans les normes.

Les données qualitatives et quantitatives seront réparties dans les rubriques correspondantes.

*h) La procédure générale*

**Pour effectuer une analyse fonctionnelle avec l'outil Rosace il faut :**

- Exécuter le cycle de vie (outil cycle de vie)
- Identifier les étapes clés
- Procéder aux analyses séquentielles
- Effectuer une synthèse des acteurs d'environnement (outil cible)
- Construire la Rosace
- Rechercher le vrac des fonctions (outil Rosace)
- Compacter et énoncer les fonctions du produit

- Valider les fonctions (outil CBOE)
- Rechercher les critères (outil d'interaction)
- Rédiger les tableaux fonctionnels (suivant normes)

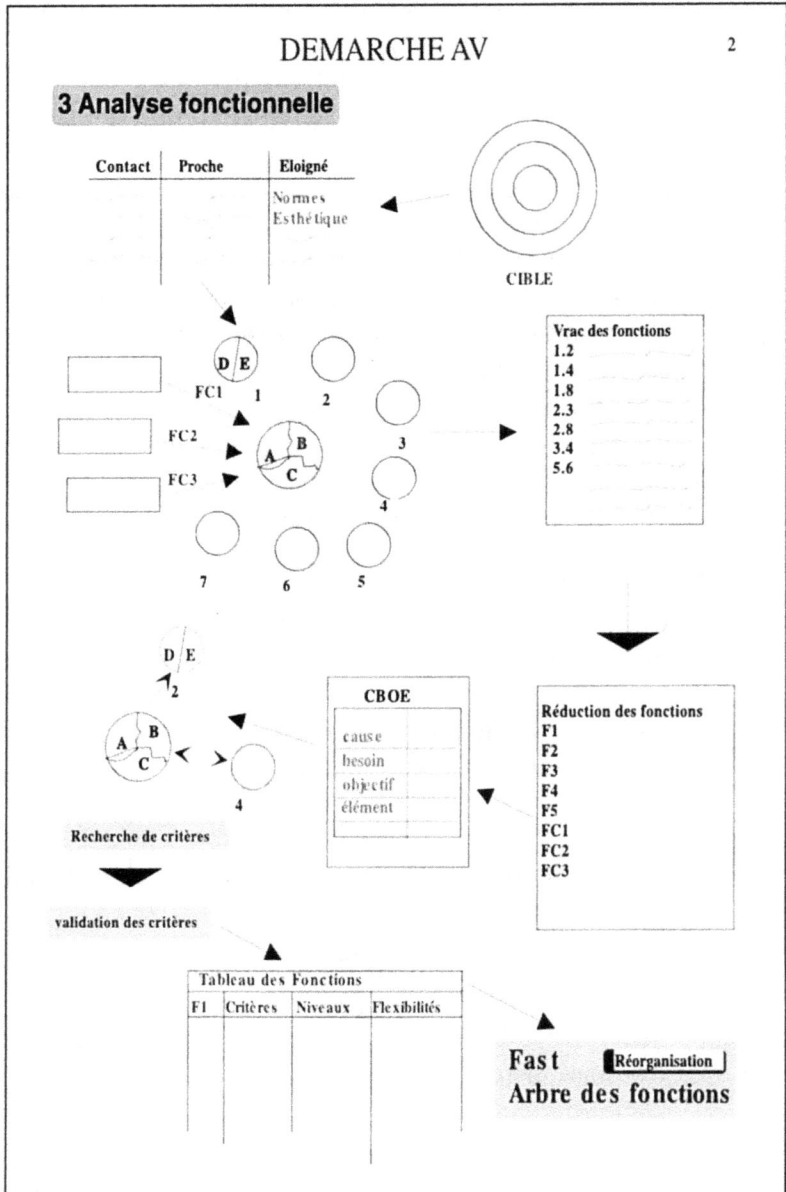

DEMARCHE AV 2

**3 Analyse fonctionnelle**

## 2 - Hiérarchisation des fonctions

Hiérarchiser les fonctions c'est les ordonnancer suivant le point de vue que l'on se fixe. Ex ; client ou fournisseur.

Les techniques de hiérarchisation des fonctions sont décrites en détail dans les outils de hiérarchisation des fonctions .

C'est classer les fonctions par le client suivant « l'intérêt porté » ou la valeur qu'il attribue à chacune d'entre elles. On traduit parfois ceci par : « le prix qu'il est prêt à payer ».

Ce classement s'effectue sous trois formes :

- Par enquêtes marketing.
- Par outil de comparaison (type tri croisé ou similaire).
- Par outil de notation (Delphi ou d'expert).

### a) Le classement par enquête

Effectuer une traduction des fonctionnalités trouvées dans le langage courant des clients et interroger ceux-ci pour effectuer le classement.

### b) Le classement par comparaison

Utiliser un outil comparatif d'analyse qui permet d'évaluer le poids attribué à chaque fonction. Ce travail est généralement le fruit d'une discussion entre les membres du groupe avant d'aboutir à un consensus sur l'évaluation à porter.

### c) Le classement par notation

Evaluer indépendamment le poids que chaque participant attribue à la fonction. Après débat entre les participants une note finale est attribuée.

## 3 - Le Cahier des Charges Fonctionnel (CdCF)

Il est rédigé suivant le mode décrit dans la norme NF X 50-151.

Les informations recueillies, les documents, les liasses techniques etc. seront inclus en annexe.

La rédaction du CdCF est effectuée d'après les éléments provenant de la phase d'orientation d'action et de recherche d'informations. C'est une synthèse des résultats obtenus à l'issue de l'utilisation des outils décrits précédemment.

La définition des fonctions et leur caractérisation seront présentées sous forme de tableau.

Le CdCF sera ensuite utilisé suivant les différents cas cités dans les normes.

Nous considérons, qu'à ce stade de la démarche AV, **le modèle Fonctionnel** vient d'être réalisé.

Celui-ci nous servira de **référentiel** pour toutes les analyses ultérieures faites sur des produits existants. Il servira également à la conception du futur produit.

Tous les outils développés par la suite auront comme référentiel le modèle fonctionnel.

Orientation de la méthode après la rédaction du CdCF :

- Soit vers le produit nouveau. Nous passons alors, directement à la créativité.
- Soit vers le produit existant. Nous procéderons à différentes analyses qui traiteront des trois points suivants :

a) *L'analyse Technico- Economique*

Elle porte sur le produit de l'entreprise et les produits concurrents (matrices/coûts/fonctions).

Pour les coûts des concurrents nous ferons l'hypothèse que le produit est fabriqué par notre entreprise.

b) *L'analyse de technicité*

Elle concerne le produit entreprise, et des concurrents (méthode et matrice de technicité des performances et moyens mis en œuvre).

c) *L'analyse des risques (AMDEC)*

Elle concerne le produit de l'entreprise et des concurrents.

Ces trois analyses seront représentées sur les diagrammes de synthèse pour effectuer des études comparatives sur les résultats obtenus.

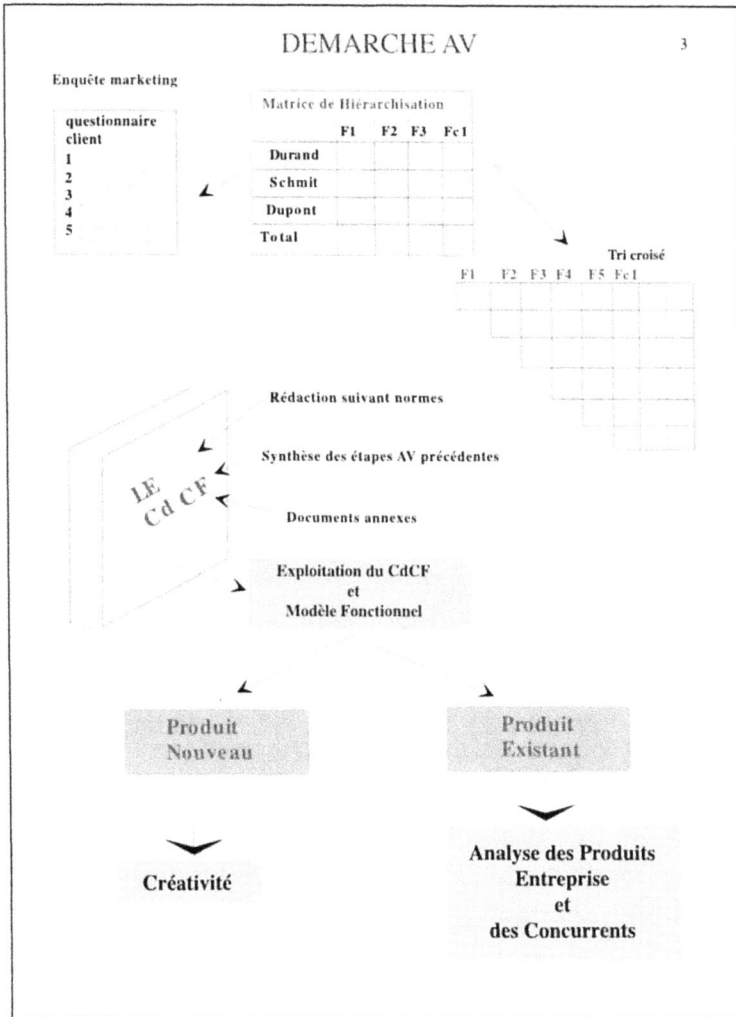

DEMARCHE AV

3

Enquête marketing

questionnaire
client
1
2
3
4
5

Matrice de Hiérarchisation

| | F1 | F2 | F3 | Fc1 |
|---|---|---|---|---|
| Durand | | | | |
| Schmit | | | | |
| Dupont | | | | |
| Total | | | | |

Tri croisé

F1  F2  F3  F4  F5  Fc1

Rédaction suivant normes

Synthèse des étapes AV précédentes

LE
CdCF

Documents annexes

Exploitation du CdCF
et
Modèle Fonctionnel

Produit
Nouveau

Produit
Existant

Créativité

Analyse des Produits
Entreprise
et
des Concurrents

## 4 - Analyse des coûts (maîtrise des coûts)

On utilise le **terme de maîtrise des coûts.** Cette procédure s'effectue progressivement dans les phases de la démarche Analyse de la Valeur qui vont suivre.

### a) Les cinq temps de l'analyse des coûts

L'analyse des coûts s'effectue en cinq temps, pour un produit existant, par rapport aux fonctions :

$1^{er}$ temps : **l'analyse.**

La répartition des coûts des composants s'effectue sur les fonctions à l'aide d'outils matrices coûts fonctions et diagrammes d'analyses, pour cette phase 3 de l'AV.

Cette partie permet d'analyser les divers composants, tâches, procédures, etc. qui entrent dans la composition du produit. Ce qui nécessite dès le départ, une bonne connaissance de tous les coûts, de leur composition et de leur origine.

$2^e$ temps : **l'attribution des coûts prévisionnels.**

Celle-ci porte sur les composants du nouveau produit, par des outils de matrices de coûts prévisionnels, pour la phase 5 de l'AV, qui suit la phase de créativité.

$3^e$ temps : **le suivi.**

La maîtrise des coûts en développement est réalisée par des outils tableau de bord de suivi et des fiches de conception, pour la phase 5 de la démarche AV.

$4^e$ temps : **le choix de solution.**

Le bilan prévisionnel des coûts avant étude détaillée est effectué, par des outils matrices coûts/fonctions et matrices multicritères de décisions, avec des diagrammes de synthèse, pour la phase 6 de la démarche AV.

$5^e$ temps : **la revue de détail.**

Elle est réalisée avant la mise en industrialisation, par des outils matrices coûts/fonctions et avec les diagrammes des résultats.

Remarque : pour un produit entièrement nouveau, le $1^{er}$ temps ne peut pas avoir lieu (le produit n'existant pas !) On commence la maîtrise des coûts après la phase de créativité, c'est-à-dire en phase 5 de l'AV.

A cette partie d'analyse, il faut prendre en considération l'analyse des coûts de la concurrence décrite un peu plus loin dans cet ouvrage.

Par anticipation, pour faciliter la compréhension du lecteur, soulignons que dans la suite de cet exposé, les outils correspondants seront décrits sommairement dans les rubriques où ils doivent intervenir.

Dans cette partie de l'exposé, nous ne développerons pas tout ce qui concerne la maîtrise des coûts. L'ouvrage n'y suffirait pas. Nous ferons simplement, quelques rappels nécessaires, pour que le lecteur comprenne la méthode développée, l'enchaînement des outils et leur contexte d'utilisation.

La procédure et les outils présentés jusqu'à présent dans ce livre ont été élaborés et structurés pour répondre à la maîtrise des coûts.

### b) La maîtrise des coûts

Il faut :

- Identifier les coûts à prendre en compte dans le projet.
- S'assurer de leur validité.
- Définir leurs conditions d'utilisation.
- Assurer la maîtrise et le suivi.

Il est indispensable de fixer dès le début de l'action tous les coûts concernés par le projet.

On établit une liste de ceux-ci à tous les niveaux du projet puis on étudie leur composition (comptabilité analytique si nécessaire). Le groupe de travail sélectionne les types de coûts (et leur contenu) qui seront pris en compte dans le cadre de l'étude.

Des négociations peuvent s'engager avec les différents responsables sur ces choix.

Un des points les plus importants est le coût du produit : le prix de revient unitaire du produit (PRU) est fixé par rapport à des indicateurs particuliers définis par l'entreprise.

Bien que dans la réalité le dispositif soit plus complexe, on peut faire l'hypothèse de travailler suivant deux grands principes pour fixer le prix de revient unitaire (PRU) :

- Soit intégrer dans le calcul du PRU les coûts à charge fixe de développement (étude, outillage, appareillage, prototypage, essais…) en les rapportant à l'unité.
- Soit travailler d'une part sur un PRU à coût objectif direct (qui concerne les composants et la fabrication du produit) tout en fixant un deuxième coût objectif sur l'ensemble des coûts relatifs aux charges fixes de développement (étude, outillage, appareillage, prototypage, essais…).

La tendance actuelle correspond à ce deuxième principe, la gestion du système et le calcul de rentabilité étant plus faciles à maîtriser.

c) *Le coût d'un produit*

Celui-ci se décompose en :

Coûts directs, soit l'ensemble des charges fixes ou variables directement imputables (qui rentre dans le calcul du prix de revient produit PRU).

Ex : matière première, coûts d'étude, de production.

Coûts indirects, soit l'ensemble des charges fixes ou variables qui ne rentrent pas dans le calcul du prix de revient du produit mais qui sont générées par diverses productions.

Ces coûts sont généralement répartis dans les taux horaires des centres d'activités donnés par la comptabilité analytique de l'entreprise.

Ex : fournitures de bureau, publicité, assurances.

Coûts fixes, soit l'ensemble des charges de l'entreprise totalement ou partiellement indépendantes du niveau d'activité de l'entreprise.

Ex : le loyer, chauffage, assurances, taxes foncières.

Coût marginal ou le coût de production d'une unité supplémentaire plus faible que le coût moyen de production.

On travaille généralement sur les coûts directs fixes ou variables liés à la conception du produit et aux fonctions d'appuis qui accompagnent celui-ci au cours **du cycle de vie.**

Les coûts indirects liés à la structure de l'entreprise ne sont pas intégrés dans la démarche.

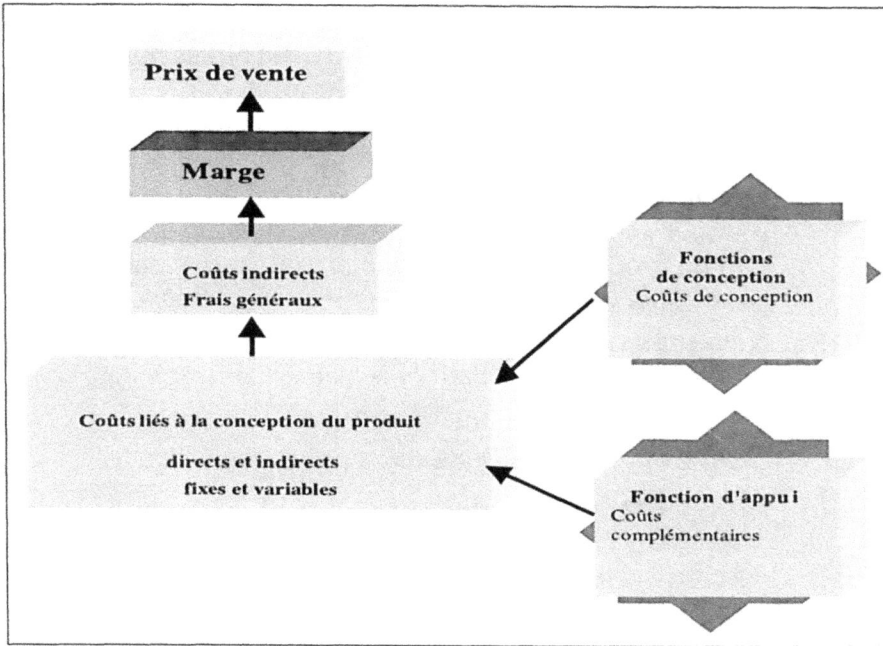

*d) La répartition des coûts*

La répartition des coûts des composants (ou éléments à étudier) sur les fonctions permet d'établir le coût par fonction. Les résultats obtenus permettront d'analyser les points forts et points faibles du produit, en faisant apparaître les parties des composants qui génèrent les coûts élevés.

On peut considérer qu'il s'agit d'une analyse Technico-Economique et Fonctionnelle. Nous utilisons des matrices coûts/fonctions pour traiter le problème. Les résultats (exprimés en %), sont reproduits dans des diagrammes. La composition et le mode d'utilisation des matrices sont décrits dans l'outil matrices coûts/fonctions (p. 183).

On travaille sur trois niveaux, qui sont fonction de la précision du détail, de l'analyse des composants, et de la rigueur du gain à obtenir.

Dans le cas d'études de produits complexes (avec grand nombre de composants), la procédure permet d'éclater **le produit en plusieurs matrices,** et d'effectuer la synthèse sur une matrice de synthèse (en utilisant éventuellement le diagramme de Pareto ou les courbes ABC).

Une méthode indépendante **d'analyse détaillée de procédés** permet d'accéder au plus haut niveau de répartition et maîtrise des coûts sur les procédés de fabrication.

*e) La maîtrise des coûts*

La maîtrise des coûts est un ensemble d'outils et de procédures qui s'appliquent depuis le début du projet jusqu'à l'exécution du produit. Dans notre démarche, nous avons énoncé en cours de développement les éléments relatifs aux coûts.

Nous présenterons plus tard dans les outils détaillés, toutes les procédures et outils relatifs à la maîtrise des coûts qui sont :

- Les matrices coûts/fonctions (p. 183).
- Les matrices et outils de coûts prévisionnels (p. 267).
- Les coûts correspondants au cycle de vie (CCO et CCG) (p. 119).
- Le suivi des coûts, les performances, les délais (p. 257).

## 5 - Analyse de concurrence

L'analyse de la valeur est concernée par l'analyse de concurrence mais **peu d'outils sont développés** pour conduire cette démarche.

Il faut également reconnaître que certaines entreprises hésitent à traiter ce genre de problème. Cela nécessite une mise en œuvre de moyens non négligeables.

Que la concurrence soit internationale ou locale, cette analyse peut permettre à une entreprise de se situer face à ses concurrents.

L'expérience démontre que les entreprises qui effectuent ce type d'action en tirent un grand profit sur l'étude des solutions technologiques employées et sur l'analyse des coûts. Ce qui leur permet d'innover et de reprendre des parts de marché avec des produits nouveaux plus performants.

La procédure présentée permet d'agir au moins sur trois axes essentiels en ce qui concerne la conception. On peut bien entendu, en appliquant le même principe, élargir cette analyse de concurrence à d'autres aspects par exemple, la maintenance.

Les trois principaux axes retenus :

- La technicité technologique mise en œuvre et les performances atteintes.
- La sûreté de fonctionnement (SF).
- Les coûts.

Pourquoi ces trois axes ?

Le client souhaite posséder un produit fiable(SF), répondant à ses besoins(performances) pour un coût le plus bas possible.

Pour répondre à ces critères, les objectifs du concepteur sont d'atteindre les performances demandées, avec une technologie adaptée, pour un coût objectif lui permettant d'être compétitif sur le marché.

*a) L'analyse de technicité*

Elle consiste à procéder à une étude comparative entre différents produits et le modèle fonctionnel à l'aide de l'**outil de technicité** développé particulièrement à cet effet. Il mesure les performances obtenues et étudie les moyens technologiques mis en œuvre pour les atteindre.

Cette analyse comparative permet de mettre en évidence les points forts et les points faibles de chaque produit ainsi que les écarts au modèle. Ce qui permettra de sélectionner les meilleures solutions à retenir pour la conception du nouveau produit à un coût adapté.

Une technologie trop pointue permet au concepteur de montrer son savoir-faire, mais elle risque de lui être préjudiciable par le coût qu'elle peut engendrer.

La procédure à suivre :

- Effectuer une analyse technique comparative du produit de l'entreprise et de ses concurrents.
- Pratiquer une évaluation des solutions retenues.
- Fixer le niveau de performance obtenu, par rapport au référentiel du modèle fonctionnel.
- Construire les diagrammes des résultats.

Les meilleures solutions seront éventuellement utilisées sur le futur produit à concevoir (dans les limites des protections, brevet ou autres).

*b) L'analyse de risques*

Elle se pratique au moyen de l'AMDEC et d'autres outils complémentaires. Dans cette partie nous comparerons les différents produits au modèle fonctionnel ce qui permettra d'étudier, fonction par fonction, les risques de défaillance des différents produits. On en tirera des conclusions sur la mise en œuvre des composants, avec les éventuels problèmes de maintenance liés au fonctionnement du produit par le remplacement des composants.

La mise en place d'une structure de soutien logistique intégré (SLI) permettra de résoudre les problèmes de maintenance.

L'AMDEC permettra d'établir les risques de défaillance du produit de l'entreprise et des concurrents ; l'objectif étant de définir les points faibles de chaque produit, tout en procédant à une étude comparative.

En partant du modèle fonctionnel, l'analyse effectuée permet de traiter et de comparer fonction par fonction les risques de défaillance, et de tracer les résultats dans les diagrammes.

L'AMDEC adaptée à notre procédure permet de travailler sur différents niveaux en fonction du degré de performance à atteindre.

Nous partons de la fonction d'usage pour atteindre le procédé détaillé d'exécution (ou process de fabrication)

**Remarques sur la future conception du produit**

Cette procédure est exécutée deux fois ; à l'analyse d'un produit existant, puis à sa reconception.

Après l'étape de créativité, et de définition de l'avant-projet, nous procéderons aux mêmes analyses en prévisionnel sur ces trois points. On traitera à nouveau de l'analyse des coûts, de l'analyse de technicité, de l'AMDEC (en prévisionnel) afin d'assurer le suivi du développement du produit jusqu'à sa phase finale.

*c) Les diagrammes*

Ceux-ci sont couramment utilisés dans la démarche Analyse de la Valeur pour synthétiser les résultats obtenus.

Les diagrammes permettent une représentation synthétique globale ou détaillée d'un ensemble de données, accompagnée d'une vision représentative agréable à l'œil.

Ce qui permet d'effectuer des présentations claires d'une situation donnée qui illustre parfaitement le problème en apportant les informations nécessaires à la compréhension.

Cette forme de représentation permet également de procéder à des comparaisons ou analyses de résultats.

La synthèse de ces résultats permettra de concevoir le nouveau produit en tenant compte des informations recueillies et représentées dans les diagrammes.

Leur utilisation dans le cadre de la méthode présentée est fondée sur le fait que toutes ces représentations sont centrées sur **un seul paramètre d'analyse, le modèle fonctionnel du produit.** Tous les tracés de diagramme s'effectueront fonction par fonction.

Pour pouvoir comparer et illustrer ces diagrammes, compte tenu du fait que les unités employées seront différentes suivant les travaux effectués (des francs, des masses, des points, …), l'unité standard retenue qui permettra de tracer ces graphes et d'effectuer des états comparatifs de résultats sera **le pourcentage.**

Pour chaque analyse effectuée, on trace d'après les résultats obtenus par les différents outils, des diagrammes par fonction. Ce qui permet d'avoir, d'une part les résultats d'une analyse par outil, et d'autre part de représenter simultanément les résultats de plusieurs analyses et ceci sur les mêmes tableaux de présentation (voir l'outil diagramme).

Les diagrammes donnent une représentation « imagée » des résultats obtenus et permettent d'effectuer une analyse de la situation.

Cette représentation graphique permet, après synthèse, de prendre les dispositions nécessaires pour déclencher les futures actions lors de la conception du nouveau produit.

**La représentation multi critères dans les diagrammes** permet à partir du modèle fonctionnel une représentation graphique fonction par fonction (ou critères de fonctions) des différentes analyses et travaux effectués.

La particularité de notre démarche permet d'illustrer dans un même diagramme par fonction :

- L'analyse Technico- Economique du produit Entreprise.
- L'analyse Technico- Economique des concurrents.
- L'analyse de Technicité du produit entreprise.
- L'analyse de technicité des concurrents.
- L 'AMDEC de la concurrence.
- L'AMDEC du produit Entreprise.
- La Hiérarchisation des fonctions par le « client » et on peut éventuellement compléter par d'autres analyses.

Après reconception ou conception du nouveau produit (en prévisionnel) on peut compléter en travaillant par simulation :

- L'analyse Technico- Economique (en prévisionnel).
- L'AMEDC (en prévisionnel).
- La technicité (en prévisionnel).

Après exécution et fabrication, on peut **également en Réel** refaire et représenter les trois points précédents.

Nous aurons donc une représentation très exhaustive par plusieurs graphiques de notre produit et de la concurrence sur :

- Le produit existant et la concurrence (avant sa reconception, en réel).
- Le produit en cours de développement avec son suivi (pendant sa conception en prévisionnel).
- Le produit pendant et après sa mise en service (après conception et réalisation, lors de son utilisation, en réel).
- La hiérarchisation ou valeur attribuée par le client, en référence, par rapport à tous ces points (ses besoins initiaux et sa satisfaction à l'usage).

## La phase 4 - Recherche de Solutions
### (créativité innovation)

Lors de cette phase nous utilisons en fonction des produits à développer la démarche et les outils de créativité : outils irrationnels et rationnels.

## 1 - L'analyse descendante en créativité

Avec les outils de créativité, nous travaillons suivant **le principe de recherche descendante,** qui consiste à traiter d'un concept de haut niveau pour élaborer des voies de solutions puis parvenir à la recherche de solutions pour déboucher sur la solution détaillée.

La stratégie conduite doit déboucher sur **plusieurs concepts de solutions,** afin d'identifier en priorité, une solution que nous savons résoudre. Cette solution servira de « repli stratégique » si la faisabilité des autres solutions n'est pas démontrée sur le plan technique ou économique.

Ce qui permet d'éviter les pertes de temps consécutives à un échec de faisabilité sur une solution unique.

Notre concept de créativité s'effectue en trois temps :

- Mise en place et recherche de piste de créativité (suivant une procédure).
- Recherche en créativité d'idées et de solutions (utilisation de l'outil soleil ou d'autres méthodes).
- Evaluation d'analyse et synthèse pour le choix des solutions.

## 2 - L'outil soleil

Nous avons développé un outil spécifique **appelé soleil.**

Cet outil permet par éclatements successifs, d'un élément central vers des éléments périphériques, de stimuler l'imagination des membres d'un groupe pour trouver des solutions à un problème.

## 3 - Mise en place d'une action de créativité

Une recherche de solutions en créativité se prépare à partir de diverses informations qui ont été préalablement recueillies lors de :

- La phase de recherche d'orientation d'action (autres projets ou études…).
- La phase de recherche d'informations (concurrence, brevets…).

- L'analyse fonctionnelle (nouvelles fonctionnalités…).

Etc.

Une procédure d'étapes préparatoires a été effectuée sur tou-tes ces possibilités par une recherche de pistes de créativité.

## 4 - L'évaluation des idées

Après l'analyse détaillée et la comparaison des solutions trouvées, on effectue une synthèse de celles qui semblent adaptées au contexte et qui sont susceptibles de déboucher, après étude de faisabilité, sur des solutions concrètes **confor-mes aux CdCF du produit.**

# La phase 5 - Etude et Evaluation des Solutions

Nous allons procéder en recherche et développement, à la faisabilité des solutions découvertes dans l'étape de créativité.

La démarche classique est conduite en utilisant les outils de l'AV, avec comme objectif le respect du CdCF initial.

La conduite du développement se fait sur les trois axes classiques de développement.

- Maîtrise des coûts.
- Maîtrise de la technique et des performances.
- Maîtrise des délais.

Les différents partenaires externes à l'entreprise collaborent à cette activité.

Pour mener à terme ce développement, nous disposons :

- Du CdCF avec ses éléments de spécifications techniques et performances à atteindre.
- Du coût objectif du produit.
- Des solutions retenues en créativité.

## 1 - La « boîte »

A la suite des séances de créativité, un avant-projet du produit a été effectué sous forme d'une **architecture générale** composée de différents sous-ensembles, dont le contenu interne n'a pas encore été défini.

Pour assurer le développement des composants internes du nouveau produit, nous considérons celui-ci comme un assemblage de « **boîtes** ». Nous en connaissons les entrées et les sorties, ainsi que les liaisons d'interface.

L'objectif est de fournir aux concepteurs (type BE ou autres structures), les moyens nécessaires qui leur permettront de déboucher sur plusieurs propositions de solutions détaillées.

Ce qui nécessite de :

- Construire une architecture produit (outil organigramme produit).

- Connaître les coûts à attribuer à chaque boîte et à chaque composant de cette architecture (outils de détermination des coûts prévisionnels).
- Disposer des spécifications techniques et performances à atteindre d'après le CdCF.
- Assurer le suivi du développement des composants du nouveau produit pour respecter le CdCF(outil tableau de bord de suivi).
- Disposer d'un choix de solutions internes aux « boîtes » (outil fiches de conception).

## 2 - Les coûts prévisionnels

La problématique est la suivante : le produit actuel ayant un coût connu, on demande d'assurer une réduction de coût sur le nouveau produit à concevoir.

On fixe généralement un coût objectif global à atteindre pour celui-ci. La difficulté dans ce cas consiste à répartir ce coût objectif global, sur les futurs composants du nouveau produit, par des coûts prévisionnels attribués à chacun d'entre eux.

Comme indiqué précédemment, le produit après sa phase de créativité est considéré comme un assemblage de « boîtes ». La somme des coûts respectifs des composants ne doit pas dépasser le coût objectif fixé.

Nous ne connaissons pas la technologie interne de chaque boîte. C'est notre objectif.

On doit déterminer un coût objectif prévisionnel de conception pour chaque boîte et assurer le développement technique des composants internes en respectant celui-ci.

Cette répartition du coût étant effectuée, le groupe de travail s'assure par un suivi, que les coûts résultant des solutions proposées respectent les coûts objectifs prévisionnels de chaque composant. Le total de ces coûts devra être inférieur ou égal au coût objectif global du produit.

Cette distribution du coût global sur les futurs composants du nouveau produit peut s'effectuer à l'aide de divers outils proposés dans ce livre (outils de détermination des coûts prévisionnels).

### 3 - Le développement

Il consiste à obtenir des divers développeurs un choix de solutions innovantes compatibles avec les données fournies dans le CdCF.

### 4 - L'architecture produit

Elle consiste à construire une architecture schématique du produit sous forme de « boîtes » ou sous-ensembles à résoudre. Lors de cette opération, on procède à la numérotation ainsi qu'à la dénomination de celle-ci, pour disposer d'un vocabulaire commun. Cela évitera toute méprise lors du développement. On peut envisager de concevoir une nomenclature de ces éléments.

### 5 - Le Tableau de Bord de conception

Conçu d'après l'architecture produit il permet d'assurer le suivi du développement (technique, performances, coûts, délais) en attribuant la responsabilité des tâches et travaux à effectuer.

### 6 - Les spécifications techniques

Elles sont extraites du CdCF et redistribuées sur les différentes « boîtes » à étudier.

### 7 - Le coût objectif prévisionnel

Un coût objectif global est généralement fixé pour la conception du nouveau produit. La difficulté consiste à répartir ce coût sur les futurs composants du produit dont on ne connaît pas la composition. Pour résoudre ce problème nous disposons d'outils de **détermination des coûts prévisionnels.**

### 8 - Les fiches de conception

Les concepteurs doivent proposer plusieurs solutions respectant les données de la boîte.

Il leur a été donné pour chaque « boîte » :

- Les spécifications techniques et les performances à atteindre (CdCF).
- Le coût attribué à chacune (coût prévisionnel).
- Les délais d'exécution.
- L'architecture générale du produit et les interfaces de liaison.
- Le tableau de bord.

Ils doivent en retour proposer diverses solutions répondant aux éléments. Chaque solution doit être décrite dans le détail et accompagnée d'une analyse critique pour permettre au groupe de travail de sélectionner la meilleure solution.

Les développements sont effectués en parallèle sur divers composants du produit dans des technologies différentes. Il incombera au groupe d'effectuer une synthèse de tous ces travaux à partir **des fiches de conception** pour respecter les objectifs fixés.

## 9 - Le choix de solutions

Dans certains cas un choix de solutions technologiques s'impose et il n'est pas toujours simple de trancher en la matière. **L'outil de décision fonctionnelle de solution** permettra de résoudre cette difficulté.

## DEMARCHE AV 6

### Organigramme Produit

Nomenclature
1
2
3
4
5
6

Lampe de bureau

### 5 Etude Evaluation

#### Tableau de bord de conception

Nom 2
C.O  C.E
Date

Nom 3
C.O  C.E
Date

Nom 4
C.O  C.E
Date

Nom 1
C.O  C.E
Date

Nom 5
C.O  C.E
Date

Nom 6
C.O  C.E
Date

Nom 7
C.O  C.E
Date

**4 axes**

| Composants | C.O | F1 | F2 | F3 | F4 | F5 |
|---|---|---|---|---|---|---|
| Boîte 1 | | | | | | |
| Boîte 2 | | | | | | |
| Boîte 3 | | | | | | |
| Boîte 4 | | | | | | |
| Coûts | | | | | | |

Matrice des Coûts Prévisionnels

#### Spécifications techniques
1
2
3
4
5
6

| Fiche de conception | Fiche de conception |
|---|---|
| Solution 1 | Solution 2 |
| C.O    C.E | C.O    C.E |
| 1 | 1 |
| 2 | 2 |
| 3 | 3 |
| 4 | 4 |

POUR ETUDE

# La phase 6 - Bilan prévisionnel

Généralement après la phase de développement on dispose d'un **certain nombre de solutions.**

Le problème consiste alors à définir quelle est la solution la plus rentable pour l'entreprise.

Pour procéder à ce choix, le groupe fixe **les indicateurs** qui serviront de référentiel pour établir un état comparatif (outil multi critères fonctionnels de décision).

Le bilan prévisionnel est une synthèse de l'ensemble des travaux exécutés dans les étapes de recherche et développement.

On présente d'une façon détaillée le produit (technique, fiabilité, coûts, etc.), ainsi que les investissements nécessaires pour la réalisation de celui-ci (financiers, humains, matériels, partenaires, etc.).

Les différentes solutions, avec leurs conséquences positives ou négatives, sont analysées. Le groupe établit un classement et propose la solution la plus optimisée. Les résultats sont présentés aux décideurs pour validation.

Il faut cependant souligner le fait que ce bilan puisse s'adresser à des projets et produits complexes ou à des produits simples. Dans les deux cas, la démarche sera identique.

Dans le premier cas, **le plus général,** les solutions proposées permettent d'obtenir un avant-projet qui n'est pas définitif mais qui permet de choisir la solution finale.

L'étape d'après consiste à l'exécution détaillée du produit, ce qui nécessitera un nouveau bilan, avant de passer à l'industrialisation.

Dans ce cas on effectue généralement au préalable **une revue Analyse de la Valeur** de l'ensemble du produit et de ses composants.

Dans le deuxième cas, quand on a affaire à un **produit simple,** on peut considérer que les « boîtes » ont été traitées très en détail et qu'il s'agit du choix définitif avant la mise en industrialisation. On passe directement à la réalisation.

### 1 - Les bilans

Les produits peuvent être concrets ou abstraits, de technologie simple ou complexe, unitaire, petite, moyenne ou grande série, etc.

Pour répondre à ces différentes situations, nous proposons d'établir plusieurs bilans prévisionnels à différents niveaux du développement du produit (par rapport au modèle fonctionnel) :

- Un bilan prévisionnel lors du choix définitif des solutions.
- Un bilan prévisionnel pour exécution du prototype.
- Un bilan prévisionnel pour présérie.
- Un bilan prévisionnel avant industrialisation avec revue en AV de tous les éléments.

Il est bien évident que tous les produits ne passent pas par toutes ces étapes (produits unitaires, ou produits abstraits). On adapte le nombre de bilans en fonction du projet à traiter. On peut considérer que ces bilans correspondent à des phases de recette du produit.

### 2 - La matrice multi critères fonctionnelle

Pour assurer le choix de la solution la plus adaptée au contexte de l'entreprise, la sélection doit s'effectuer par une comparaison entre les diverses solutions proposées.

Cette démarche comparative est faite par fonction (CdCF), à partir d'indicateurs de référence que le groupe doit fixer au préalable (outil multi critères fonctionnel de décision).

## La phase 7 - Suivi Bilan Réel

Pendant l'étape du Bilan Prévisionnel le suivi consiste, selon la complexité du produit, à assurer son développement d'une façon très détaillée, puis à passer aux différentes étapes : prototype, présérie, série, etc.

La mise en place de l'outil ou des moyens de production doit s'effectuer en parallèle pour éviter les pertes de temps.

Lorsque la production sera assurée on pourra alors relever sur « le terrain » les composantes réelles (coûts, techniques, etc.).

Le groupe de travail met en place des indicateurs (coûts, techniques, etc.) qui permettront, à l'aide d'audits de vérifier la bonne adéquation entre, ce qui a été prévu au dernier bilan prévisionnel avant exécution, et un bilan réel réalisé en cours d'exécution.

Les indicateurs permettront de collecter des données et des coûts réels en fabrication. Un rapprochement sera effectué par rapport au dernier bilan prévisionnel. On effectuera enfin si nécessaire, les ultimes « retouches » pour remédier à des dysfonctionnements mineurs.

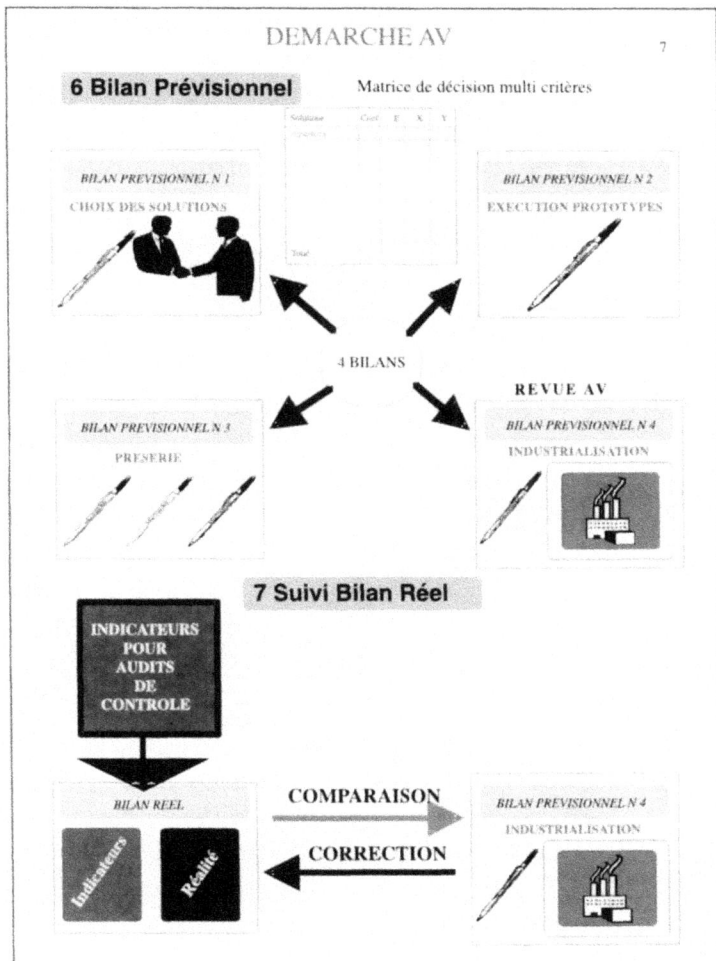

# Chapitre 3

# Le groupe AV
# et sa gestion

# 1 - La constitution du groupe

Un groupe doit être constitué de membres représentatifs des différents secteurs d'activités concernés par le développement, la fabrication et le suivi du produit.

*a) L'animateur*

Sa spécialité a peu d'importance, il peut être interne à l'entreprise, ou conseil externe.

Il doit maîtriser :

- La démarche AV et ses outils ainsi que les méthodes de CCO et CCG et le concept de management par la Valeur (Conception par Coût objectif, Conception par Coût Global).
- Les techniques de communication.
- Les techniques de management de groupe.
- Les méthodes de créativité.

Il doit savoir :

- Instruire un dossier AV avec les décideurs.
- Proposer un plan d'action de développement de produit par l'AV.
- Négocier un contrat avec tous les moyens nécessaires, de la mise en œuvre à la conclusion.
- Former des personnes à l'AV.
- Gérer un projet industriel dans l'esprit de management par la valeur en l'AV, en CCO, CCG.

Ses aptitudes personnelles :

- Esprit d'analyse et synthèse.
- Maîtrise de lui-même.
- Vivacité de réaction.
- Prise de décision.
- Contrôle de situations délicates.
- Inspirer confiance et assurance.
- Savoir harmoniser les relations dans le groupe.

*b) Le chef de projet*

Il est nommé par les décideurs.

Ses fonctions :
- Développer le produit.
- Assurer la réalisation.
- Assurer le suivi.
- Atteindre les objectifs fixés.

Dans le groupe AV :

Il est l'homme « plaque tournante » du produit par diverses activités :
- Collaboration et synchronisation avec l'animateur.
- Correspondant entre l'animateur et le groupe.
- Correspondant entre l'animateur et les décideurs (informations et décisions).
- Centralisateur de toutes les informations.
- Application des décisions du groupe.
- Contrôle de l'exécution des tâches.

*c) Les membres du groupe*

Ils sont nommés par le chef de projet ou la direction.

Leurs fonctions :
- Etre concernés directement par le produit.
- Etre des spécialistes de haut niveau.
- Disposer de pouvoir de décision.
- S'impliquer dans le développement du produit.
- Accepter d'exécuter ou de faire exécuter des tâches définies par le groupe.
- Participer activement à  la vie du groupe.

# 2 - Les relations chef de projet et animateur

Ces deux personnes doivent travailler en étroite collaboration. Ce qui nécessitera de nombreux contacts entre eux pour manager le projet, **indépendamment du groupe.**

Le chef de projet constitue un dossier complet du déroulement de l'étude, y compris le dossier technique. Il centralise toutes les informations et les documents afin d'éviter une dispersion de ces documents dans l'entreprise.

Ce qui permettra d'avoir l'historique de l'action avec une traçabilité des événements mentionnant point par point le développement du produit .

Ce dossier est précieux il permettra le développement ultérieur d'autres produits.

L'animateur conduit correctement le déroulement de l'action suivant le plan établi pour faire atteindre au groupe de travail les objectifs fixés. Cependant il doit parfois s'adapter à des situations de terrain en modulant son action, en fonction de contraintes ou difficultés rencontrées par le groupe de travail en cours de développement. Il lui incombe de mettre à disposition du groupe tous les outils méthodologiques nécessaires.

**Exemples :** retard dans l'exécution d'un prototype de faisabilité, indisponibilité de personnel par suite de surcharge, appareillage non livré dans les délais, etc.

Les tâches conduites en commun :
- Orientation de l'action (avant le démarrage de l'étude).
- Rédaction de l'ordre du jour de chaque réunion.
- Préparation des réunions.
- Préparation d'interventions de personnes extérieures.
- Préparation d'interventions de spécialistes internes.
- Suivi du développement de l'étude.
- Mise en forme des documents.
- Préparation des documents etc.

**Remarques :**

Le chef de projet est pour l'animateur le contact interne privilégié. Il permet d'assurer les liaisons avec les décideurs et les membres du groupe.

# 3 - Les outils du groupe de travail

■ Le compte rendu de réunion

Lors de chaque réunion un compte rendu doit être rédigé, c'est la « mémoire » du travail effectué par le groupe. Il permet à tous de suivre l'évolution du développement et de se remémorer le contexte de l'étude.

Ce compte rendu est destiné à tous les membres du groupe ainsi qu'aux supérieurs hiérarchiques ou à d'autres entités désignées.

Il permet aux responsables de suivre le développement de l'action et de réagir en conséquence (Outil modèle de compte rendu).

■ La fiche des acquis

En cours de développement un certain nombre de décisions sont prises. Ces décisions peuvent être techniques, stratégiques, financières, etc.

En fonction du temps passé sur le projet, l'expérience nous démontre que les membres du groupe oublient et remettent en cause des décisions qui avaient été prises sans bien se rappeler les raisons fondamentales qui étaient à l'origine de celles-ci.

Ces fiches permettent d'inscrire les justifications des prises de décisions. Le groupe possède alors une traçabilité avec un historique, ce qui évite les pertes de temps liées à des remises en causes parfois inutiles (Outil fiche des acquis).

■ La fiche des idées

Lors de la cession de travail chaque membre de l'équipe peut avoir des idées sur le développement ou la conception du produit. L'animateur ne peut pas toujours laisser le temps nécessaire à la personne pour expliquer « son idée ».

Si l'animateur rejette plusieurs fois les personnes qui souhaitent s'exprimer sur « leurs idées », il risque de faire avorter un bon nombre de pistes intéressantes et décourager les membres de son équipe.

La fiche sert à synthétiser rapidement l'idée ; on notera sur la fiche une description sommaire de celle-ci. Le détenteur de l'idée sera sécurisé par la prise en compte de cette dernière. Il sait qu'elle sera traitée plus tard en lui consacrant le temps nécessaire (Outil fiche d'idées).

■ Le dossier des actions

Chaque réunion de travail va déclencher un certain nombre d'actions, de tâches et travaux à effectuer. Il est indispensable de noter qui en sera le responsable, le contenu de la mission et la date d'échéance de l'action.

Ce dossier sera complété à chaque séance de travail. Il fera l'objet d'un suivi très attentif pour s'assurer de la bonne exécution des travaux car la réussite du projet en dépend.

Un point important à vérifier est le respect des dates de rendu des tâches si le groupe souhaite se soumettre aux délais d'exécution du projet (Outil dossier des actions).

■ La préparation et ordre du jour

Il est nécessaire de préparer la future réunion. Ceci s'effectue à la fin de la réunion ou entre deux réunions, mais suffisamment tôt pour que chaque membre du groupe soit informé et puisse préparer les éléments nécessaires.

C'est généralement l'animateur qui assure cette préparation. En étroite collaboration avec le chef de projet, il établit l'ordre du jour et le contenu détaillé de la prochaine réunion.

L'ordre du jour suit le plan d'action prévu au début du projet. Le contenu détaillé fluctue en fonction de l'évolution du développement (Outil fiche de préparation de l'ordre du jour).

# 4 - Le démarrage de l'action

## a) Phase d'introduction

1) Présentation par la direction des enjeux de l'étude.
2) Présentation par le marketing du marché et de son contexte.
3) Présentation de l'animateur.
4) Présentation de chaque membre du groupe.
5) Présentation très sommaire du produit, de l'étude, des objectifs.

6) Elaboration du planning de travail.

7) Mise en place du secrétariat.

8) Choix d'un modèle de compte rendu.

9) Etablissement de la liste des destinataires.

10) Formation à l'AV.

11) Liste du matériel de communication.

12) Définition du rythme de travail.

Ce début d'action nécessite une procédure d'intronisation pour apporter au groupe des informations générales sur le projet.

Voici quelques commentaires sur les points à respecter :

■ Il est indispensable que la direction soutienne l'action et **motive le groupe.** Un responsable de direction viendra donner des informations sur les enjeux de l'étude pour l'entreprise.

■ Il est parfois nécessaire que le marketing positionne le produit par rapport au **marché International ou Européen,** son représentant doit effectuer cet exposé.

■ L'animateur et le chef de projet doivent informer les futurs membres du groupe. Ils rédigent un plan d'action sommaire adressé à tous, pour expliquer globalement l'étude et son déroulement.

■ Une convocation est jointe indiquant, la date, l'horaire et le lieu de la première réunion avec l'ordre du jour.

■ L'animateur se présente, en indiquant les raisons de son intervention dans l'entreprise, et son rôle dans le développement du produit.

■ Le tour de table des participants permet à l'animateur de faire connaissance avec son équipe et de noter les attentes.

■ La présentation du produit, de l'étude, des objectifs doit être rapide. Elle sera reprise dans le détail lors de la phase produit.

■ Le planning de travail doit être établi en fonction des Indicateurs temps, et des contraintes générales.

■ Il est souhaitable de programmer d'une façon précise toutes les dates de réunion, en prévoyant deux à trois journées de remplacement, en cas d'impossibilité pour les jours prévus en cours d'action. L'expérience démontre que sur des projets de longue durée, la planification des réunions doit être prévue pour des délais minimums de trois mois.

■ L'animateur par sa fonction ne peut pas prendre toutes les notes qui devront apparaître dans le compte rendu, il doit solliciter les membres du groupe pour assurer à tour de rôle cette tâche. Il devra cependant au cours de la séance de travail, indiquer au secrétaire les points importants à noter.

■ Une liste des destinataires des comptes rendus doit être établie afin d'informer uniquement les personnes concernées par le produit. Dans le cas de confidentialité extrême, les comptes rendus peuvent être nominatifs et numérotés.

■ La formation à l'**AV** est définie préalablement avec les décideurs. Il peut s'agir d'une simple remise à niveau, de quelques heures, ou d'une formation complète si les membres ne connaissent pas l'**AV.**

### b) La communication

Le matériel :
- Tableau.
- Rétroprojecteur.
- Tableau de papier.
- Ordinateur.
- Vidéoprojecteur.
- Magnétoscope + Ecran TV.

L'intérêt du tableau de papier est multiple :

En accrochant les feuilles dans la salle, le groupe a les éléments en permanence sous les yeux, l'information est constante.

Les feuilles de papier peuvent être stockées et rapportées d'une séance à l'autre.

Après la séance, le secrétaire peut compléter son compte rendu en les relisant.

Le tableau de papier est une mémoire permanente, comparativement à un tableau ordinaire qui s'efface.

Le rétroprojecteur permet de gagner un temps important lors d'apport d'informations.

L'animateur demandera à chaque membre du groupe d'utiliser ce type de communication pour ses exposés.

Autre avantage, les transparents peuvent être photocopiés et insérés en annexe du compte rendu.

La vidéo-projection :

Une nouvelle pédagogie est née grâce aux logiciels et aux outils informatiques.

On travaille en équipe avec projection sur écran à partir d'ordinateur et de vidéoprojecteur. Ceci permet de créer une inter activité entre les membres de l'équipe.

Les données sont également sauvegardées sur la machine, d'où des gains de temps appréciables dans la conduite de la réunion.

### c) La conduite du groupe

Le rythme de travail qui semble le plus adapté est une réunion tous les 15 jours, avec des séances de 4 à 8 heures. Ce qui permet la rédaction et l'envoi du compte rendu dans les délais nécessaires. Les membres peuvent dans ce délai répondre aux questions posées par le groupe, ou apporter les éléments qui leur sont demandés. Bien évidemment ceci n'est pas une règle, l'animateur doit moduler ses réunions en s'adaptant aux contraintes de l'étude.

## 5 - La phase de démarrage du produit

Afin que le groupe de travail possède une meilleure connaissance du produit, il est utile de prévoir des exposés pour donner des informations sur celui-ci et sur son contexte d'environnement général.

Prévoir des exposés sur :

- Les données Marketing ou les Spécifications techniques des besoins (STB) du Client.

- Le produit.
- La conduite du projet.

L'information du **groupe est essentielle,** en démarrage d'étude, et en cours d'étude.

Au début, l'animateur demande au marketing de présenter son cahier des charges.

En plus de la présentation du marché actuel et potentiel, il faut insister sur la personnalité des clients. Avec l'énumération de leurs besoins, attentes, et insatisfactions.

**Le chef de projet** présente **le produit** à l'ensemble du groupe, en précisant les objectifs à atteindre. On peut également présenter rapidement les produits concurrents sous forme d'analyses comparatives sommaires.

Toutes les contraintes doivent également être mentionnées.

**L'Animateur** définit la **méthode et les outils** à utiliser en fonction des objectifs à atteindre, et présente le plan d'action détaillé avec les moyens mis en œuvre.

Il sera également indispensable de prévoir **des déplacements** pour aller voir de près les conditions d'utilisation du produit. Une vision réelle du contexte et de la mise en situation du produit apporte au groupe de travail des informations parfois importantes qui seront utilisées dans le futur développement.

Les déplacements peuvent avoir lieu sur le site, soit dans l'entreprise, soit hors entreprise (ou auprès de concurrents).

## 6 - En cours d'étude

Le groupe ne possède pas toujours toutes les compétences nécessaires, il sera utile de prévoir des interventions de spécialistes pour répondre à des problèmes spécifiques.

Deux possibilités :
- Interventions Internes.
- Interventions Externes.

### En interne

Par un spécialiste du groupe de travail ; aucune difficulté, celui-ci connaît le sujet.

Par un spécialiste de l'entreprise n'appartenant pas au groupe de travail. Dans ce cas un dossier devra être préparé à son intention. Ce dossier indiquera l'essentiel de la demande pour qu'en retour, il puisse apporter les réponses nécessaires.

**En externe**

Par un spécialiste, le groupe devra préparer un dossier avec des questions précises pour obtenir les informations. Ce qui impliquera au préalable un choix de fournisseur et des contacts, pour la préparation de ses prestations.

Dans certaines circonstances, il sera souhaitable de faire intervenir le fournisseur devant le groupe de travail en lui demandant de présenter les résultats de sa recherche.

**Déplacements**

L'animateur doit, de même, prévoir des déplacements de son groupe en cours d'étude si la situation le nécessite.

# 7 - Les relations AV et Marketing

Les relations particulières entre le groupe de travail et le marketing sont nécessaires à certaines phases :
- Au démarrage de l'action.
- En recherche d'informations sur l'environnement du produit.
- Lors de l'Analyse Fonctionnelle.
- Au cours de la détermination des critères niveaux flexibilité.
- Lors de la validation et de la hiérarchisation des fonctions.
- En phase de créativité et d'innovation.
- Test et suivi du produit ; présérie et série.

**Informations marketing**

Le responsable marketing doit présenter au groupe, toutes les informations sur le produit. Il intervient sur les points suivants :

**En recherche d'Informations sur l'environnement**

Le groupe analyse toutes les données du marketing, il les compare aux autres informations sur le produit. Ceci débouche sur des demandes de renseignements complémentaires, que le marketing fournira, en déclenchant de nouvelles enquêtes si nécessaire.

### Lors de l'Analyse fonctionnelle

Toutes les informations marketing, concernant les clients et leurs besoins, serviront lors de la recherche des fonctions du produit.

### Détermination des critères niveaux flexibilité

Si les critères et les niveaux peuvent généralement être trouvés directement par le groupe, il n'en est pas de même pour la flexibilité, qui parfois nécessite des demandes d'informations supplémentaires auprès des clients.

### Validation et hiérarchisation des fonctions

Lorsque l'Analyse fonctionnelle est réalisée pour la première version du CdCF avec les critères, niveaux, flexibilité, on procède à une enquête dans le cadre de la hiérarchisation des fonctions (voir outil de hiérarchisation). Cette enquête a pour objectif de faire valider les fonctions et leurs caractérisations, mais aussi d'effectuer un classement de celle-ci. Avant de démarrer l'enquête, les fonctions sont traduites dans un langage compréhensible par le client.

### Créativité et Innovation

Après recherche de solutions, le groupe s'assure qu'elles donnent satisfaction au client en ce qui concerne la technique et les besoins.

De nouvelles solutions innovantes seront proposées (technique, forme, matériaux, utilisation). Il sera indispensable de vérifier si le client accepte ces nouveautés.

On peut éventuellement découvrir de nouvelles fonctions, donc créer un nouveau besoin. Ce qui nécessitera un contrôle d'acceptation par le client.

On peut également dans cette situation, promouvoir la nouvelle fonctionnalité par des arguments publicitaires.

Toutes ces enquêtes seront réalisées par le marketing en accord avec le groupe.

### Test et suivi du produit présérie

Dans certains cas on exécute une présérie produit qui est testée par la clientèle ; le marketing assure le suivi du couple produit/client.

Le groupe de travail établit un protocole d'essai pour différents tests ou contrôles. Le marketing est chargé de recueillir ces informations en collaboration avec les responsables techniques. Les résultats de ces enquêtes permettent d'effectuer les dernières modifications avant série.

### Test et suivi du produit série (auprès des clients)

Cela semble tellement évident que l'on oublie parfois de mettre en place un dispositif permettant de vérifier la bonne adéquation des besoins du client et du produit en cours d'utilisation.

Parfois, on attend malheureusement les retours aux services après vente avant d'agir.

Des contrôles de satisfaction des clients doivent être réalisés.

Le client apprécie l'assistance et le contrôle effectué sur le produit, c'est pour lui une garantie complémentaire de qualité.

# DEUXIÈME PARTIE

# La boîte à outils

Un outil d'orientation de l'action

Sept outils de recherche d'informations

Sept outils de recherche de fonction dans l'Analyse fonctionnelle

Cinq outils d'analyse dans l'Analyse fonctionnelle

Un regroupement des outils de recherche de solutions

Cinq outils d'étude et évaluation des solutions

Un outil du bilan prévisionnel

Cinq outils d'aide à la gestion de projet

**Les outils de l'étape 1. Orientation de l'action**

1. Check-list d'Orientation d'action. Validation et mise en œuvre du projet.

**Les outils de l'étape 2. Recherche d'informations**

2. Check-list de l'environnement du produit. Préparation à l'Analyse Fonctionnelle.
3. Cause. Besoin. Objectif. Elément (CBOE). Validation des besoins fondamentaux.
4. Chaîne de clients Identification et formulation des besoins.
5. Enquêtes en interne et auprès des partenaires. Informations sur le produit.
6. Les organigrammes. Structure technique et organisationnelle.
7. Le cycle de Vie. Les flux de circulation du produit.
8. L'analyse séquentielle. Les séquences opératoires et leur contenu.

**Les outils de l'étape 3. Analyse fonctionnelle (*1 - La recherche de fonctions*)**

9. La cible Recherche d'acteurs pour la rosace.
10. Rosace des Fonctions. Procédure systémique de recherche de fonctions.
11. Vrac et Compactage. Recherche et mise en forme des fonctions.
12. Recherche de Critères. Caractérisation des fonctions.
13. Hiérarchisation. Classement des fonctions.
14. Analyse Fonctionnelle. Procédure générale à suivre.
15. Le Cahier des Charges Fonctionnel CdCF. Constitution et rédaction.

**Les outils de l'étape 3. Analyse fonctionnelle (*2 - Les analyses*)**

16. Matrice coûts/Fonctions Analyse fonctionnelle technico économique.
17. Analyse des risques. AMDE AMDEC.
18. Analyse de Technicité. Comparatif de performances et de mise en œuvre technique.
19. Analyse de concurrence. Comparatif fonctionnel multi critères.
20. Les diagrammes. Synthèse des Analyses.

**Les outils de l'étape 4. Recherche de solutions (créativité innovation)**

21. La créativité et ses outils.

**Les outils de l'étape 5. Etude et évaluation des solutions**

22. Structures en « boîtes ».
23. Le tableau de bord de conception.
24. Tableau fonctionnel de choix de solutions.
25. Les fiches de conception.
26. Coûts prévisionnels. Recherche et répartition des coûts du nouveau produit.

**Les outils de l'étape 6. Bilan prévisionnel**

27. Tableau Multicritères de décision fonctionnelle.

**Les outils d'aide à la gestion du projet**

28. Le modèle de compte rendu en AV.
29. La fiche des acquis.
30. La fiche des idées.
31. Le dossier des actions.
32. L'ordre du jour.

# ORIENTATION D'ACTION

## Check-list de mise en œuvre et de validation du projet en phase d'orientation

### 1 - Objectifs

- Définir la faisabilité du projet et sa rentabilité.
- Décider de la réalisation de ce projet ⇨ : Oui ou Non ?
- Mettre en place la structure avec les moyens nécessaires.
- Définir un plan d'action.
- Constituer un groupe de travail.

Les responsables doivent procéder à une analyse complète du contexte.

Il s'agit de définir avec les décideurs tous les éléments nécessaires au bon déroulement de l'étude et de conclure par un plan d'action sous la forme de contrat.

On appelle aussi cette phase CdCF $1^{ere}$ phase ou niveau « 0 ».

### 2 - Faisabilité du projet

Ce sont des responsables de direction qui prennent les décisions.

Les responsables de département, le marketing, le chef de projet, peuvent participer à cette réflexion.

Ce groupe de décision peut avoir d'autres acteurs dans les grandes entreprises, ou dans les PMI, PME où la structure est plus simple.

Nous ne développerons pas ici la stratégie à mettre en œuvre pour décider si le projet est rentable pour l'entreprise. Les facteurs propres à cette décision sont multiples et peuvent être complètement différents d'une société à l'autre.

**Les grands axes de réflexion sont :**

La politique stratégique de l'entreprise sur le développement de projets.

Les objectifs.

Le marché et la concurrence.

La stratégie de commercialisation.

Les compétences et le savoir-faire de l'entreprise.

Les investissements nécessaires à mettre en œuvre.

Le coût de ces investissements et de l'amortissement.

Les retombées générales du projet pour l'entreprise, ses produits, son image de marque.

Le partenariat, ses conséquences positives et négatives.

L'identification de tous les types de risques et l'analyse de ceux-ci.

La confidentialité.

## 3 - Mise en place de l'action

On considère que la faisabilité du projet a été démontrée et qu'il doit être réalisé.

L'animateur doit alors agir en 6 grandes étapes :

**1ère Etape :** Entretien avec le groupe de décideurs, pour obtenir le plus grand nombre d'informations sur :

1 ) Le produit.

2 ) Le cadre de l'étude.

3 ) Les objectifs généraux.

4 ) Les moyens à mettre en œuvre.

5 ) Le cahier des charges marketing ou la STB du client.

6 ) La concurrence.

7 ) Les coûts.

8 ) Les investissements.

9 ) Les délais.

etc.

**2e Etape :** Analyse des éléments recueillis lors de l'entretien. Pour mieux cerner le produit et les informations qui s'y rapportent, et éventuellement déceler certaines lacunes.

**3e étape :** Demande d'informations complémentaires aux décideurs. Pour lever des doutes, et compléter le dossier.

**4ᵉ étape :** Proposition d'un plan d'action aux décideurs.

Après synthèse, l'animateur propose une stratégie de développement par l'AV qui intègre tous les paramètres définis avec les décideurs.

**5ᵉ Etape :** Correction du plan d'action en collaboration avec les décideurs par l'approfondissement de différents points.

**6ᵉ Etape :** Approbation et accord sur le développement de l'étude du produit (signature du contrat si nécessaire).

**Remarques :** Toutes ces étapes nécessitent généralement plusieurs rendez-vous avec les décideurs, le temps consacré à cette préparation est important. Il nécessite de la part de l'animateur plusieurs journées de travail, en supplément des journées de réunion avec les décideurs.

## 4 - Liste détaillée des points à étudier

Les éléments cités ci-après se présentent sous forme de check-list, celle-ci ne prétend pas être exhaustive, mais elle présente l'essentiel des points à traiter, elle pourra donc être modifiable et évolutive en fonction du contexte général du projet.

Elle doit permettre à l'animateur :
- d'approfondir le produit et l'étude,
- de demander des compléments d'informations
- d'identifier certains points sur lesquels il devra faire travailler son groupe, pour assurer le management du projet en **AV.**

Les rubriques seront utilisées en fonction du projet et du produit à développer.

**Exemple :** Si l'on étudie un produit entièrement nouveau, il est impossible d'avoir la rubrique description détaillée, dessin d'ensemble, de définition, le produit n'étant pas encore conçu.

Le plan d'action de conduite stratégique du projet sera établi d'après les informations recueillies.

## 4.1 - Le produit

### a ) Concept général

*Avec sa mise en situation dans les différents cas d'utilisation.*

Définir le contexte d'environnement du produit avec :

Qui l'achète ?

Qui l'utilise ?

Les compétences des utilisateurs ?

Les lieux : d'utilisation, d'entretien, de maintenance ?

Outillage, appareillages, contrôles ?

Risques d'utilisation ?

Les différents environnements du produit ?

Dans quelles conditions est-il utilisé ?

Dans quels lieux ?

etc.

### b ) Description globale

Schéma de principe ; fonctionnement ; dimensions ; caractéristiques générales. Implantation, sources d'alimentation, génie civil, etc.

### c ) Description détaillée

Dessin d'ensemble de définition.

Dossier technique complet de conception et de fabrication du produit.

Dossier des coûts.

### d ) Composants du produit

Définir l'origine et la provenance de ceux-ci.

Conçus par la société.

Achetés auprès du fournisseur.

Développés en partenariat avec des fournisseurs.

Sous-traités.

Etc.

Indiquez les coûts correspondants pour chacun d'entre eux.

*e ) Les problèmes afférents au produit*

Lister tous les problèmes rencontrés : retour en SAV, en fabrication, transport, emballage, délais de remplacement de pièces, difficultés avec les fournisseurs, etc.

*f ) Limites d'étude du produit :* (concerne directement le produit).

Conception d'un produit nouveau.

Conception totale ou partielle d'un produit.

Parties du produit, fabriquées par l'entreprise, etc.

D'une façon générale définir la limite de l'étude entre ce qui doit ou ne doit pas être étudié sur le produit.

*g ) Produits concurrents*

Qui sont-ils ? Liste des concurrents.

Quels sont les concurrents les plus directs à analyser ?

Documentations publicitaires.

Documentations techniques.

Achat de produits concurrents pour Analyse.

*h ) Produits similaires développés par l'entreprise*

L'entreprise, une filiale, d'autres entreprises, ont-elles développé des produits sensiblement identiques ?

Si oui, centraliser toutes les informations possibles à ce sujet.

### 4.2 Le cadre de l'étude

*a ) Les délais d'intervention*

Le début et fin d'action avec toutes les contraintes de temps.

La disponibilité ou l'indisponibilité des divers services (périodes de pointe ou surcharge).

La concordance entre le plan d'action du projet et la disponibilité réelle sur le terrain.

*b ) Les événements pouvant se produire pendant l'action*

Les congrès.

Les expositions.

Les vacances scolaires.

Etc.

Le personnel ne sera pas disponible pendant ces périodes, le groupe de travail ne pourra pas bénéficier de l'intégralité de son effectif. Il est donc inutile de planifier des réunions pendant ces périodes.

### c ) Les objectifs particuliers à atteindre en cours d'action

Placer des indicateurs d'objectifs à atteindre à des dates données (sur planning ). Pour contrôle d'efficacité de suivi du plan d'action.

Ex : L'analyse fonctionnelle sera réalisée au plus tard pour le : jour, mois, année.

### d ) La constitution du groupe

Ce point a déjà été développé en détail (p. 56).

### e ) Les partenaires associés ou concernés

On établit une liste prévisionnelle qui peut comporter :

Des sous-traitants.

Des fournisseurs.

Les bureaux d'étude d'une autre société.

Les partenaires financiers.

Les clients associés au développement du produit.

Etc.

Ce recensement permet d'établir les premiers contacts éventuels pour vaincre l'inertie des démarrages d'action ! On contacte par anticipation.

### f ) La confidentialité

Que peut-on donner comme informations, pour avoir en retour, les renseignements nécessaires au développement du produit ? (Cas de produits secret défense ou autres situations confidentielles).

Il est parfois nécessaire d'inventer un produit particulier pour avoir les informations souhaitées sans dévoiler le véritable objet de l'étude.

Un niveau de confidentialité doit être défini avec les responsables. Jusqu' où peut-on aller dans l'information, pour recueillir ce que l'on souhaite ?

Il est également possible de prévoir un pré-contrat de confi-dentialité prévu pour les partenaires ou les intervenants exté-rieurs.

### g ) Les pouvoirs et les obligations réciproques

Il s'agit de clauses, faisant partie d'un contrat interne ou exter-ne, rédigées pour clarifier les relations entre les différents ac-teurs du projet, décideurs, animateur et groupe de travail.

A titre d'exemples, elles comportent :

- La confidentialité.
- La liberté d'action de l'animateur.
- La présence obligatoire aux réunions.
- La rédaction de compte rendu.
- Les clauses particulières.

    Etc.

### h ) La formation du groupe de l'AV

Suivant les objectifs fixés par les décideurs, une formation plus ou moins poussée peut être faite pour les membres du groupe (voir les objectifs ci-après).

### i ) Les limites de l'étude (à ne pas confondre avec les limites d'étude du produit § f p. 75)

Il s'agit de définir les éléments liés à l'étude, et non au produit. Ex : Délais d'exécution, déroulement de l'étude, application à d'autres études.

### j ) Les contraintes de l'étude

On définit tous les types de contraintes qui peuvent intervenir lors de l'étude ou qui sont liées aux divers cahiers des charges.

- Obligations techniques.
- Obligations contractuelles.
- Brevets limitatifs ou concurrents.
- Normes.
- Homologations techniques, médicales, ou autres.

    Etc.

Les obligations contractuelles sont généralement décrites dans les divers cahiers des charges des clauses générales, des clauses techniques, etc.

La STB des spécifications techniques des besoins impose également des conditions particulières.

### k) Les exigences de développement

Sur les différents contrats traités un certain nombre d'exigences apparaissent, il faut être attentif à ces demandes contractuelles et mettre en place les structures nécessaires.

Ce qui nécessite obligatoirement un travail de groupe en ingénierie simultanée pour respecter les délais d'exécution. Généralement les contraintes de développement imposent que tous ces points soient traités en concordance.

Les principales exigences que nous évoquons sont :

- Respecter les nouvelles normes EN sur les risques hommes machines obligatoires depuis 1995 ( EN 292-1- EN 292-2- EN 292-2 A/A1 -EN 60204-1 -ENV 1070 -EN 1050).
- Respecter les normes série ISO 9000 sur les procédures qualité.
- Respecter l'environnement et les nuisances normes ISO 14000.
- Prévoir la destruction du produit et son recyclage en indiquant tous les coûts correspondants.
- Procéder à l'analyse de risque produit par l'AMDEC.
- Assurer la SF sûreté de fonctionnement.
- Assurer l'entretien et la maintenance au moindre coût.
- Prévoir le SLI soutien logistique intégré.
- Mettre en place une formation du personnel pour l'utilisation et la maintenance du produit.
- Travailler en CCO ou CCG pour la maîtrise de coûts avec les notions de coût d'acquisition ou de coût de possession du produit.

### l) La phase de développement

Où se situe le produit, au moment du déclenchement de l'action ?

La voie "royale" consiste à traiter le développement du projet depuis le début de l'action, mais il arrive parfois que pour diverses raisons l'action démarre en cours de développement du projet.

Dans cette situation, il est impératif de faire un état des lieux de la situation pour déterminer exactement dans quelle phase de développement se trouve le produit, afin de recenser les travaux déjà effectués. On propose ensuite un plan d'action adapté à la situation.

### m ) L'évolution future

On peut définir :

- Les perspectives sur les évolutions futures du nouveau produit.
- Les applications et retombées à d'autres produits de l'entreprise.
- Les travaux effectués peuvent être transposés par transfert de technologie à d'autres champs d'applications.

### n ) Le design

Quand et comment associer le Désigner au cours de l'étude ?

Définir les conditions de son intervention.

### o ) Les outils méthodologiques

L'entreprise a déjà des méthodes, procédures et outils qu'elle a développés, elle possède un savoir et un savoir-faire. Il faut puiser dans ce potentiel et l'enrichir en évitant d'effectuer des modifications trop radicales dans les habitudes prises ou dans les structures mises en place. Les risques seraient de créer des conflits ou d'être confronté à un rejet.

Si des modifications méthodologiques doivent être apportées, elles doivent s'effectuer progressivement suivant un plan d'action bien défini qui s'intègre dans le système existant.

## 4.3 Les objectifs

Les différents entretiens avec les décideurs doivent permettre de définir clairement les objectifs à atteindre, qui seront notifiés au groupe de travail.

Les principaux objectifs par rapport au produit sont :

### a ) Financiers

- Coût objectif à respecter.
- Coûts de maintenance et d'entretien.
- Coûts des prototypages et essais.
  Etc. (la liste est à définir).

*b ) Techniques*
- Conception ou reconception d'un produit existant.
- Conception totale ou partielle.
- Conception d'un produit entièrement nouveau.
- Montée en puissance de production.
- Production série ou séries renouvelables.
- Durée de vie produit.
- Sûreté de fonctionnement.
  Etc.

*c ) Commerciaux*
- Part de marché à conquérir.
- Quantité de produits.
- Courbe de progression des ventes.
- Stratégie de SAV et de maintenance.
- Coefficients applicables.
  Etc.

*d ) Standardisation, Homologation, Normes, Certification*
Suivant le contenu de ces points :

*e ) Délais*
Accomplir l'étude dans les temps fixés, avec les indicateurs donnant les résultats exigibles, à des dates déterminées (planning Pert diagramme de Gant).

*f ) Méthode et formation*
Il s'agit de déterminer un des trois cas.

**Action AV** directe sur le produit, avec formation courte de démarrage.

**Action Formation.** Objectifs doubles introduction de l'**AV** dans l'entreprise, plus étude du produit.

**Formation d'animateurs** avec pour objectifs de créer une structure **AV** dans l'entreprise avec des animateurs internes.

### 4.4 Les moyens financiers humains et matériels

Pour tous ces points une réflexion préalable doit être conduite afin de définir les indicateurs des différentes rubriques qui seront fournis au groupe de travail pour gérer le projet.

A titre d'exemples voici quelques données :

*a ) Moyens financiers*

- Etablir et donner le budget global du projet pour le système entier.
- Evaluer les types de coûts et les sommes à répartir sur les divers sous-systèmes.
- Effectuer le découpage financier des principaux postes liés à la conception.
- Répartir les coûts correspondants sur les divers postes, recherche, faisabilité, prototypes, etc.
- Evaluer les coûts des fournisseurs.
- Donner les modes de calcul d'amortissement du matériel.
- Indiquer comment s'effectue la rentabilité de l'étude.

    Etc.

*b ) Moyens Humains*

- Recenser tout le potentiel humain à mettre à disposition pour l'exécution du projet en fonction des délais d'exécution de l'action.

Le groupe de travail ?  Sa constitution.

Sa formation.

- L'appel ponctuel à des compétences internes ou externes à l'entreprise.
- La consultation de spécialistes internes ou externes dans le groupe en cours d'étude.
- La disponibilité des personnes en fonction des plans de charge.
- Les secteurs d'activité concernés.
- Le nombre de personnes par secteur d'activité.

    Etc.

*c ) Moyens Techniques*

- Lister tous les éléments techniques qui devront être mis à disposition du groupe de travail.
- Les produits de l'entreprise.
- Les produits concurrents.

- Les machines, outillages, appareillage, contrôle…
- Les plans de charge et disponibilité des outils pour les essais ou prototypage.

  Etc.

### d )Moyens Méthodologiques

- Constituer un récapitulatif des méthodes et outils tradition-nellement utilisés par l'entreprise.

## 4.5 Le cahier des charges marketing

Recenser les points essentiels dont le groupe aura besoin :

Quels sont les clients ?

Les besoins, les attentes, les insatisfactions.

Les pays concernés par le produit.

Le marché actuel et potentiel.

Les prévisions de vente.

Le nombre de produits, avec progression de la vente dans le temps.

Le prix de vente visé et stratégie de vente.

Les produits concurrents.

Leurs parts de marché

L'analyse comparative de ceux-ci.

Les remarques des clients.

Les risques.

La durée de vie produit.

# RECHERCHE D'INFORMATIONS

## Check-list de Préparation à l'Analyse Fonctionnelle sur l'environnement du produit

### 1 - Objectifs

- Recenser tous les éléments pouvant avoir une incidence sur la conception du produit.
- Obliger le groupe à avoir une connaissance parfaite du produit et de son contexte d'environnement.
- Préparer à l'analyse fonctionnelle, en sélectionnant les points nécessaires à la bonne exécution de celle-ci.

### 2 - Liste détaillée des points à étudier

L'animateur doit conduire en simultané l'étude de tous les points ci-dessous. Il doit anticiper au démarrage de l'action par un travail exécuté en ingénierie simultanée. Toutes ces informations et documents seront annexés. Ils feront partie du cahier des charges fonctionnel.

*a) Les clients*

**Directs :**

Le Marketing, dans son cahier des charges, les a définis et ciblés. Le groupe doit prendre connaissance de la segmentation de clientèle réalisée et en contrôler la conformité.

Qui est le client ? Quels sont ses besoins ?

Exemple : pour un jouet.

L'enfant qui souhaite le posséder et jouer avec est un utilisateur.

Les parents qui réalisent l'acte d'achat, sous certains critères de choix.

La famille ou des amis qui l'achètent, pour l'offrir, avec des critères de sélections différents des parents et de l'enfant.

La notion de client, et par conséquent de besoins, n'est pas toujours facile à cerner.

**Les relations clients fournisseur :**

Dans ce cas le client est unique ou représentatif d'une société, il va rédiger divers cahiers des charges pour aboutir à la STB spécification technique des besoins. Celle-ci servira de référentiel de développement. Elle évoluera en cours d'étude.

Le cahier des charges fonctionnel est également utilisé dans cette situation.

**Indirects ; une nouvelle notion.**

Il s'agit là de clients dont le marketing ne s'occupe pas ! Ils ont cependant une influence capitale sur la conception du produit. (voir l'outil chaîne clients, p. 101).

Il s'agit en fait de toutes les personnes qui interviennent sur le produit.

Recherche et développement, bureau d'étude, méthode, etc.

Tous les services de l'entreprise concernés par le produit.

Egalement les fournisseurs, les sous-traitants ainsi que tous les partenaires qui seront associés au développement et à la réalisation du produit.

Il est donc nécessaire d'établir une liste ou chaîne de clients concernés par le produit.

Puis de procéder à des enquêtes auprès de ces services.

*b) Besoins, attentes, insatisfactions*

Pour chaque client, on doit déterminer la liste de ses besoins, attentes, insatisfactions.

Pour les clients directs, le marketing a donné ces informations dans son cahier des charges.

Pour les clients indirects, on cherche l'information. Le groupe établit un questionnaire qui circulera en interne dans les différents services concernés.

Pour les partenaires extérieurs à l'entreprise, on rédigera également un questionnaire adapté (voir l'outil enquêtes internes et partenaires, p. 107).

**Remarques :** Le client direct à travers ses besoins ou insatisfactions permettra de définir les fonctions d'usage, d'estime, d'esthétique du produit.

Les clients indirects donneront des informations sur les fonctions techniques, les procédés et procédures.

Le client indirect permettra, par les différentes remarques qu'il fera, d'affiner les fonctions du produit, et plus particulièrement la définition des critères, niveaux, flexibilité.

### c) Le besoin fondamental du produit CBOE

Chaque produit à une raison d'être ! Sa naissance dépend du besoin fondamental des utilisateurs, qui a été lui-même provoqué par une cause fondamentale.

Afin de déterminer les origines du besoin et être sûr que l'on ne se trompe pas sur la finalité attendue par l'utilisateur du produit, on va vérifier à l'aide de l'outil CBOE la cause et le besoin fondamental du produit.

### d) Analyse générale du produit

A ce stade, le groupe analyse le produit existant pour comprendre son fonctionnement et voir les différentes pièces et sous-ensembles qui le constituent. Il doit également avoir connaissance des coûts correspondants. Ce qui nécessitera de disposer de toutes les informations techniques et économiques sur le produit (liasses techniques, organigrammes, coûts horaires, etc.).

Les procédés utilisés, les procédures mises en œuvre, les process de fabrication doivent également être analysés et venir compléter ce dossier (plans de fabrication, gammes de réalisation, etc.).

Lors de cette première analyse, le groupe va évaluer si le produit est obsolète ou non, et en tirer les conclusions sur la conception complète ou partielle de celui-ci.

Il est recommandé d'effectuer un classement des composants élémentaires et sous-ensembles de la façon suivante.

1 - Entièrement conçus et fabriqués par l'entreprise.

2 - Exécutés par des fournisseurs (partenariat).

3 - Exécutés par des sous-traitants.

4 - Achetés auprès des fournisseurs (catalogue).

Nous verrons plus tard l'intérêt de cette classification dans la grille coûts - fonctions.

Remarquons que :

1 - Si les composants et sous-ensembles sont entièrement conçus par l'entreprise, celle-ci a la maîtrise complète sur la conception, l'exécution et sur les coûts.

2 - Avec les fournisseurs, il s'agit de partenariat. Les responsabilités et engagements sont partagés. L'exécution et les coûts doivent être négociés, des contrats sont établis.

3 - Pour les sous-traitants, l'étude est réalisée par l'entreprise. L'exécution se fait sur consultation en imposant un coût ou par un appel d'offres. La stratégie est différente.

4 - Auprès des fournisseurs "sur catalogue" le choix doit être fait, d'après les critères du cahier des charges fonctionnel ; le coût est négocié ensuite par quantité (on rédige un sous-cahier des charges fonctionnel).

**Note :** Au vu de toutes ces informations, l'animateur doit anticiper en programmant des actions de recherche sur ces points pour déterminer le meilleur type de partenariat possible.

**Par rapport au produit les objectifs sont :**

- La compréhension et l'appropriation par le groupe du fonctionnement et de ses composants.
- L'Analyse technique des différents composants et des coûts correspondants.
- L'analyse des moyens de fabrication du produit.
- Une synthèse par classification des composants.
- Une représentation graphique représentative par arborescence des composants, des tâches.
- Une préparation à l'analyse de concurrence.

*e ) Analyse du système auquel le produit devra s'intégrer*

Si le produit étudié fait partie d'un ensemble plus complexe, il est nécessaire d'étudier le contexte d'environnement et de noter les interactions possibles entre le produit étudié et le milieu dans lequel il va évoluer.

Les conséquences de ces interactions peuvent avoir des influences parfois très importantes sur la conception du produit.

Exemple : le produit à étudier est un missile, celui-ci a la particularité d'être tiré à partir d'un char.

On ne peut pas se limiter à l'étude unique du missile, il est indispensable d'analyser l'environnement de celui-ci, depuis sa rampe de lancement au char qui la supporte. La réussite du tir dépend de l'ensemble du système.

*f ) Les Brevets*

L'objectif est de recenser les brevets existants qui concernent le produit, que ce soit des brevets pris par l'entreprise, ou ceux de concurrents.

Ceci évitera parfois de « redécouvrir » ce qui existe et est breveté et par conséquent d'éliminer un risque de conflit juridique et financier avec un concurrent titulaire du brevet.

Cette consultation de brevets permettra également de constater l'existant, mais surtout de découvrir des inventions ou des concepts non exploités pour diverses raisons. Ce qui autorisera une réutilisation de ces idées dans le développement du nouveau produit.

Dans le cas ou l'on ne peut faire autrement, on peut engager une négociation avec le détenteur du brevet, en vue d'aboutir à un accord.

**Remarque :**

On verra plus tard que le groupe va innover dans la phase de créativité. Certaines de ces inventions peuvent être brevetées (ce qui peut se produire dans ce type d'étude).

L'animateur et le chef de produit devront être vigilants en ce qui concerne la confidentialité, et contacter rapidement un spécialiste pour le dépôt de brevet.

La prise de brevet est une stratégie qui doit être développée par un spécialiste.

*g ) Les Normes*

Chaque produit conçu doit répondre à un certain nombre de normes. Ces normes sont Internationales ISO, Européennes EN ou spécifiques à un pays (AFNOR pour la France).

Pour pénétrer le marché de ces pays, le produit devra être conforme à ces normes.

Certaines sociétés ont leurs propres spécialistes internes qui centralisent toutes les normes relatives aux types de produits qu'ils conçoivent. Ceux-ci sont en mesure de fournir au groupe de travail une synthèse de l'essentiel des normes à respecter pour la conception des produits, et ceci en fonction des pays ciblés.

Si ce n'est pas le cas, des recherches peuvent être effectuées par les services de l'AFNOR ou par des organismes spécialisés en la matière.

**En conséquence, on doit recenser :** les Normes Internationales (ISO ), les Normes EN et les normes spécifiques à chaque pays d'exportation du produit.

**Si possible effectuer un classement entre :**
- Les Normes obligatoires.
- Les Normes conseillées.
- Les Normes de standardisation.
- Les Normes expérimentales en cours d'homologation.
- Le classement des normes s'effectue en catégories A, B, C et C1, C2.

Il faudra ensuite procéder à l'analyse de ces normes, afin d'en extraire les éléments essentiels à la conception du produit.

**L'expérience** démontre que lors de l'**Analyse fonctionnelle** les normes sont réparties sur les différentes fonctions, et permettent de définir qualitativement et quantitativement, les critères, niveaux, flexibilité et limites d'acceptation de celles-ci.

*h ) Les Homologations, qualifications, réglementations*

Généralement ce sont des systèmes internes à des pays, à des entreprises, à des métiers…

**L'homologation**

> *Exemple : Aux USA, pour vendre un appareillage médical, on doit avoir l'homologation du F. D. A. Food and Drugs Administration (procédure longue et coûteuse).*
> *Exemple : En France un produit médical doit posséder une homologation délivrée par le secrétariat d'Etat à la santé (un dossier doit être établi ).*

**La qualification**

Il s'agit de valider un produit, une procédure interne imposée par l'entreprise pour s'assurer de la fiabilité du dispositif mis en place.

*Exemple : une entreprise qui développe ou qui introduit un nouveau composant dans son produit va le tester suivant une procédure établie par elle-même. Si le résultat est positif, le composant est considéré comme qualifié.*

*i ) La réglementation*

Dans certains contrats les clients peuvent exiger en plus des normes, que les procédures et les moyens à employer soient conformes à des méthodes ou outils développés par eux-mêmes (en fonction de leur métier et ceci parfois au niveau mondial).

*Exemple : l'aéronautique, l'armement, le nucléaire, l'automobile...*

Cette définition d'Homologation, de Qualification, de Réglementation peut varier d'une entreprise à l'autre ; l'important est de prendre en compte ces informations dans l'exécution de l'Analyse Fonctionnelle, pour les répercuter sur la conception du produit.

*i ) La certification et l'accréditation*

La définition est plus précise, il existe différentes normes qui définissent la certification.

*Exemple : L'AFAQ certification des entreprises. Normes type ISO Série 9000 ou EN 29000 ou les Normes série EN 45000.*

La certification ISO 14000 sur l'environnement.

*Exemple : dans le domaine de l'automobile, les certifications issues de l'EAFQ94 avec QS 9000 sont des référentiels qui incluent les ISO 9001.*

*Pour le domaine médical la certification EN 46000.*

*Dans le secteur de la santé l'ANAES demande à tous les milieux médicaux d'effectuer une auto-évaluation suivant un référentiel dans le but de délivrer une accréditation obligatoire.*

*j ) Les Lois et les règlements*

**Les lois**

Les lois peuvent également influencer la conception d'un produit.

*Exemple : en France la loi sur les fumeurs, oblige à une nouvelle conception ou répartition interne dans les pro-*

*duits (restaurants, trains, avions, entreprises, administrations, etc.).*

*La SNCF a dû prévoir des wagons fumeurs dans les trains c'est-à-dire équiper les sièges de cendriers alors que ceux-ci ne sont pas indispensables dans les autres wagons.*

**Les règlements**

Parfois, on est confronté à des règlements internes à une société, une corporation, un pays.

Il est donc nécessaire de les connaître, car ils peuvent avoir des conséquences sur la conception du produit.

*k) Les traditions (us et coutumes)*

Elles proviennent de la culture d'un pays, ou de corporations.

*Exemple : pour le réglage du faisceau d'éclairage sur un Scialytique d'une salle d'opération, deux écoles s'affrontent.*

*Les chirurgiens qui ne veulent pas orienter le bloc d'éclairage et qui donnent les ordres à une assistante chargée de cette manipulation (ils ne souhaitent pas disposer d'une poignée de manipulation ).*

*Les chirurgiens qui positionnent eux-mêmes le bloc d'éclairage avec la poignée.*

*Conséquences : le système doit être pourvu d'une poignée stérilisable amovible, afin de répondre à ces traditions de corporation.*

*Dans le 1$^{er}$ cas, la poignée est enlevée, puisque inutilisée.*

*Dans le 2$^{e}$ cas, on stérilise après chaque intervention.*

Les traditions peuvent donner naissance à de nouveaux produits.

*Exemple : faire revivre une tradition culinaire, la raclette suisse. La conception d'un produit nouveau a permis d'étendre et de faire revivre cette tradition.*

*l) La standardisation de fait*

Bien qu'elle ne soit pas normalisée, certaines entreprises créent des standards de fait, qui sont reconnus implicitement.

*Exemple : dans le domaine de l'informatique, certains logiciels ou systèmes d'exploitation s'imposent soit parce qu'ils sont uniques, soit parce qu'ils sont reconnus par bon nombre d'utilisateurs.*

**Remarques sur :**

Les brevets, normes, homologations, certifications, règlements, traditions, standardisations.

L'animateur doit s'assurer qu'il existe dans l'entreprise une structure compétente capable de traiter chacun de ces points. Il doit nommer des responsables qui seront chargés de rechercher ces informations.

On peut également faire appel à des compétences extérieures au groupe, dans l'entreprise ou hors entreprise.

Faire procéder à ces recherches, et dépouiller ces informations par le groupe lors des séances de travail, serait une perte de temps.

Tout ceci doit être exécuté en dehors du groupe, seul les résultats sont présentés sous forme synthétique exploitable immédiatement pour l'Analyse fonctionnelle.

*m ) Le coût Produit*

Il n'est pas question de développer ici toutes les stratégies sur les coûts. De nombreux ouvrages ont été réalisés sur ce sujet. On évoque ici quelques points généraux importants, que l'animateur devra faire vérifier par son groupe. Nous rappelons que :

1 ) L'obtention d'un coût objectif est une motivation importante pour un groupe de travail.

2 ) Le coût objectif peut être fixé de différentes façons :
   - Par rapport à la concurrence.
   - Par rapport à un prix de marché.
   Etc.

Le coût objectif est fixé pour un produit à l'unité. **Il faut absolument préciser la définition et le contenu du coût objectif.** En effet d'une entreprise à l'autre, ces définitions et les contenus peuvent varier. L'interprétation du contenu du coût entre les membres du groupe doit être commune pour éviter les malentendus.

Qu'est-ce qu'un :
- Coût de conception ?
- Coût d'acquisition ?
- Coût de possession ?

Les outils de la recherche d'informations

A titre d'exemples voici quelques types de postes pouvant générer des coûts lors du développement d'un produit.

**Coûts de développement :**
- Recherche et essais.
- Etudes et dessins.
- Maquettes de forme.
- Eprouvettes, maquettes d'essais.
- Développements d'équipements spéciaux.
- Essais.
- Publications techniques.
- Outillages pour prototypes.
- Fabrication des prototypes.
- Essais des prototypes.
- Frais divers, etc.

**Coûts d'industrialisation :**
- Etudes de mise en série.
- Publications techniques.
- Présentation du travail.
- Etude et fabrication des outillages de série, etc.

**Coûts de production :**
- Main-d'œuvre et charges associées.
- Matière.
- Approvisionnements divers.
- Equipements.
- Modifications.
- Essais en série.
- Amortissement des outillages.
- Liaisons avec les études.
- Publications techniques.
- Maintenance des outillages, etc.

Les coûts indirects ne sont pas pris en compte à ce niveau ; ils
peuvent faire l'objet d'actions Analyse de la Valeur indépendantes.

Lorsque la comptabilité Analytique donne des postes de coûts
par des taux horaires, l'animateur et son groupe doivent demander la composition de ceux-ci, pour éviter toutes confu-
sions ultérieures.

### n) Le cycle de vie produit

Le cycle de vie permet de déterminer toutes les étapes et les flux de passage du produit, il est décrit très en détail dans l'outil cycle de vie ci-après (p. 119).

### o) Les analyses séquentielles

Les analyses séquentielles permettent de détailler tout le déroulement des opérations, tâches etc. qui se produisent lors d'une étape du cycle de vie, cet outil est détaillé par la suite (p. 129).

# CAUSE. BESOIN. OBJECTIF. ELÉMENT. (C.B.O.E.)

## Validation des besoins fondamentaux

On ne se pose pas ou peu souvent de questions, sur **l'origine de l'existence** des nombreux produits qu'on utilise couramment ! C'est devenu pour nous une routine, les produits sont devenus transparents. S'ils répondent correctement à nos besoins, par le service rendu, nous nous considérons comme satisfait.

Le besoin est l'élément majeur lié à la conception d'un produit. La démarche Analyse de la Valeur s'appuie sur ce concept fondamental.

Le produit change en fonction des avancées technologiques. Il devient un objet éphémère, qui ne fait que passer dans le temps. Son évolution, son obsolescence, sa disparition dépendent comme nous venons de l'indiquer, de la métamorphose des besoins des clients.

Pour un concepteur, il est nécessaire de sortir de ces habitudes et de se demander :

Qu'est-ce qui est à l'origine de ce besoin ?

Pourquoi ce besoin ?

Qu'est-ce qui crée ce besoin ?

Pour répondre à ces questions nous sommes obligés de mener une réflexion en amont du besoin. Ceci nous conduit à constater qu'à tout besoin correspond **une cause !**

**L'outil développé, appelé CBOE, est un outil de recherche de besoins fondamentaux et de validation.**

## 1 - Objectifs de l'outil CBOE (Cause Besoin Objectif Elément)

| | |
|---|---|
| Cause | Déterminer les causes conditionnant les besoins. |
| Besoin | Trouver le besoin réel. |
| Objectif | Préciser l'objectif à atteindre. |
| Elément | Contrôler les changements d'état. |

## 2 - Utilisation du CBOE par rapport aux 7 phases de l'AV

En phase 1 d'orientation d'action.
Pour déterminer le besoin fondamental du projet.

En phase 2 de recherche d'informations.
Pour déterminer, le besoin fondamental du produit (au sens large du terme).

En phase 3 d'analyse fonctionnelle.
Pour déterminer le besoin fondamental de chaque fonction.

## 3 - Développement de l'outil CBOE

Pour comprendre les concepts de cet outil, nous allons raisonner sur un produit objet concret :
Pourquoi a-t-on créé un produit ?
Quel est sa raison d'être ?

Exemple : un objet que nous possédons tous, **une règle.**

Posons la question à un groupe de personnes : pourquoi a-t-on créé cet objet ?

La réponse donnée est généralement : pour tracer un trait droit ! Cette réponse n'est que l'expression du **besoin apparent.** Celui-ci masque la cause réelle qui a donné naissance à ce produit.

En identifiant cette cause et en suivant un parcours allant du plus haut niveau au plus bas niveau on peut écrire que :
- L'origine de la création de la règle est une **cause :**
  Malgré sa dextérité l'être humain manque de précision pour tracer un trait rigoureusement droit.
- Pour résoudre cette difficulté et répondre à cette cause, **un besoin va naître :**
  Disposer d'un instrument lui permettant d'exécuter ce trait (pour remédier à la cause qui est le manque de précision).
- Afin de répondre à ce besoin, le constructeur industriel va se fixer **un objectif de conception pour un produit :**

Concevoir un produit, permettant de guider le crayon lors du tracé du trait (c'est la réponse au besoin par un produit : la règle).

- On s'aperçoit, que le produit créé, change d'état un élément essentiel.

  L'élément est le trait, en effet :

  <u>Avant :</u> L'homme ne pouvait pas exécuter un trait droit par manque d'habilité.

  <u>Après :</u> La création et l'utilisation du produit appelé règle, le trait tracé est droit.

Le produit créé donne satisfaction au besoin apparent de l'utilisateur. Il répond à une cause fondamentale qui est sous-jacente, mais non exprimée.

On peut donc valider le produit, sous forme d'une synthèse, par la rédaction **du besoin fondamental** qui justifie sa raison d'être.

Compenser le manque de précision de tout individu (cause), en guidant un crayon, à l'aide d'un instrument (l'objectif), pour le tracé d'un trait (l'élément) rigoureusement droit (besoin).

Dans ce libellé, apparaît la cause, le besoin, l'objectif, l'élément.

On constate, que le processus est le suivant : la <u>cause</u> génère un <u>besoin</u> qui permet de fixer un <u>objectif</u> de conception. Après réalisation et utilisation du produit, un <u>élément</u> essentiel change d'état.

Pour valider, on rédige le besoin fondamental du produit.

Cet outil C.B.O.E. permet à un groupe de travail de s'assurer que ces paramètres sont cohérents, d'où la validation.

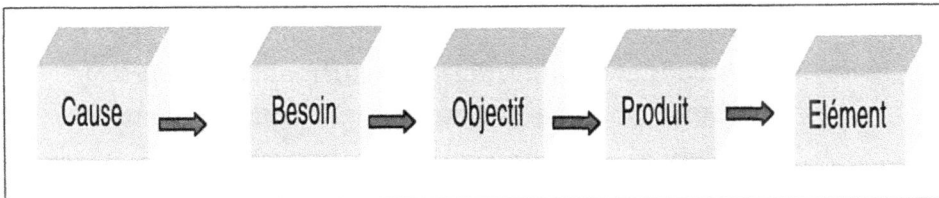

Cause ➡ Besoin ➡ Objectif ➡ Produit ➡ Elément

Les outils de la recherche d'informations

## 4 - Utilisation de l'outil C.B.O.E.

Si l'on souhaite valider un projet, un produit, des fonctions, on devra s'assurer que :

La cause est bien identifiée.

Le besoin qui en dépend est clairement exprimé.

L'objectif fixé permet de satisfaire le besoin.

Le changement d'état a bien lieu sur le bon élément.

Le produit est éphémère, il est la réponse à un instant « T » d'un besoin actuel. Il évoluera dans le temps.

Les besoins des hommes changent en fonction de la conjoncture et des événements liés au milieu dans lequel ils vivent.

### Conséquences

Le produit disparaît ou se modifie par une reconception.

Il sera donc indispensable de compléter la validation par :

**L'évolution ou la disparition de la cause** en précisant pour chaque point : cause, besoin, objectif, élément, les modifications qui en découlent.

On exprimera ensuite la synthèse de ces éléments par la **rédaction du besoin fondamental.**

**Remarques :** dans certains cas, on décèle plusieurs causes, on traite alors chacune d'elles avec les besoins, les objectifs, l'élément correspondant.

### Trois exemples

Voici trois exemples. Ils ne sont pas exhaustifs, donc critiquables, mais ils permettent de comprendre l'utilisation et l'intérêt de cette procédure.

Application de l'outil pour :

1 Identifier et valider le besoin fondamental d'un projet.

2 Identifier et valider le besoin fondamental d'un produit.

3 Valider une fonction.

| Projet : Développement d'un logiciel en Analyse de la Valeur | | |
|---|---|---|
| **QUEL EST ?** | **LA CAUSE** | Pour le développement de produit, il existe la démarche AV. Certains outils sont complexes et longs à utiliser. |
| | **LE BESOIN** | Avoir un logiciel permettant d'assurer le développement d'un produit (ou de la formation) avec rapidité et fiabilité. |
| | **L'OBJECTIF** | Réaliser un produit ne se substituant pas à un groupe AV, mais permettant à celui-ci un gain de temps, par une facilité d'utilisation et une maîtrise des outils. |
| **AVANT APRES** | **L'ELEMENT QUI CHANGE D'ETAT** | **ELEMENT :** Les performances du groupe AV<br>**AVANT :** Incertitudes, plus perte de temps<br>**APRES :** Maîtrise, plus gain de temps |
| **SI LA CAUSE EVOLUE OU DISPARAIT ?** | **LA CAUSE** | Disparition de la démarche peu probable mais évolution. |
| | **LE BESOIN** | Adapter le logiciel aux différentes évolutions de la démarche. |
| | **L'OBJECTIF** | Assurer la remise à jour par versions successives. |
| | **L'ELEMENT** | La version du logiciel. |

**Rédaction du besoin fondamental :** Permettre à un groupe AV de développer un produit par une assistance informatique agissant sur la maîtrise des outils pour obtenir un gain de temps.
Le logiciel devra pouvoir être modifiable en fonction des évolutions de la Démarche AV.

**Motif du refus de validation :**

Validation  (OUI)  NON

| Produit : Un téléphone | | |
|---|---|---|
| **QUEL EST ?** | **LA CAUSE** | Une personne souhaite entrer en relation avec une autre, non située à proximité. |
| | **LE BESOIN** | Joindre une personne pour communiquer vocalement. |
| | **L'OBJECTIF** | Fournir à ces personnes un dispositif permettant de s'identifier (numérotation) et de communiquer (vocalement) en toute confidentialité. |
| **AVANT APRES** | **L'ELEMENT QUI CHANGE D'ETAT** | **ELEMENT :** Le message à transmettre<br>**AVANT :** Aucun message transmis, pas de communication possible<br>**APRES :** Echange verbal, transfert de message |
| **SI LA CAUSE EVOLUE OU DISPARAIT ?** | **LA CAUSE** | |
| | **LE BESOIN** | |
| | **L'OBJECTIF** | |
| | **L'ELEMENT** | |

**Rédaction du besoin fondamental :** Permettre à une personne de contacter un correspondant non situé à proximité afin de communiquer vocalement.
L'étude portera uniquement sur un téléphone. Le fax qui est un autre mode de communication ne fera pas partie du produit étudié.

**Motif du refus de validation :**

Validation  (OUI)  NON

| F1 Eclairer la route la nuit | | |
|---|---|---|
| | **LA CAUSE** | L'homme souhaite conduire un véhicule de nuit, mais sa vision ne le permet pas |
| **QUEL EST ?** | **LE BESOIN** | Diriger son véhicule sur route la nuit en toute sécurité |
| | **L'OBJECTIF** | Concevoir un dispositif fournissant une source lumineuse suffisante pour l'œil humain |
| **AVANT APRES** | **L'ELEMENT QUI CHANGE D'ETAT** | **ELEMENT :** Le système optique de vision de l'humain<br>**AVANT :** Pas assez de vision<br>**APRES :** Vision acceptable |
| **SI LA CAUSE EVOLUE OU DISPARAIT ?** | **LA CAUSE** | Si toutes les routes sont éclairées |
| | **LE BESOIN** | N'existe plus |
| | **L'OBJECTIF** | |
| | **L'ELEMENT** | |

**Rédaction du besoin fondamental :** Fournir une source lumineuse suffisante à l'œil humain pour permettre à un conducteur de diriger son véhicule en toute sécurité

**Motif du refus de validation :**

**Validation** (OUI) NON

# CHAÎNE DES CLIENTS

## Préparation à l'analyse fonctionnelle et identification des besoins

### 1 - Objectifs

Recenser tous les clients concernés par le produit afin d'établir un tronc commun des besoins. Concevoir un produit de qualité, répondant à l'ensemble des demandes.

Pour concevoir un produit il est nécessaire de bien **identifier le client** en effectuant à leur propos une recherche la plus exhaustive possible. Ce qui permettra de définir pour chaque type de clients les besoins, les attentes, les insatisfactions. Pour ensuite, concevoir le produit en fonction de ces informations.

Nous appelons ici clients toutes les personnes concernées directement ou indirectement par le produit au cours de son cycle de vie.

### 2 - Le concept

Le concept développé ici s'appuie sur les constats suivants :

- L'acte d'acquisition d'un produit dépend de la motivation d'une ou de plusieurs personnes.

- Cette décision est collégiale ou individuelle.

- Dans le cas d'acte individuel pour un même produit, les facteurs de prise de décision peuvent être différents d'une personne à l'autre.

- Pour un produit les clients concernés peuvent être multiples, en fonction du Cycle de vie du produit.

- Deux classes existent : ceux qui acquièrent et ceux qui conçoivent.

  *Exemple de produit à traiter : Des chocolats et leurs emballages.*

  *Les besoins correspondant à la conception de ce produit vont dépendre du type de client.*

1. Le client qui consomme, achète pour déguster et apprécier. Il sera moins sensible à l'aspect de présentation, même si les chocolats sont dans un simple sachet.

2. Le client qui offre attache plus d'importance à la présentation. En fonction de son budget, il sera dans certaines circonstances moins exigeant sur la qualité du chocolat et sa composition. Il souhaite généralement faire un cadeau « flatteur » et la présentation sera primordiale.

3. Le pâtissier qui fabrique son chocolat, choisit ou fait concevoir ses emballages, par un fournisseur.

On constate dans ce petit exemple simplifié que les clients sont déjà de quatre types : le client qui consomme, le client qui offre, le pâtissier qui fabrique et vend, le fournisseur qui propose ou conçoit l'emballage.

Chacun de ces clients a des **besoins spécifiques** et le produit doit répondre à l'ensemble de ceux-ci.

**Conséquences :** Un produit doit répondre à un ensemble de besoins qui dépendent de tous les clients concernés.

Pour augmenter au maximum les probabilités d'acceptation d'un produit, celui-ci doit être conçu à partir d'un tronc commun des besoins généraux de tous les clients.

L'analyse de ces situations permet de formuler l'hypothèse, que le nombre de clients concernés par le produit est parfois important.

On va classer les clients en trois catégories :

*Les acquéreurs sont :*

- Les clients des produits grand public.
- L'industriel dans le cas de relations clients /fournisseurs en entreprise.

*Les concepteurs sont :*

- Tous les industriels et fournisseurs de prestations.
- Dans le cas de produits classiques ou grand public, le marketing effectue une segmentation de clientèle et fournit par catégories les besoins correspondants. Un choix peut être éventuellement fait sur un type de population bien ciblé.
- Dans les relations Client /Fournisseur, le client demandeur définit et expose le plus précisément possible les besoins du

produit qu'il veut développer (STB - spécification technique des besoins). Cependant au sein de son entreprise, plusieurs services de sa structure peuvent intervenir auprès des fournisseurs.

- Leurs demandes sur l'expression des besoins sont spécifiques, et liées à la spécialité qu'ils représentent.

***Les vendeurs sont :***

- Tous les acteurs qui interviennent sur les circuits commerciaux et points de vente des produits.

## 3 - La méthode

A partir d'un cycle de vie spécifique du produit, pour chaque catégorie de clients, on liste la typologie des clients. Puis on recense, catégorie par catégorie, les besoins spécifiques de chacun. Enfin on établit en synthèse, un tronc commun des besoins de l'ensemble.

Cette méthode offre l'avantage d'effectuer un recensement exhaustif des besoins, par une procédure structurée d'après l'ordre chronologique du cycle de vie d'un produit.

***Les acquéreurs (client direct)***

Exemples :

Les clients des produits grand public.

Le client utilisateur.

Le client prescripteur.

Le client qui offre.

Etc.

L'industriel dans le cas de relations clients /fournisseurs en entreprise.

Le service achats.

Le service méthodes.

Etc.

Dans une entreprise chaque service peut devenir client demandeur avec des besoins inhérents à sa spécialité.

*Les outils de la recherche d'informations*

### Les concepteurs (clients indirects)

Tous les services de l'entreprise.

Les fournisseurs considérés comme partenaires.

Les organismes de contrôle, d'homologation, de certification, etc.

Exemple : voir le graphe de chaîne de clients.

### Les vendeurs(clients indirects)

Détaillant

Grandes surfaces

Vente par correspondance

Vente sur Web

Etc.

Chaîne de clients à partir d'un cycle de vie standard d'un produit

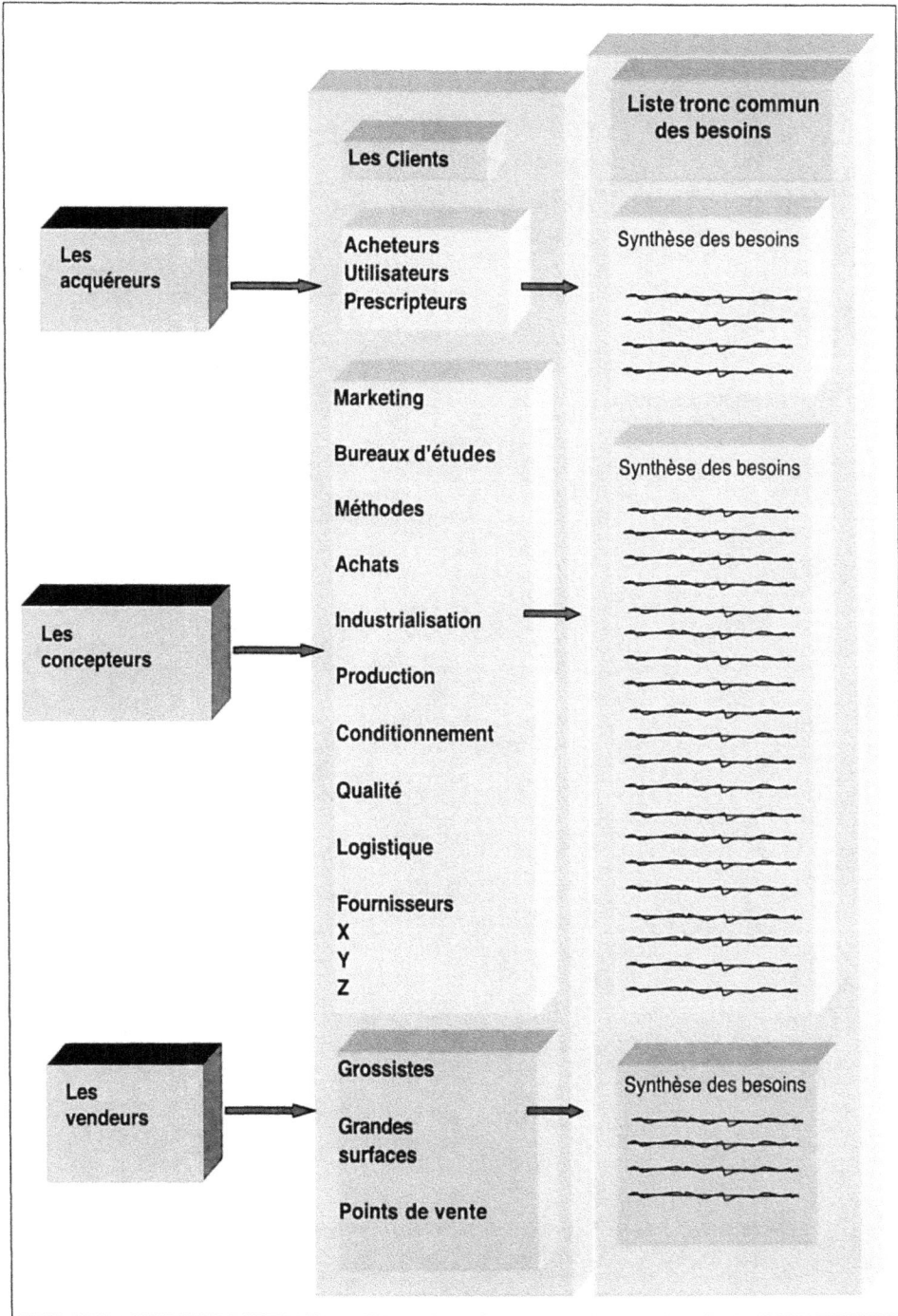

Les outils de la recherche d'informations

# Enquêtes internes et partenaires

## Préparation à l'analyse fonctionnelle et informations produit

### 1 - Objectif

Enquêter auprès de divers services de l'entreprise, ainsi que des partenaires associés au développement du produit pour recenser toutes les informations qui concernent les précédents produits développés.

Il s'agit d'identifier les besoins, les insatisfactions, les problèmes rencontrés, pour améliorer la conception du nouveau produit. Le but est également, d'éviter les erreurs commises lors du précédent produit.

Cet outil suit logiquement le précédent **La chaîne de clients.**

Le client direct acquéreur ou (et) utilisateur du produit est généralement parfaitement ciblé par les services marketing. Ses besoins sont très bien cernés.

De la même façon pour l'entreprise, dans les relations clients/fournisseurs, les besoins correspondant à la conception du produit sont parfaitement décrits dans la STB (Spécification Technique des Besoins).

Malheureusement, on oublie de procéder à un « marketing interne » qui consiste à identifier le marché de « conception de l'entreprise ».C'est-à-dire, le recensement de tous les clients potentiels internes et les partenaires qui ont travaillé sur les précédents produits.

Ces clients ont parfois beaucoup d'informations à nous communiquer. Elles sont liées au développement et à l'industrialisation des produits.

Ces nombreuses et précieuses informations, généralement dues à des problèmes, erreurs, difficultés rencontrées doivent être recueillies et centralisées. Ces données serviront à une conception et une fabrication plus efficaces du nouveau produit.

On peut considérer que ces éléments rentrent dans la culture du savoir et du savoir-faire de l'entreprise.

## 2 - Le principe

En partant de la chaîne des clients établie précédemment, on recense tous les services internes à l'entreprise et tous les partenaires qui ont travaillé sur les précédents produits.

Ensuite, à l'aide d'un questionnaire élaboré pour cette occasion, on procède à une enquête.

Cette enquête peut être faite assez rapidement en interne, car presque tous les principaux services sont représentés dans le groupe de travail AV. Il suffit de demander à chaque membre du groupe de faire le tour de son service, en interrogeant les bons interlocuteurs. S'il s'avère nécessaire de contacter d'autres représentants de services internes ou appartenant à une filiale, on met en place les moyens nécessaires.

Pour les fournisseurs externes les services achats se chargent généralement de ce genre de mission. En cas d'impossibilité on demande aux divers membres du groupe, en fonction de leur spécialité, ou de leurs relations avec les partenaires externes de gérer cette opération.

A la fin de cette enquête, le groupe de travail effectue une synthèse de toutes ces informations, afin d'en tenir compte lors de la conception du nouveau produit.

Cette enquête a également un aspect positif sur le relationnel et la communication interne et externe. On prend en considération le point de vue et les remarques des personnes. Elle est valorisante en ce qui concerne les individus.

## 3 - La méthode

On établit un questionnaire adapté au contexte du produit et on interroge les personnes par différents moyens, courrier, fax, téléphone, e-mail, etc.

### Exemple de questionnaire

Ce questionnaire peut évoluer sur la forme en restant adapté au contexte spécifique du produit.

Vous trouverez ci-après les questions standards à poser.

| Produit : | Nom | Service |
| --- | --- | --- |

Vous avez précédemment contribué au développement ou à la fabrication de ce produit. Nous vous demandons de répondre à ce questionnaire. Les informations que vous nous communiquerez nous seront très utiles et serviront pour la conception du nouveau produit.
Nous vous remercions pour votre collaboration.

Le groupe AV

1. Quels sont les problèmes ou difficultés rencontrés ?

2. Citez-nous vos insatisfactions par rapport au travail que vous avez effectué sur ce produit

3. Quels sont vos besoins ou attentes par rapport à la conception du nouveau produit ?

4. Indiquez-nous vos suggestions et idées pour la conception du nouveau produit

Autres : Indiquez à cette rubrique d'autres remarques ou réflexions

Joindre à ce document tous documents, ou informations que vous jugez utiles, sous forme de photocopies, de références, de dossiers papiers ou informatiques, de disquettes, de plans, etc.
Nous vous remercions une nouvelle fois pour le temps que vous avez consacré à ce questionnaire.

# Les organigrammes

## Préparation à l'analyse fonctionnelle et à la maîtrise des coûts

Les organigrammes sont des représentations graphiques en forme d'arborescence, des composants et des tâches, en une structure organisée pour concevoir le produit.

- Organigramme Technique Produit (OTP). On détaille le produit depuis le concept de système en sous-systèmes ; ensembles et sous-ensembles, pour aboutir aux composants élémentaires (Procédure utilisée pour les projets en CCO et CCG).

- Organigramme Technique (OTT). On détaille les tâches et activités à réaliser, pour conduire à terme la réalisation du produit.

- Le tableau de répartition permet d'assurer la répartition des tâches à effectuer entre les différents services. Il est possible d'ajouter des colonnes d'informations complémentaires en fonction du cas à traiter.

  Ces tableaux peuvent être mixtes, c'est-à-dire composés des tâches à exécuter mais aussi des composants constituant l'ensemble du produit.

Les structures des organigrammes sont conçus exhaustivement, à partir de divers critères de représentation.

Elles représentent distinctement et séparément soit un OTP, soit un OTT avec possibilité d'une synthèse finale dans un tableau récapitulatif.

On peut également concevoir un organigramme regroupant l'OTP et l'OTT sur un même graphique.

L'utilisation des organigrammes sert aussi à concevoir la structure opérationnelle de l'entreprise. Par un croisement avec les OTP et OTT on affecte directement la responsabilité d'exécution d'un produit ou d'une tâche à un service et même à une personne nominative de celui-ci.

*Les outils de la recherche d'informations*

## 1 - Objectifs des l'OTP et OTT

Décomposer le produit et les tâches.

Distribuer les responsabilités par composants et tâches à exécuter.

Faire découvrir l'intégralité du produit aux membres du groupe.

Engager un échange entre les différents spécialistes du groupe.

Lever des incompréhensions et des malentendus.

Déterminer les coûts exacts des constituants et des tâches.

Fixer pour chaque composant les performances à atteindre.

Connaître ou identifier la provenance des divers composants du produit.

Ces objectifs nécessitent quelques explications complémentaires.

### 1. La connaissance du produit

Bien que cela ne soit pas toujours exact, on constate que dans certaines entreprises les spécialistes travaillent sur leur secteur d'activité. Ils ne connaissent pas, ou peu, l'intégralité du produit sur lequel ils travaillent. D'où parfois l'apparition de dysfonctionnements, qui créent des problèmes techniques ou financiers, et qui peuvent devenir sources de conflits internes.

### 2. Les échanges

Les organigrammes sont construits par l'ensemble du groupe ce qui permet à chacun d'approfondir ses connaissances sur l'ensemble du produit. Chaque spécialiste donne des précisions sur la partie qu'il traite avec les explications nécessaires. Il peut justifier les choix technologiques.

### 3. Le dialogue

Un dialogue s'engage entre les membres du groupe sur les finalités visées et les solutions retenues ou à mettre en œuvre. Cette concertation apporte à chacun une meilleure compréhension du produit et de sa composition. Cela sert à la justification des choix qui ont été effectués, et éventuellement à une remise en cause de certains d'entre eux.

### 4. Les coûts

Si l'on interroge les différents services sur le coût d'un composant, on s'aperçoit parfois que les réponses ne sont pas unanimes et que des écarts plus ou moins importants apparaissent. Il est donc indispensable d'identifier les causes de ces écarts et d'aboutir à un consensus sur le coût réel. Ce qui implique parfois d'aller dans le détail de ce coût en remontant jusqu'à la comptabilité analytique de l'entreprise, si nécessaire.

### 5. Les performances

Les performances des composants sont évoquées lors de la construction des organigrammes. Une remise en cause de certains éléments s'impose à la suite de divers facteurs.

Exemple : des informations provenant de la veille technologique, des produits concurrents, etc.

### 6. L'origine des composants

La provenance des constituants (origine de conception ou de fabrication) permet de dégager les marges de manœuvres du développement des composants du produit.

Exemples de cas par rapport à un composant :

Conception et fabrication effectuées dans l'entreprise. On sait que l'on aura la maîtrise complète de la technique et des développements.

Appel à un fournisseur pour développement et réalisation. On traitera en partenariat.

Achat sur « catalogue ». Toutes les fonctionnalités ne seront pas obligatoirement utilisées! Il sera également nécessaire d'engager des négociations financières sur les quantités.

Sous-traitance. On effectuera l'étude, puis on fixera le prix et/ou on lancera un appel d'offres pour exécution.

Etc.

Les outils de la recherche d'informations

## 2 - Les graphiques

Les graphiques et le tableau représentés ci-après sont des produits simples. Ces exemples permettront de concevoir des systèmes de représentation plus complexes, en fonction des produits à traiter.

OTP d'un extincteur
Exemple d'arborescence

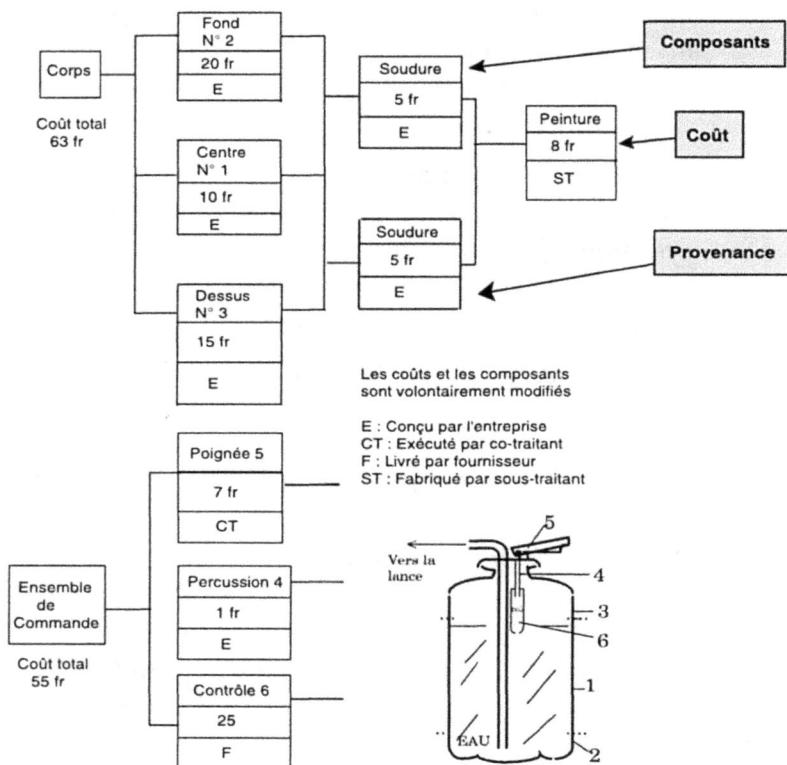

Les coûts et les composants sont volontairement modifiés

E : Conçu par l'entreprise
CT : Exécuté par co-traitant
F : Livré par fournisseur
ST : Fabriqué par sous-traitant

Cet organigramme fait apparaître :

| | |
|---|---|
| Les composants du produit. | Pour comprendre et discuter de la structure. |
| Les coûts correspondants. | Pour s'assurer de leur exactitude. |
| La provenance des composants. | Pour définir la marge de manœuvre. |

## OTP d'un téléphone fixe de bureau

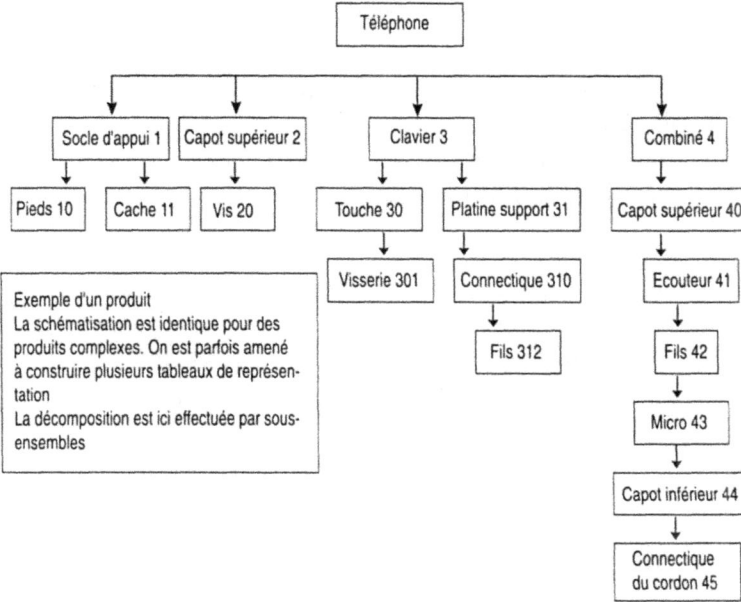

```
                          ┌──────────────┐
                          │  Téléphone   │
                          └──────────────┘
```

| Socle d'appui 1 | Capot supérieur 2 | Clavier 3 | Combiné 4 |

| Pieds 10 | Cache 11 | Vis 20 | Touche 30 | Platine support 31 | Capot supérieur 40 |

Visserie 301 → Connectique 310 → Fils 312

Ecouteur 41 → Fils 42 → Micro 43 → Capot inférieur 44 → Connectique du cordon 45

Exemple d'un produit
La schématisation est identique pour des produits complexes. On est parfois amené à construire plusieurs tableaux de représentation
La décomposition est ici effectuée par sous-ensembles

## OTT pour le socle

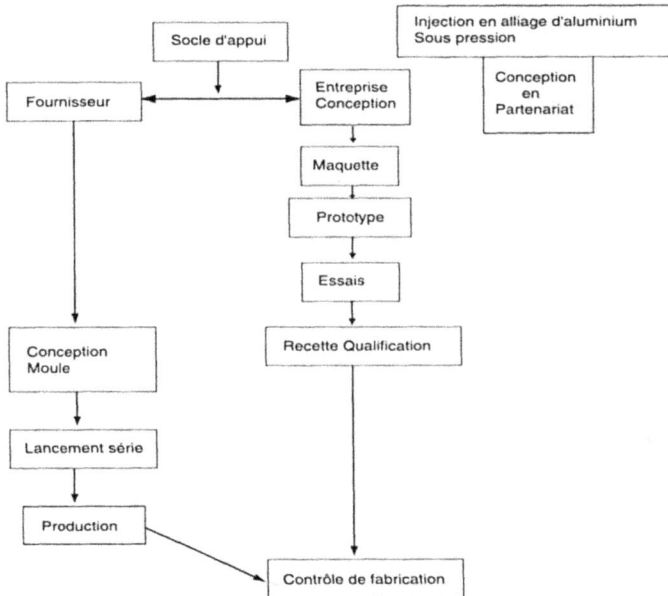

Socle d'appui — Injection en alliage d'aluminium Sous pression — Conception en Partenariat

Fournisseur ← Entreprise Conception

Maquette → Prototype → Essais → Recette Qualification

Conception Moule → Lancement série → Production → Contrôle de fabrication

## Répartition et affectation des tâches.

La conception s'effectuant en partenariat avec un fournisseur, l'organigramme représente les tâches à effectuer avec une codification.

Les structures de chaque entreprise sont indiquées dans les 2 tableaux.

L'affectation des tâches par structure est faite dans un tableau récapitulatif sur lequel on peut ajouter des rubriques.

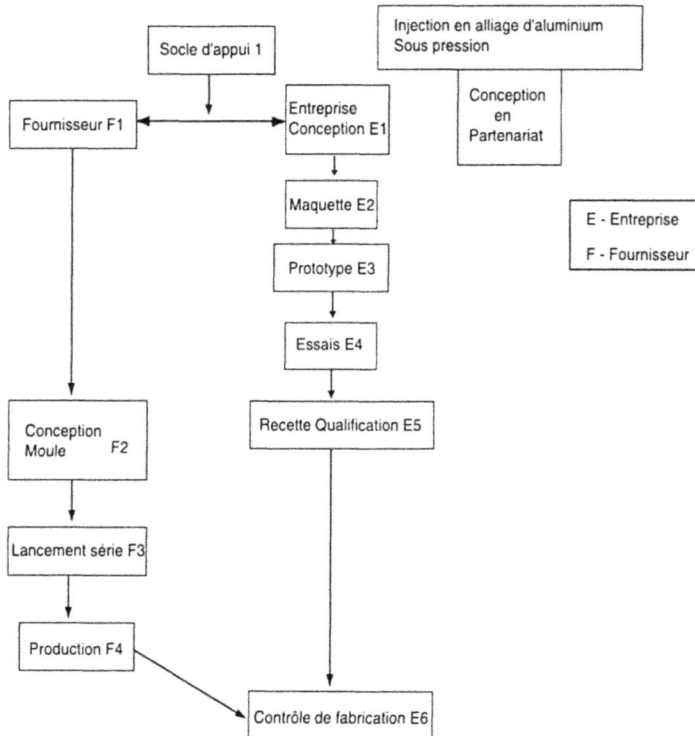

```
                              ┌─────────────────────────────┐
                              │ Injection en alliage d'aluminium │
              ┌──────────────┐│ Sous pression               │
              │ Socle d'appui 1│└─────────────────────────────┘
              └──────────────┘         ┌──────────────┐
                              ┌───────┐│ Conception   │
  ┌───────────────┐  ┌────────┤Entreprise││    en      │
  │ Fournisseur F1 │◄─┤Conception E1││ Partenariat │
  └───────┬───────┘  └────────┬──────┘└──────────────┘
          │                   │
          │           ┌───────────┐         ┌──────────────┐
          │           │ Maquette E2│         │ E - Entreprise│
          │           └─────┬──────┘         │ F - Fournisseur│
          │           ┌───────────┐          └──────────────┘
          │           │ Prototype E3│
          │           └─────┬──────┘
          │           ┌───────────┐
          │           │ Essais E4 │
          │           └─────┬──────┘
  ┌───────────────┐  ┌─────────────────────┐
  │ Conception    │  │ Recette Qualification E5│
  │ Moule    F2   │  └──────────┬──────────┘
  └───────┬───────┘             │
  ┌───────────────┐             │
  │ Lancement série F3│         │
  └───────┬───────┘             │
  ┌───────────────┐             │
  │ Production F4  │───┐        │
  └───────────────┘   │        │
                  ┌───────────────────────┐
                  │ Contrôle de fabrication E6│
                  └───────────────────────┘
```

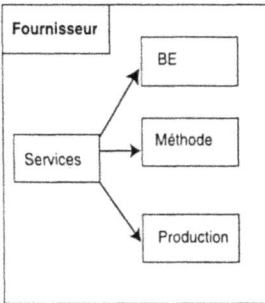

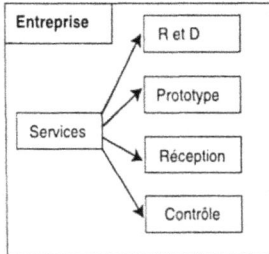

| Tableau d'affection pour | **Socle d'appui 1** | | | |
|---|---|---|---|---|
| **Fournisseur** | Tâches | Temps | Coûts | Délais d'exécution |
| Bureau d'études | F1 F2 | | | |
| Méthodes | F3 | | | |
| Production | F4 | | | |
| | | | | |
| **Entreprise** | | | | |
| R et D | E1 | | | |
| Prototype | E2 E3 E4 | | | |
| Réception | E5 | | | |
| Contrôle | E6 | | | |

# LE CYCLE DE VIE

## Préparation à l'analyse fonctionnelle et à la maîtrise des coûts

**Le cycle de vie** est un tracé sous forme d'organigramme, de toutes les différentes étapes par lequel un produit devra passer, depuis sa conception jusqu'à sa destruction, y compris son recyclage.

Ce qui implique un organigramme détaillé représentant tous les flux de passage et toutes les itérations possibles (conception, fabrication, commercialisation, maintenance, SAV, environnement, etc.).

Pour débuter le tracé du cycle de vie, on considère que le problème est résolu ! C'est-à-dire, le produit fabriqué sortant de la production.

Le produit est considéré comme une entité entièrement réalisée dont on ignore la constitution. Il sort de production! Qu'en fait-on ?

### Une étape

C'est un point de passage du produit, un état transitoirement stable d'une période donnée, pendant laquelle plusieurs événements peuvent se produire.

Il est donc nécessaire de procéder à l'Analyse séquentielle de chaque étape. On détermine les états successifs du produit dans son contexte d'utilisation, ce qui permet d'identifier les acteurs de l'environnement (voir plus loin l'analyse fonctionnelle et l'analyse séquentielle, p. 129).

**Une étape clé.** Définition identique à l'étape précédente. Nous démontrerons plus loin que les étapes clés sont à l'origine des Fonctions de conception directes du produit.

## 1 - Objectifs du cycle de vie

Tracer un organigramme détaillé de toutes les étapes de passage du produit.

- Analyser les flux de passage du produit.
- Créer de nouvelles structures de passage du produit (ex : autre site de vente).
- Simuler ou corriger les étapes et étapes clés ainsi que les flux de passage.
- Identifier les étapes clés.
- Déterminer le nombre d'analyses fonctionnelles à effectuer.
- Préparer les analyses fonctionnelles (avec les analyses séquentielles).
- Déterminer les fonctions de conception et les fonctions d'appui.
- Permettre le classement des coûts (de conception et complémentaires).

Le cycle de vie du produit est un des outils essentiels pour le management d'un projet et le développement d'un produit (en AV, CCO, CCG, MV).

Sa construction sert à identifier toutes les étapes par lesquelles le produit devra passer :

Soit à partir d'une situation existante en analysant les différentes étapes.

Soit à partir d'une situation à mettre en place en simulant les étapes.

L'analyse d'une situation existante met en évidence les incohérences ou les dysfonctionnements sur les points de passage du produit. On modifie ensuite, en apportant les améliorations nécessaires.

Exemples : oubli d'un point de stockage, d'un point de contrôle, du recettage du produit, etc.

Le cycle de vie soulève un certain nombre de problèmes qui, *a priori*, étaient parfois passés inaperçus dans les flux de circulation du produit.

Exemple : L'ancien cycle de vie prévoyait la centralisation chez le concepteur de tous les sous-ensembles du produit venant des divers fournisseurs. A la commande d'un client, l'ensemble complet était monté dans l'entreprise puis livré chez le client.

L'analyse du cycle de vie a permis de simplifier la procédure par un envoi direct des sous-ensembles des fournisseurs chez le client, en effectuant le montage chez celui-ci.

Le gain a été appréciable! Cette nouvelle procédure a éliminée du stockage intermédiaire, du déballage, du contrôle, du remontage, etc.

Le cycle de vie après la phase d'analyse sert à prendre des décisions, ou des options complémentaires, sur la stratégie à suivre lors des diverses étapes du produit.

Exemple : dans la stratégie commerciale de vente, le produit se commercialisait uniquement en grandes surfaces, l'analyse a permis de fixer d'autres stratégies de commercialisation. Il a été décidé d'assurer de la vente par correspondance sur catalogue avec différents partenaires.

Une simulation des différentes étapes du cycle de vie, en développement de produits facilite l'innovation et permet de créer de nouveaux circuits de flux de passage.

## 2 - Le cycle de vie, l'analyse fonctionnelle et la maîtrise des coûts

Dans l'établissement du cycle de vie on distingue deux grandes familles de fonctions :

- Les fonctions de conception qui interviennent directement sur la conception et la structure du produit. Elles dépendent des étapes clés.

- Les fonctions d'appui qui n'interviennent pas sur la conception mais qui influent sur la gestion et les flux de circulation du produit. Elles dépendent des différentes étapes.

Les étapes clés vont générer les coûts directs imputables à la conception du produit (coûts fixes et variables, études de conception, prototype et faisabilité, industrialisation, etc.). On recherchera les fonctions de conception.

Les étapes vont introduire des coûts complémentaires à ajouter ou à redistribuer par des clés (ou coefficients) de répartition sur les produits (coûts fixes et variables, stockage, transport, palettisation, procédures, etc.). Ces coûts non liés à la conception du produit seront pris en compte dans la gestion financière du projet. On recherchera les fonctions d'appui.

En conséquence, si l'on souhaite assurer la maîtrise des coûts sur l'ensemble du projet, il devient nécessaire de déterminer ces deux familles de coûts qui entrent dans le budget général du projet. On procédera à l'Analyse fonctionnelle des différentes étapes afin d'assurer la répartition des coûts sur les tâches et sur les composants du produit à réaliser.

**Remarque importante.** On rencontre toujours des exceptions à une règle, c'est pourquoi il faut attirer l'attention sur le fait que des étapes (suivant la définition donnée) n'appartenant pas aux étapes clés vont dans certaines situations créer des fonctions de conception qui auront une incidence technique sur la conception du produit.

Exemple : L'étape de « transport » d'un produit de faible dimension n'a pas d'influence sur la conception technique du produit. Si au contraire ce produit est de grande dimension il sera nécessaire de le concevoir en plusieurs parties pour pouvoir le transporter. Avec toutes les conséquences technologiques d'assemblage pour sa mise en service.

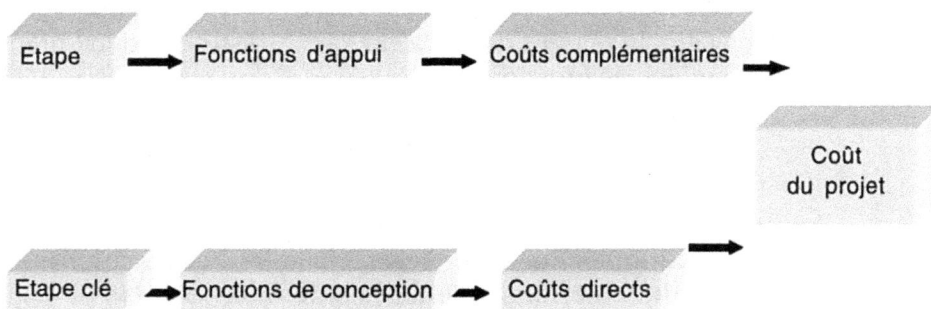

Etape ⟶ Fonctions d'appui ⟶ Coûts complémentaires ⟶

Coût du projet

Etape clé ⟶ Fonctions de conception ⟶ Coûts directs ⟶

### L'Analyse Fonctionnelle et les étapes et étapes clés

Le cycle de vie permet d'identifier toutes ces étapes et d'effectuer un classement des fonctions et des coûts correspondants. Combien d'analyses fonctionnelles doit-on faire ? Comment ?

Normalement toutes les étapes du cycle de vie doivent faire l'objet d'une Analyse Fonctionnelle car elles génèrent des coûts qu'il faudra maîtriser par des solutions appropriées.

Une action AV devrait être réalisée pour toutes ces étapes afin d'en assurer la maîtrise technico-économique dans les délais impartis.

L'expérimentation de terrain sur un grand nombre de produits a permis d'en déduire des règles sur l'ensemble des étapes et étapes clés.

### Règles

- Les étapes ne créent pas de fonctions de conception dans 90% des cas. Il faut cependant être prudent et examiner soigneusement les exceptions pour vérifier si elles n'entrent pas dans les 10% restants.

- Les étapes clés permettent de trouver les fonctions de conception du produit qui seront à l'origine du développement technologique des solutions à apporter.

- Le nombre d'étapes clés varie suivant les produits, généralement, de un à cinq.

Les étapes clés les plus courantes La mise en service.

> L'utilisation.
>
> L'entretien.
>
> La maintenance ou SAV.
>
> Le rangement ou stockage interne.

On doit se poser la question : tous les produits doivent-ils ou peuvent-ils avoir toutes ces étapes clés ?

La réponse : le nombre dépend du type de produit et de son contexte. Ce qui est certain, c'est que le minimum est une étape clé ! Celle de l'utilisation du produit.

Pour exister et répondre à un besoin, un produit nécessite qu'une seule étape clé.

Exemple : un stylo bille bas de gamme acheté en vrac dans un magasin ne nécessite pas de déballage, pas de mise en service, pas d'entretien, on le jette dès qu'il est usé.

Sa seule étape clé est celle de l'utilisation.

Pour chaque étape et étape clé il sera nécessaire de procéder à l'analyse séquentielle, afin de définir toutes les opérations à effectuer pendant le déroulement de celle-ci avec les moyens mis en œuvre (voir ci-après l'analyse séquentielle).

## Exemple de cycle de vie type d'un produit

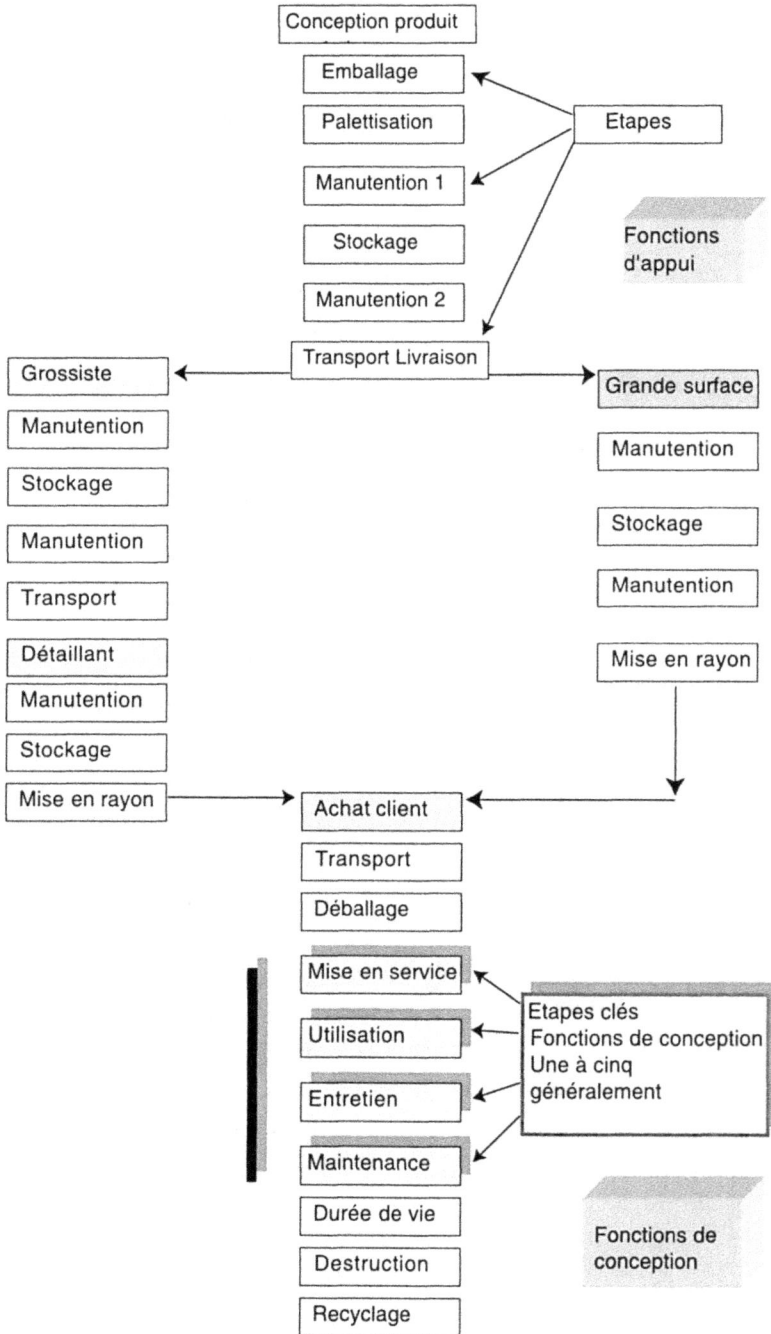

```
                    ┌──────────────────┐
                    │ Conception produit│
                    └──────────────────┘
                      ┌──────────────┐
                      │  Emballage   │◄──┐
                      └──────────────┘   │      ┌──────────┐
                      ┌──────────────┐   │      │  Etapes  │
                      │ Palettisation│   │      └──────────┘
                      └──────────────┘   │
                      ┌──────────────┐   │
                      │ Manutention 1│◄──┤      ┌──────────┐
                      └──────────────┘   │      │ Fonctions│
                      ┌──────────────┐   │      │ d'appui  │
                      │   Stockage   │   │      └──────────┘
                      └──────────────┘   │
                      ┌──────────────┐   │
                      │ Manutention 2│   │
                      └──────────────┘   │
                   ┌────────────────────┐
                   │ Transport Livraison│◄─┘
                   └────────────────────┘
```

Grossiste ◄── Transport Livraison ──► Grande surface

Grossiste
Manutention
Stockage
Manutention
Transport
Détaillant
Manutention
Stockage
Mise en rayon ──► Achat client

Grande surface
Manutention
Stockage
Manutention
Mise en rayon ──► (Achat client)

Achat client ◄──
Transport
Déballage

Mise en service ◄──┐
                   │   ┌────────────────────────┐
Utilisation    ◄───┤   │ Etapes clés            │
                   │   │ Fonctions de conception│
Entretien      ◄───┤   │ Une à cinq             │
                   │   │ généralement           │
Maintenance    ◄───┘   └────────────────────────┘

                       ┌──────────────┐
Durée de vie           │ Fonctions de │
                       │ conception   │
Destruction            └──────────────┘

Recyclage

**Le cycle de vie, l'Analyse Fonctionnelle, l'Analyse séquentielle et l'outil Rosace de recherche de fonctions.**

Pour procéder à la recherche des fonctions avec la **Rosace** (outil systémique des acteurs d'environnement), il faut au préalable construire l'outil par une recherche des acteurs d'environnement du produit et ce, dans son contexte d'utilisation.

Avec l'outil Rosace, les relations entre les acteurs d'environnement et l'acteur produit permettent de trouver les fonctions. Ce qui signifie que si les acteurs d'environnement sont différents, les fonctions trouvées le seront également.

Le cycle de vie permet de déterminer les différentes étapes du produit. Dans chaque étape le produit se trouve dans un environnement différent. Il est donc nécessaire de trouver les acteurs et d'effectuer une analyse fonctionnelle par étape ou étape clé.

On regroupera ensuite sur une même liste toutes ces fonctions, pour avoir l'intégralité des fonctionnalités que doit assurer le produit.

Pour les fonctions de conception, il est nécessaire d'effectuer autant d'analyses fonctionnelles que d'étapes clés du produit.

Dans le cas de produits peu complexes on regroupe tous les acteurs d'environnement sur une seule (ou deux) Rosace, ce qui permet de simplifier l'utilisation de l'outil.

Dans tous les cas, pour chaque étape clé il faudra obligatoirement effectuer l'analyse séquentielle, pour identifier les acteurs d'environnement.

Il arrive qu'il soit nécessaire d'effectuer plusieurs analyses fonctionnelles pour une étape clé.

On rappelle que chaque étape doit faire l'objet d'une Analyse fonctionnelle et que les étapes donneront les fonctions d'appui alors que les étapes clés fourniront les fonctions de conception du produit.

Pour plus de compréhension voir l'outil Rosace et l'Analyse fonctionnelle p. 141).

### Le cycle de vie, le développement d'un projet et d'un produit l'analyse de la valeur, la CCO, la CCG, le MV.

Qu'il s'agisse d'un grand projet ou d'un produit simple à traiter, le cycle de vie <u>obligera le groupe de travail à identifier les problèmes</u>, à se poser les bonnes questions et déclencher les actions nécessaires.

Les décideurs et le chef de projet doivent prendre en compte ce qui est décrit dans ces pages. Ils devront parfois faire des choix stratégiques sur les points à traiter, en se rappelant que les étapes n'interviennent pas sur la conception, mais qu'elles sont la source des coûts importants liés aux fonctions d'appui.

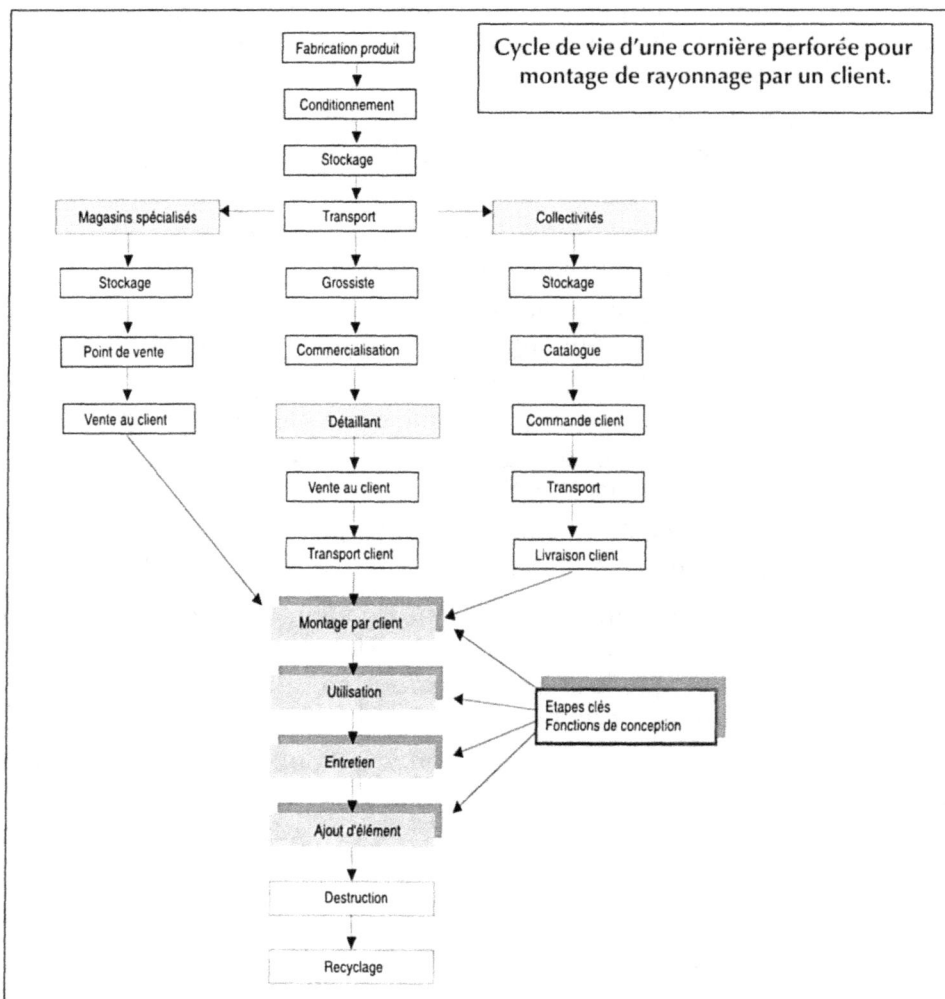

Cycle de vie d'une cornière perforée pour montage de rayonnage par un client.

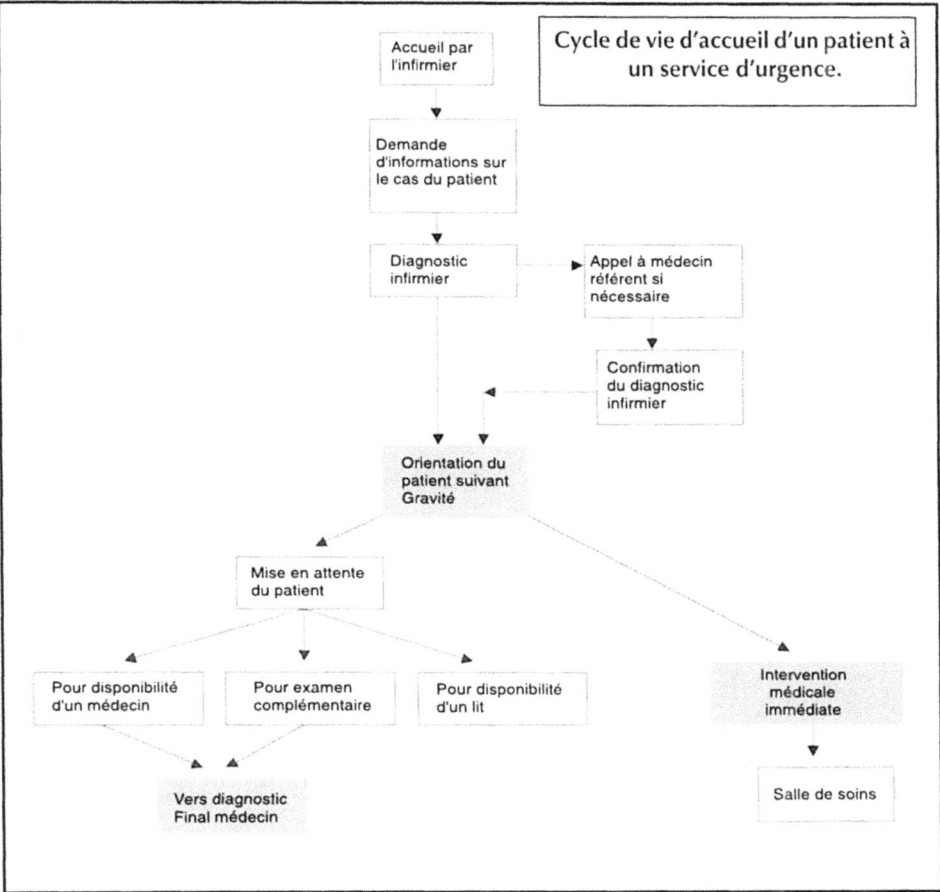

Cycle de vie d'accueil d'un patient à un service d'urgence.

# L'ANALYSE SÉQUENTIELLE

## Préparation à l'analyse fonctionnelle et aux séquences du produit

**L'Analyse séquentielle** est un tableau, présentant toutes les opérations ou tâches qui sont exécutées au cours d'une étape du cycle de vie d'un produit.

Cette procédure permet de noter dans le détail, toutes les manipulations ou actions effectuées avec le produit, ou sur le produit.

Ce tableau est constitué de plusieurs colonnes représentatives des divers indicateurs sélectionnés pour l'analyse. (Ex : L'outillage, la qualification de la personne, le temps passé, etc.). On pourrait par analogie, la comparer à une gamme d'analyse détaillée des opérations, qui s'effectue sous ses diverses phases, lors de l'exécution d'un process.

Deux groupes d'informations importantes sont recueillis à l'analyse de ce tableau :

1. <u>Des dysfonctionnements</u> de manipulation ou d'utilisation du produit, lors de chaque étape du cycle de vie du produit.

2. <u>L'identification des acteurs d'environnement</u> à introduire dans l'outil cible, pour construire l'outil Rosace (voir l'outil cible et l'outil Rosace).

Il est donc nécessaire d'effectuer une analyse séquentielle par étape clé du cycle de vie. On identifie tous les acteurs d'environnement, qui interviendront dans l'analyse fonctionnelle.

Nous rappelons que ces acteurs se regroupent dans l'outil cible, pour constituer l'outil Rosace.

## 1 - Objectifs

Construire un tableau, à partir d'indicateurs prédéterminés, en recensant toutes les tâches et opérations exécutées au cours d'une étape du cycle de vie pour :

Analyser les dysfonctionnements de tous ordres relatifs au produit.

Recenser les acteurs d'environnement intervenant lors de cette étape du cycle de vie produit.

## 2 - Méthode

Dans l'ordre chronologique des opérations, on doit :

1 Sélectionner les indicateurs à mettre en place.

2 Construire le tableau.

3 Lister le déroulement des actions.

4 Compléter les colonnes relatives aux indicateurs.

5 Analyser les résultats.

6 Etablir une synthèse :

▪ Des problèmes identifiés,

▪ Des acteurs d'environnement à intégrer dans l'outil cible pour la construction de l'outil Rosace.

Exemple 6
Analyse séquentielle du cycle de vie d'un extincteur

| Opérations | Outillage | Composants | Remarques | Temps |
|---|---|---|---|---|
| Disposer d'eau | Seau | 6 litres | | |
| Disposer de l'additif | | Sachet d'additif | | |
| Disposer du CO2 | | Cartouche CO2 | | |
| Débloquer les deux écrous | Clé plate de 13 | | | |
| Enlever robinetterie | Clé plate de 19 | Robinetterie | | |
| Dévisser ancienne bouteille CO2 | A la main | | Récupérer pour recyclage | |
| Remonter le percuteur | A la main | Percuteur | | |
| Remettre goupille | Pince spéciale | | | |
| Plomber | Pince à plomb | Plomb calibré | | |
| Mettre nouvelle bouteille CO2 | A la main | Joint d'étanchéité | Attention à l'étanchéité | |
| Rincer le réservoir | Eau, tuyau, évacuation | | A l'égout | |
| Remplissage | Entonnoir | 6 litres | Contrôle niveau au repère | |
| Verser additif | Ciseaux pour couper le sachet | Sachet additif | Ne pas le laisser chez le client | |
| Mélanger | En secouant | | | |
| Remise de la robinetterie | Clé dynanométrique | | | |
| Vissage des deux écrous | Clé à douille de 13 | | | |
| | Balance | | Poids de contrôle 10kg | |

**Synthèse.** L'analyse a permis de détecter que :

Le dévissage de l'ancienne cartouche de $CO_2$ nécessite de disposer d'une clé. Celle-ci est généralement « grippée ».

Le dispositif de blocage à deux écrous n'est pas pratique !

Le contrôle final de l'ancien produit n'a plus lieu d'être !

Les acteurs d'environnement identifiés après regroupement par famille sont :

| | |
|---|---|
| L'eau | Les cartouches de $CO_2$ anciennes et nouvelles |
| Les outillages clés, ciseau, etc. | le joint d'étanchéité |
| La main de l'opérateur | La robinetterie |
| Le sachet d'additif | Le percuteur |
| | Le plomb et goupille |

### Remarques

Ces éléments sont intimement liés par leur procédure d'utilisation.

Nous rappelons, qu'une analyse fonctionnelle (outil Rosace) est réalisée pour chaque étape clé du cycle de vie.

Si un produit a trois étapes clés : Mise en service Utilisation Maintenance, on effectue au minimum trois analyses fonctionnelles, donc on utilise trois fois l'outil Rosace.

Certaines situations de produit démontrent que c'est plus complexe.

Après avoir établi le cycle de vie d'un produit, lors de l'analyse séquentielle d'une étape clé de mise en service du produit, on constate des environnements différents au cours de cette séquence.

Cette situation nécessite d'exécuter plusieurs analyses fonctionnelles !

On en déduit que l'analyse séquentielle entraîne par suite d'environnements différents, l'obligation de réaliser des analyses fonctionnelles complémentaires.

Exemple de situation d'analyses fonctionnelles complémentaires :

Le produit est une machine médicale (pesant 1 tonne ). Il est véhiculé d'une clinique à l'autre pour traitement en ambulatoire. Ce sont les patients qui sont convoqués à des horaires précis pour être traités. La machine est transportée par un camion adapté. Son installation et sa mise en service sont réalisées avant l'arrivée des patients. Puis elle est à nouveau transportée et installée dans une autre clinique, etc.

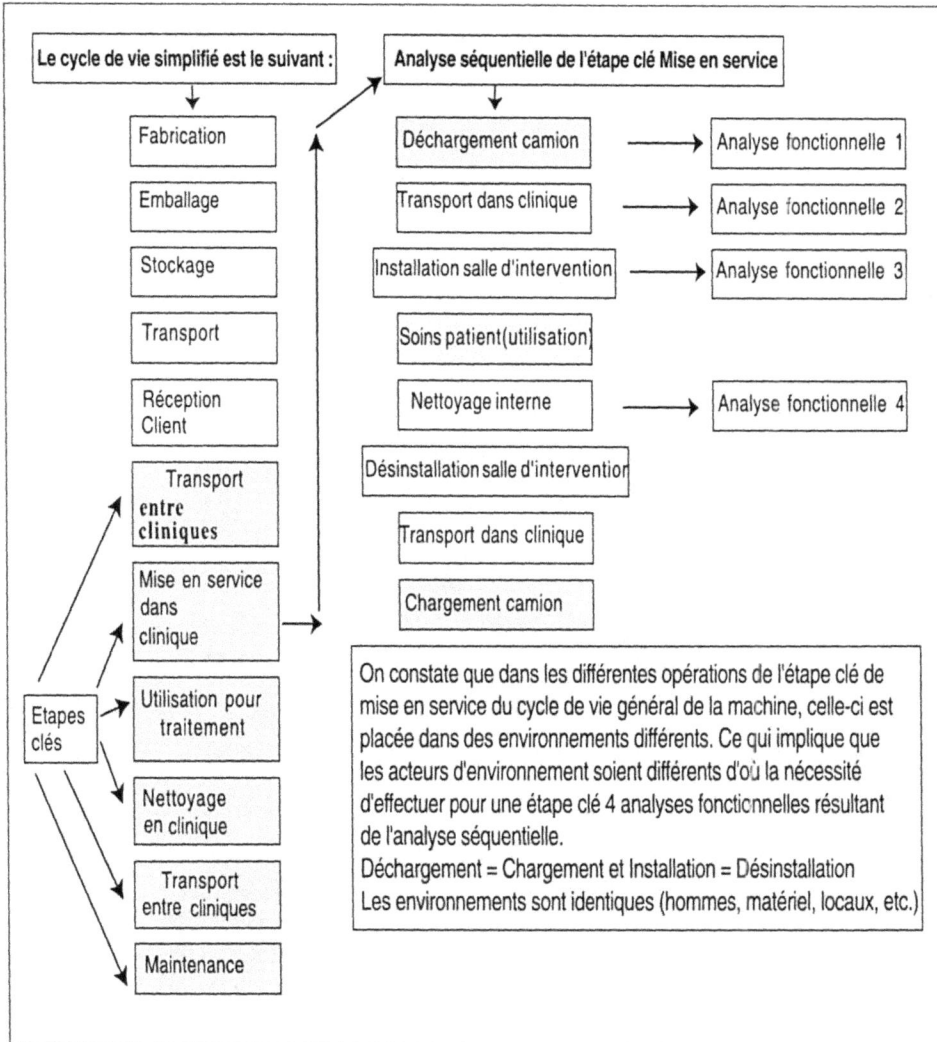

# LA CIBLE

## Préparation à l'analyse fonctionnelle et recherche d'acteurs d'environnement

C'est un tableau à trois colonnes qui recense tous les acteurs d'environnement servant à construire l'outil Rosace des fonctions.

On construit normalement un outil cible par étape dans le cycle de vie du produit ; essentiellement pour les étapes clés.

Lorsqu'un produit est simple, il possède peu d'acteurs d'environnement pour chacune de ses étapes clés. Dans cette situation on regroupe toutes ces données dans un seul outil cible. Le travail à effectuer est plus simple, une seule Rosace de fonction d'analyse fonctionnelle suffit !

Dans les phases d'orientation d'action et de recherche d'informations, un nombre important de données ont été collectées. Le groupe de travail extrait de cette masse d'informations les éléments essentiels qui deviendront les acteurs d'environnement. Ceux-ci seront classés en trois catégories.

**Centre          Proches          Eloignés**

Cette classification en trois rubriques est faite pour obliger les membres du groupe à restructurer par un classement les données issues de la masse d'informations.

On constate que la troisième colonne dite « Eloignés » va générer des **Contraintes.**

La Fonction contrainte est une fonction sur laquelle le concepteur n'a aucun pouvoir d'action direct. Il doit la subir et se soumettre ! C'est un frein à sa créativité et à son innovation.

Exemple : Des lois, des normes, une homologation, etc.

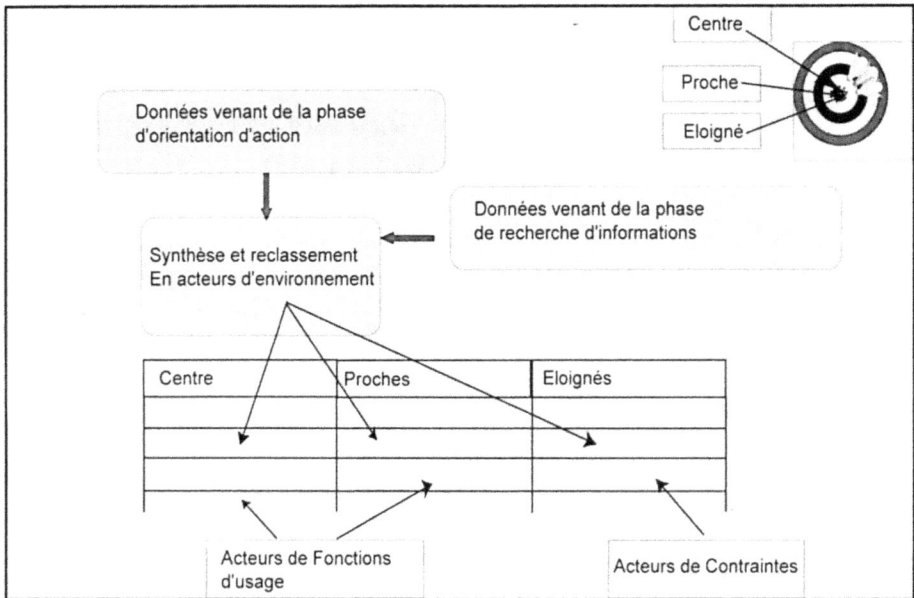

## 1 - Objectifs

Recenser et ordonner toutes les données provenant des phases d'orientation d'action et de recherche d'informations.

Les transformer en acteurs d'environnement et construire la Rosace d'Analyse fonctionnelle.

### Le cas particulier des acteurs dits éloignés :

Cette colonne est généralement constituée d'acteurs qui introduisent des contraintes.

L'expérience et l'utilisation de terrain ont permis d'établir des classements de ces acteurs en quatre.

### 1. Les contraintes dites de normalisation au sens large du terme.

Il s'agit de classer sous cette rubrique tous les éléments que le concepteur doit obligatoirement respecter, s'il désire assurer la conformité de son produit à des réglementations internationales, ou même parfois locales.

Ces contraintes proviennent également d'obligations fixées dans les contrats.

Cette rubrique regroupe sous le titre de normes la liste non exhaustive des données suivantes :

Normes, certifications, homologations, règlements, traditions, qualifications, standardisations, etc.

**2. Les contraintes liées aux agents agressifs.** Ils sont à répartir en deux classes.

<u>Les agents agressifs climatiques</u> dépendent de la pluie, du froid de la neige, de la chaleur, etc. Il n'est pas du ressort de l'être humain, donc du concepteur de pouvoir intervenir directement sur ces phénomènes. Il peut à la rigueur trouver des palliatifs : un parasol pour le soleil, un manteau pour le froid.

<u>Les agents agressifs spécifiques,</u> les risques d'explosions ou d'incendie dans certains secteurs d'activité, le milieu corrosif dans certaines industries, etc.

**3. Les contraintes dues à la mode ou à l'esthétique.**

Ce point est discutable dans le sens où le concepteur peut agir sur le « design » du produit. Mais il est quand même tributaire de la mode qui l'oblige à certaines concessions.

L'esthétique est placée en contrainte, pour une raison technique dépendant de l'outil d'analyse systémique. En effet, si l'on place l'esthétique comme acteur d'environnement, le groupe de travail recensera un nombre important de fonctions liées à l'esthétique. Elles seront ensuite regroupées. Pour éviter ces répétitions, il est plus conforme de déclarer l'esthétique en fonction contrainte. La tâche du groupe de travail s'en trouvera simplifiée.

**4. Les contraintes dues à des obligations** qui proviennent parfois d'exigences de tous ordres :

Des divers secteurs d'activités de l'entreprise.

Des spécificités de métiers.

Des contrats traités avec les clients ou des partenaires.

Des procédures liées à une technologie.

Etc.

Le groupe doit les identifier, elles sont généralement issues de la phase d'orientation d'action, puisque indiquées dans les contrats, ou mentionnées dans les divers cahiers des charges.

Les outils de la recherche d'informations

## 2 - Méthode

La démarche à suivre pour exécuter la recherche d'acteurs d'environnement puis les placer dans la cible est la suivante :

1$^{er}$ temps

Reprendre les données de la phase d'orientation d'action.

Reprendre les données de la phase de recherche d'informations.

Au fur et à mesure de leur identification, inscrire les acteurs dans la cible à la rubrique correspondante.

2$^e$ temps

Regrouper les acteurs par affinité, afin d'en limiter le nombre dans la Rosace des fonctions. Donner à ce nouveau groupe un nom de synthèse exprimant l'entité définie.

3$^e$ temps

Transférer dans l'outil Rosace les nouveaux groupes ainsi définis.

Exemple : **Un compresseur de réfrigération pour fontaine à eau froide.**

Les limites d'étude : le bloc compresseur complet et son équipement électrique.

1$^{er}$ **temps** récapitulatif des acteurs d'environnement en provenance des phases 1 et 2 de l'AV.

| Centre | Proche | Eloigné |
|---|---|---|
| Châssis de la fontaine | Ergonomie d'intervention | Normes |
| Fils électriques d'alimentation | Outillage de frigoriste | Réglementation interne |
| Tuyaux de raccordement | Chalumeau de brasage | Qualification entreprise |
| Connexions / brasage | Détecteur de fuites | Esthétique |
| Pompe à vide | Thermomètre | Agents climatiques |
| Pressostat | Client (Marche Arrêt et réglage Température) | Agents agressifs d'ambiance |
| Equipement vide et charge | Application | |
| Thermomètre | Chaleur dégagée | |
| Réfrigérant | Bruit | |
| Air | Régulation de température | |
| Vibrations | Dépannage | |
| Poussières | | |
| Constructeur | | |

**2<sup>e</sup> temps** regroupement des acteurs par affinité en donnant un nom de synthèse

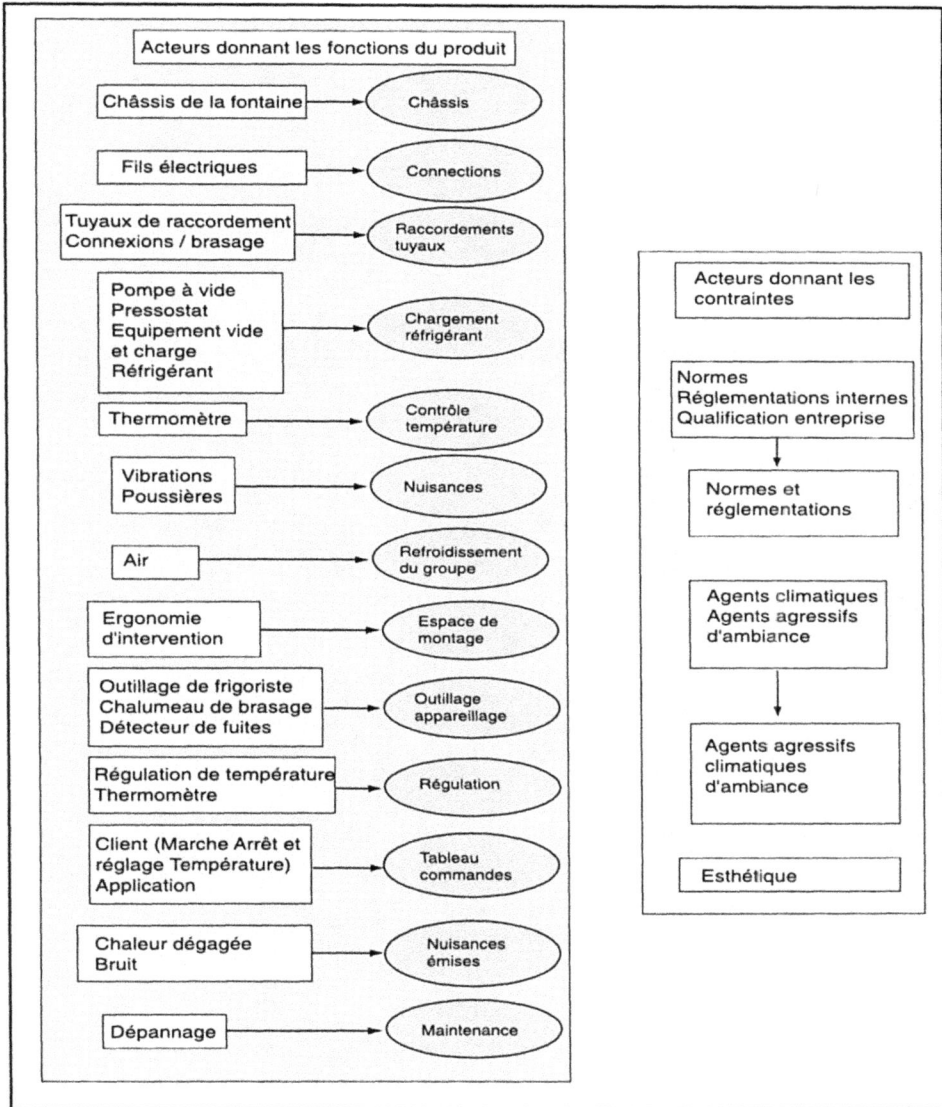

Acteurs donnant les fonctions du produit

| Acteurs | Synthèse |
|---|---|
| Châssis de la fontaine | Châssis |
| Fils électriques | Connections |
| Tuyaux de raccordement / Connexions / brasage | Raccordements tuyaux |
| Pompe à vide / Pressostat / Equipement vide et charge / Réfrigérant | Chargement réfrigérant |
| Thermomètre | Contrôle température |
| Vibrations / Poussières | Nuisances |
| Air | Refroidissement du groupe |
| Ergonomie d'intervention | Espace de montage |
| Outillage de frigoriste / Chalumeau de brasage / Détecteur de fuites | Outillage appareillage |
| Régulation de température / Thermomètre | Régulation |
| Client (Marche Arrêt et réglage Température) / Application | Tableau commandes |
| Chaleur dégagée / Bruit | Nuisances émises |
| Dépannage | Maintenance |

Acteurs donnant les contraintes

| Acteurs | Synthèse |
|---|---|
| Normes / Réglementations internes / Qualification entreprise | Normes et réglementations |
| Agents climatiques / Agents agressifs d'ambiance | Agents agressifs climatiques d'ambiance |
| | Esthétique |

Les outils de la recherche d'informations

# LA ROSACE DES FONCTIONS

## L'analyse fonctionnelle : la recherche de fonctions

### 1 - L'analyse Fonctionnelle

Elle consiste à recenser les fonctions d'un produit. La fonction décrite doit être libellée comme une fonctionnalité que le produit doit satisfaire. Un verbe plus un complément.

Exemple pour un gaufrier    Cuire la pâte à gaufres

| Verbe | Complément |

La première étape consiste à chercher les **fonctions externes.** Ce sont des fonctions d'usage, d'estime, d'esthétique, plus des contraintes.

A la deuxième étape on détermine les **fonctions internes** au produit. Ce sont les fonctions techniques qui vont aboutir à des solutions.

La procédure fonctionnelle s'effectue en analyse descendante, on passe successivement de l'analyse des fonctions externes aux fonctions internes.

Les fonctions internes servent à concevoir le produit par l'intermédiaire de fonctions techniques.

Les fonctions techniques sont assurées par des composants et leurs interfaces de liaison.

Les éléments fonctionnels permettent d'élaborer les composants.

Les procédés d'usinage assurent la fabrication des composants, par la réalisation des fonctions élémentaires.

Les outils de l'analyse fonctionnelle

| Fonctions d'usage externe | | Fonctions techniques internes | | Interfaces de liaison | | Solutions et composants | | Eléments fonctionnels | | Procédés d'usinage |
|---|---|---|---|---|---|---|---|---|---|---|
| | ▶ | | ▶ | | ▶ | | ▶ | | ▶ | |

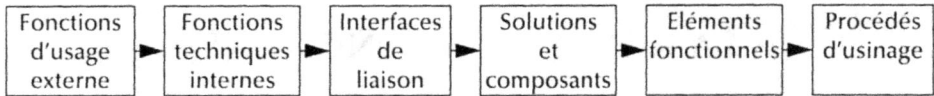

La recherche des fonctions s'effectue progressivement en passant par tous les maillons de cette chaîne, avec des niveaux de détail de plus en plus fin.

**L'outil Rosace est utilisé pour chaque maillon de la chaîne suivant le niveau demandé. Cet outil permet la recherche des fonctions d'usage, des fonctions techniques, des fonctions de liaison, des éléments fonctionnels et des process, procédés ou procédures.**

## 2 - Les bases théoriques de l'élaboration de l'outil Rosace

**Les relations entre les acteurs d'environnement pour les fonctions d'usage.**

Prenons trois ensembles appelés respectivement acteur 1, acteur 2 et produit.

On constate qu'une interaction commune existe entre ces trois éléments. Elle donne une fonction.

On la rédige en conséquence : verbe plus complément.

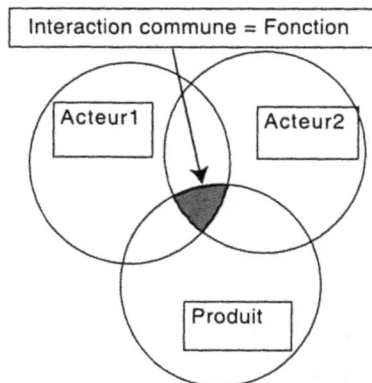

Ces trois ensembles sont des systèmes composés de divers éléments qui interagissent entre eux.

Par l'analyse combinatoire des sous-systèmes, on détermine un nombre important de possibilités.

Par exemple l'interaction A1 P1 B1 crée une fonction.

P1 A2 B1 = une fonction.

P1 A3 B1= une fonction.

P2 A1 B1= une fonction.

Etc.

xA.yB.zP = nombre de combinaisons possibles
soit ici 3 x 3 x 3 = 27combinaisons

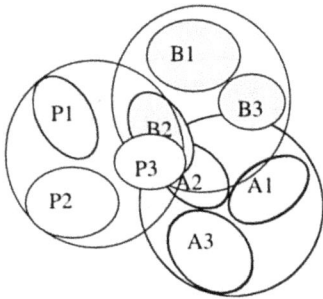

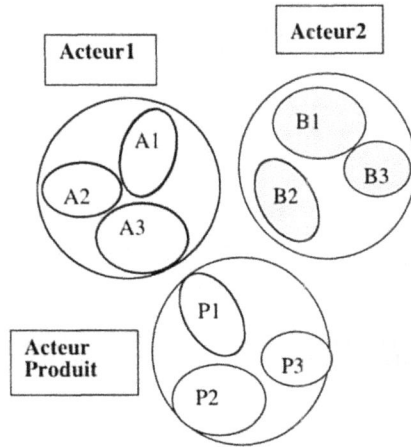

On peut procéder à une recherche systématique de toutes les possibilités mais cela risque d'être long et peu motivant.

Dans la réalité, le groupe de travail ne recherche pas systématiquement toutes les possibilités. Il procède d'une façon informelle à cette recherche. Les interactions et combinaisons sont sous-jacentes dans l'esprit des membres du groupe.

Chaque membre du groupe s'est approprié intellectuellement les acteurs d'environnement et leur contenu grâce à toutes les phases préparatoires. Les diverses interactions naissent spontanément dans l'esprit de chaque participant. Chacun donne son interaction, en énonçant sa fonction. Le groupe en établit la liste correspondante, puis après analyse et consensus rédige les fonctions retenues.

Cet outil devient également un outil de <u>créativité Fonctionnelle</u>, par le fait que les multiples combinaisons stimulent l'imagination du groupe de travail. De nouvelles fonctionnalités applicables au produit sont découvertes.

Les outils de l'analyse fonctionnelle

Exemple d'application : **Un compresseur de réfrigération pour fontaine à eau froide**.

Traitons partiellement la Rosace, entre deux acteurs et le produit, pour montrer les différentes interactions et les fonctions correspondantes.

Prenons les deux acteurs d'environnement que nous avons traités précédemment dans l'outil cible.

Le produit est composé du bloc moteur, du condenseur, du bloc électrique.

La démonstration qui suit est faite pour montrer l'intérêt de l'outil et ses possibilités.

Nous allons traiter toutes les combinaisons, mais nous rappelons que dans la réalité le groupe réalise ce travail de façon informelle.

Il ne serait pas très réaliste de traiter toute la Rosace de cette façon. Le temps passé serait trop important.

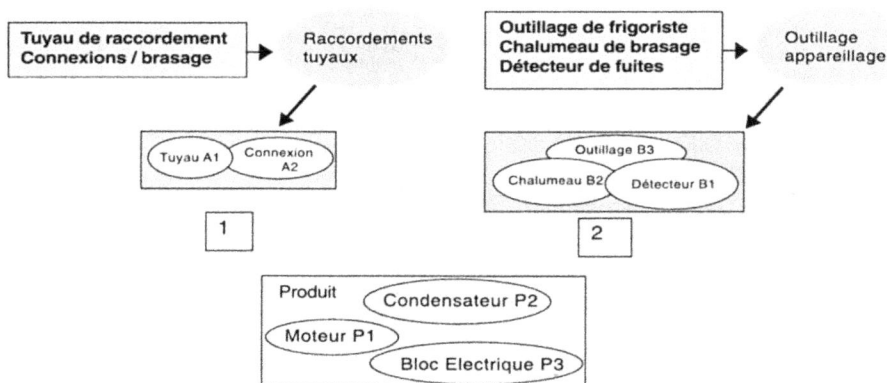

Combinaisons possibles 2 x 3 x 3 = 18.

A1 P1 B1 = Contrôler les pertes en charge sur moteur.

A1 P1 B2 = Raccorder les tuyaux au moteur par brasage.

A1 P1 B3 = Disposer de l'outillage.

A1 P2 B1 = Contrôler les pertes en charge sur condenseur.

A1 P2 B2 = Raccorder les tuyaux au condenseur par connexion mécanique.

A1 P2 B3=Disposer de l'outillage.

A1 P3 B1 = Pas de relation.

A1 P3 B2 = Protéger le bloc électrique de la chaleur produite par le chalumeau.

A1 P3 B3 = Pas de relation.

A2 P1 B1 = Connecter le détecteur pour contrôle de perte en charge.

A2 P1 B2 = Assurer une connexion étanche par brasage du moteur.

A2 P1 B3 = Disposer de l'outillage de brasage.

A2 P2 B1 = Assurer une connexion mécanique étanche du condenseur.

A2 P2 B2 = Pas de relation.

A2 P2 B3 = Pas de relation.

A2 P3 B1 = Connecter le détecteur pour contrôle de perte en charge.

A2 P3 B2 = Protéger les connexions mécaniques contre la chaleur du chalumeau.

A2 P3 B3 = Pas de relation.

On remarque que le descriptif des fonctions énoncées correspond plus à des actions à effectuer qu'aux fonctions réelles du produit !

Il est donc nécessaire d'extraire de cette liste les fonctionnalités réelles du produit, ce qui est réalisé d'une façon informelle par le groupe de travail.

A partir de cette liste, on écrit la synthèse des fonctions que doit assurer le produit :

Pouvoir monter un dispositif de contrôle des pertes en charge.

Résister à la chaleur du chalumeau lors du brasage.

Etre d'un accès facile pour les raccordements mécaniques et le brasage.

Se monter à l'aide d'un outillage standard de frigoriste.

### Les acteurs d'environnement pour les contraintes

Dans l'outil cible les acteurs d'environnement sont classés en deux catégories, ceux qui présentent des fonctions d'usage et les autres qui donneront des contraintes.

Les outils de l'analyse fonctionnelle

Les acteurs créant des contraintes sont traités à part, ils sont considérés comme des systèmes indépendants sans relation avec les autres.

Les raisons de ce choix sont les suivantes : si l'on cherche les interactions entre les acteurs d'environnement dits de contrainte (normes, agents agressifs, esthétique) et les autres acteurs, on trouve un nombre important de fonctions qui se rapportent à cet acteur.

Ce qui sera une perte de temps, car par la suite, l'expérience démontrera au groupe de travail qu'il devra les regrouper sous la même rubrique.

Les acteurs d'environnement dits de contraintes seront différenciés des autres acteurs par une représentation sous forme de rectangles.

La fonction contrainte qui en découle pourra être directement inscrite.

### Le contenu du produit

Chaque acteur d'environnement est constitué de plusieurs éléments internes qui composent son système. Ces parties ont été identifiées, regroupées, reclassées dans l'outil cible.

Pour le produit qui est l'élément central, le groupe de travail doit définir très rigoureusement ses limites d'étude. C'est-à-dire fixer la constitution interne du système à étudier.

Tout élément n'appartenant pas au système interne du produit à étudier devra se placer dans les acteurs d'environnement situés autour du produit. Ce qui se traduit par le fait que cet élément apparaît comme acteur dans une des trois colonnes de l'outil cible.

On tient également compte des informations de la phase 1 Orientation d'action de la démarche AV à la rubrique limites d'étude du produit. Elle a été conçue pour répondre à ce problème ! L'outil OTP organigramme technique du produit aide également le groupe de travail à définir le système interne du produit.

Exemple : Lors d'un projet de développement d'un épilateur, le cordon électrique de raccordement avec son transformateur n'était pas intégré dans l'étude en cours. Il avait été décidé que celui-ci ferait l'objet d'une recherche spécifique.

Ceci était indiqué dans la phase orientation d'action à la rubrique limite d'étude. En conséquence, ce cordon avec son transformateur, doit se trouver dans une des colonnes de l'outil cible et apparaît dans l'environnement de la Rosace.

Si celui-ci avait été étudié en même temps que le produit, il aurait été placé dans le produit et ne serait pas apparu dans l'environnement de la Rosace.

## 3 - Rappel de la procédure à suivre pour construire l'outil rosace

Définir le système interne du produit (le produit et son contenu)

Puis recenser tous les acteurs d'environnement, pour cela on doit :

Reprendre les données de la phase d'orientation d'action.

Reprendre les données de la phase de recherche d'informations.

Classer et ordonner dans l'outil cible au fur et à mesure de leur identification en les inscrivant dans la cible à la rubrique correspondante dans une des trois colonnes.

Regrouper les acteurs par affinité afin de les limiter dans la rosace des fonctions.

Donner à ce nouveau groupe un nom de synthèse exprimant l'entité définie.

Transférer dans l'outil Rosace les nouveaux groupes ainsi définis en séparant les acteurs de contraintes par une représentation graphique différente.

Numéroter les acteurs d'environnement.

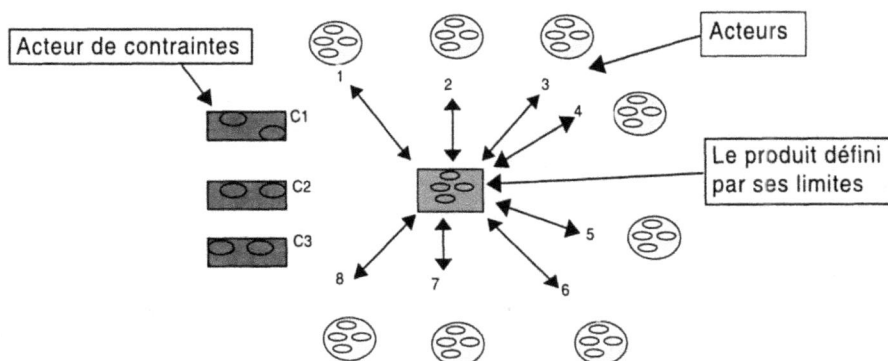

© Éditions d'Organisation

147

### La numérotation

L'expérience montre que dans la recherche d'interactions, entre les acteurs et l'acteur produit, le groupe de travail aura des difficultés, par la suite, pour retrouver les origines des fonctions. Aussi est-il indispensable de coder les acteurs.

La numérotation permet de codifier toutes les interactions. Ce qui procurera une lisibilité parfaite de toutes les combinaisons. Elle permettra plus tard le reclassement des fonctions en passant du vrac au compactage. Elle servira également à la recherche des critères de chaque fonction lors de la caractérisation des fonctions (voir les outils de vrac, et compactage des fonctions ainsi que celui de la caractérisation des fonctions, p. 153 et 163).

### Les règles d'utilisation

Une fois la Rosace construite, le groupe de travail procède à la recherche des fonctions entre les acteurs d'environnement et l'acteur produit. Il associe par interactions les systèmes internes de deux acteurs avec le système interne du produit.

Chaque fonction issue de ces relations sera inscrite dans une liste que nous appellerons **vrac des fonctions.** Dans cette phase le groupe de travail indique toutes les fonctions qu'il trouve. La phase d'analyse s'effectuera lors du compactage (voir l'outil vrac et compactage).

Pour trouver toutes les fonctions du produit le groupe va devoir combiner d'une façon **systématique, deux à deux tous les acteurs d'environnement et l'acteur produit.**

Soit 1 et 2, puis 1 et 3, puis 1et 4, puis 1 et 5, jusqu'au dernier acteur, ensuite on recommence à l'acteur 2 et 3, puis 2 et 4, puis 2 et 5 et ainsi de suite jusqu'à épuisement de tous les acteurs.

La codification permet de noter les origines des fonctions.

On ne trouve pas obligatoirement de relations pour toutes les combinaisons. C'est même assez fréquent, dans ce cas on indique simplement qu'il n'y a pas d'interactions entre les deux acteurs extérieurs et l'acteur produit.

Exemple d'une Rosace pour la recherche de fonctions **d'un opérateur pour ouverture automatique de portail.**

Le produit est un dispositif type vérin fixé d'un côté au pilier et de l'autre au portail.

La Rosace est effectuée pour **l'étape clé d'utilisation** du cycle de vie du produit.

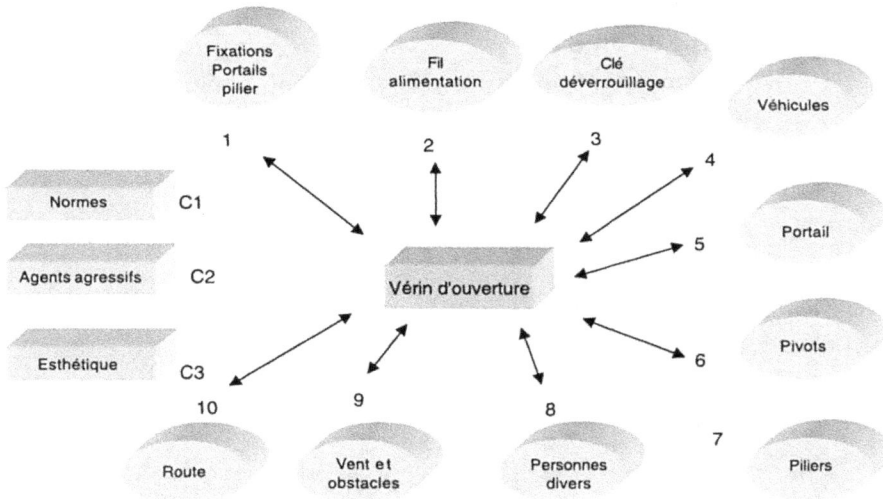

Début de la liste du vrac des fonctions :

1.2.   Se raccorder au réseau électrique côté pilier.

    1.2.1.  Ne pas couper le fil d'alimentation lors de la rotation.

1.3.   Permettre l'ouverture en cas de panne du système.

1.5.   Créer une trajectoire d'ouverture correcte.

1.6.   Permettre les réglages des points de fixation.

1.7.   S'adapter aux divers types de piliers.

1.8.   Résister aux forces données par le vent ou d'autres obstacles.

2.3.   Permettre l'ouverture en cas de coupure de courant.

2.7.   Se raccorder à l'alimentation côté pilier.

3.5.   Permettre l'ouverture en cas de panne du système.

3.8.   Disposer d'un dispositif d'ouverture en cas de panne.

4.5.   Permettre l'ouverture et la fermeture du portail.

    4.5.1.  Ne pas se refermer sur le véhicule lors de son passage.

Etc.

Les outils de l'analyse fonctionnelle

Le vrac et le compactage des fonctions sont expliqués par la suite.

Exemple d'une Rosace pour la recherche de fonctions sur le **choix d'une procédure de commande à un fournisseur en fonction du type de produit.**

Pour les marchés publics les contraintes législatives sont très rigoureuses pour traiter avec un fournisseur dans le cas d'appel d'offres. L'étude a été faite pour définir et choisir le type de procédure à suivre en fonction du type de commande.

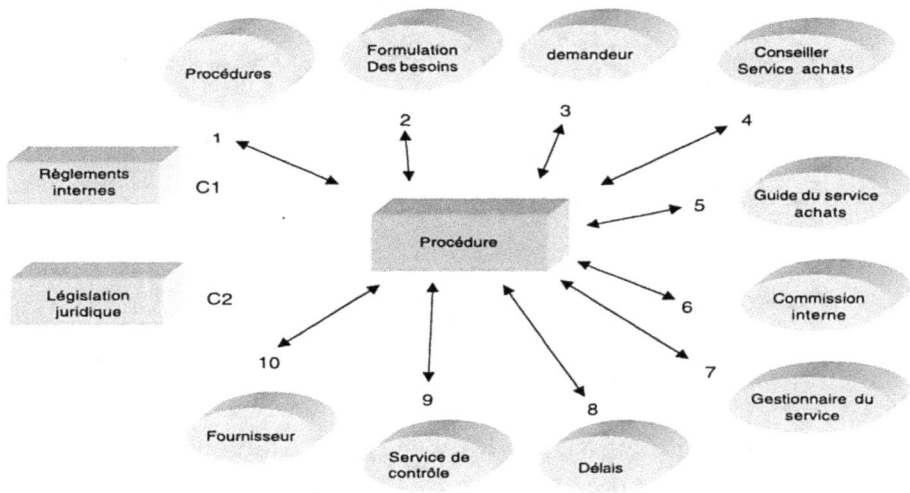

Début de liste du vrac des fonctions :

1.2    Identifier la bonne procédure.

1.3    Comprendre et connaître les procédures.

1.4    Conseiller sur le type de procédure à appliquer.

1.4.1 Connaître l'état des engagements dans le secteur concerné.

1.4.2 Connaître les besoins potentiels d'autres services.

1.5    Faciliter l'exploitation des procédures.

1.6    Orienter et décider en commission interne.

1.7    Connaître l'évolution des dépenses.

1.8   Avoir connaissance des délais administratifs.

1.9   Approuver certains dossiers.

1.10  Informer le fournisseur.

Etc.

Le vrac et le compactage des fonctions seront expliqués par la suite.

# LE VRAC ET LE COMPACTAGE DES FONCTIONS

## L'analyse fonctionnelle

Le vrac est une recherche exhaustive de la totalité des fonctions trouvées, par interactions des acteurs d'environnement et de l'acteur produit, avec l'outil Rosace.

Le compactage consiste à regrouper l'ensemble des fonctions du vrac afin de les structurer. Il fait apparaître les premiers critères et permet de rédiger le bon libellé des véritables fonctions du produit.

On pourrait par analogie avec le brainstorming, comparer le vrac avec la période feu vert où l'on se « débride » en trouvant toutes les fonctions. La période feu rouge où l'on prend du recul pour analyser et synthétiser les résultats, lors du compactage.

## 1 - Le vrac

Lors de l'utilisation de l'outil Rosace les fonctions trouvées sont numérotées et listées dans le vrac.

Les nombreuses analyses fonctionnelles effectuées avec la Rosace ont permis de noter quelques remarques et d'établir des règles selon une procédure à suivre.

### Remarques

a) Les fonctions écrites par le groupe de travail ne sont pas toujours celles que le produit devrait remplir (ce point a déjà été évoqué dans l'outil Rosace).

Le groupe de travail va fournir au début une liste de fonctions sans prendre le recul nécessaire. L'animateur doit laisser agir son équipe. Il peut en ressortir des fonctionnalités nouvelles pour le futur produit. La sélection et la validation s'effectueront plus tard.

b) Certaines fonctions apparaissent comme redondantes. Il s'agit parfois d'une rédaction inadaptée, il faut lever le doute. A cet effet il suffit de reprendre la numérotation afin d'identifier les acteurs qui sont à l'origine du libellé des deux fonctions.

Les outils de l'analyse fonctionnelle

Si la répétition est réelle, ce qui peut arriver, on supprime la fonction inutile, sinon on corrige les libellés des deux fonctions.

c) Les fonctions sont parfois mal rédigées et ne décrivent pas rigoureusement la fonction avec son verbe et son complément.

Ecrire une fonction demande parfois un temps de réflexion assorti d'une recherche grammaticale correcte. Il existe des ambiguïtés sur la rédaction fonctionnelle.

d) Les fonctions sont proches les unes des autres par leurs termes. On constate qu'elles ont des points communs par rapport à un acteur d'environnement du produit.

Elles seront ultérieurement réunies par types d'affinités. On fera émerger « la fonction titre » sous laquelle, on effectuera un classement.

e) Les fonctions trouvées sont généralement beaucoup trop nombreuses, par rapport aux fonctions réelles que le produit devra remplir.

Ceci signifie qu'un grand nombre de ces fonctions sont des sous-fonctions secondaires, qui comme indiqué au paragraphe précédent, devront être regroupées sous des « fonctions titres ».

Ce regroupement permettra de les simplifier. Elles deviendront les premiers **critères qualitatifs** de définition de la « fonction titre » sous laquelle elles auront été classées.

f) Les fonctions provenant de plusieurs analyses fonctionnelles seront associées au sein d'une même liste, avant d'être restructurées.

Comme nous l'avons indiqué dans le cycle de vie du produit, les étapes clés vont avec l'analyse séquentielle générer plusieurs analyses fonctionnelles. Il faudra grouper toutes ces fonctions. On le fera à partir des différents vracs spécifiques à chaque analyse fonctionnelle.

**Les règles retenues**

Travailler en deux temps.

1$^{er}$ temps : Procéder à une recherche exhaustive des fonctions avec l'outil Rosace.

Laisser au groupe de travail la possibilité de s'exprimer librement. De nouvelles fonctionnalités apparaîtront.

2$^e$ temps : Analyser et effectuer la synthèse des fonctionnalités que devra assurer le produit par un regroupement.

Ce regroupement des fonctions permet :

De reclasser les fonctions réelles du futur produit.

D'assurer une définition rigoureuse de leur définition (en corrigeant ou en modifiant le texte).

De faire apparaître les premiers critères qualitatifs.

De valider les fonctions et les premiers critères.

Dans le cas de plusieurs analyses fonctionnelles pour un même produit, la synthèse des vracs s'effectuera lors d'un seul et unique compactage pour assurer la définition de toutes les fonctions.

## 2 - Le compactage

D'après les remarques énoncées précédemment, il faut d'abord vérifier les redondances, puis regrouper les fonctions. Pour ce faire, on procède de la façon suivante :

Prendre la première fonction de la liste avec les suivantes dans l'ordre d'inscription. Chaque fois qu'une affinité est décelée, on note le numéro à côté de la fonction de base. On raye ensuite de la liste, la fonction qui a été intégrée. On procède de la même façon pour la fonction suivante et ainsi de suite jusqu'à ce que l'on ait épuisé toutes les fonctions de la liste.

Après avoir effectué le compactage, on se trouve en présence de plusieurs « lots de fonctions ». Pour chacun d'entre eux, il faut en extraire la fonction prépondérante qui deviendra « la fonction titre » sous laquelle les autres fonctions seront regroupées. Celle-ci deviendra une fonction réelle du produit.

Il arrive assez fréquemment que dans l'étape de regroupement des fonctions soient isolées. Cette indépendance est normale, dans ce cas on conserve le libellé de la fonction.

Les outils de l'analyse fonctionnelle

Les sous-fonctions réunies sous la "fonction titre" se transforment en critères. Pour cela, il suffit de trouver un terme, sous la forme d'un mot ou un assemblage de mots, qui soit représentatif de cette ancienne fonctionnalité.

Ces critères deviennent les premières définitions qualitatives des fonctions réelles du produit. Comme nous le verrons par la suite, dans l'outil de caractérisation (p. 163), il sera nécessaire de les compléter.

Dans le cas de plusieurs analyses fonctionnelles, on regroupe les vracs de fonctions, puis on procède de la même façon que précédemment.

## 3 - Vrac et compactage à partir de l'outil Cible

*Exemple : Une crémaillère perforée se fixant au mur pour soutenir des rayonnages.*

### Outil cible

Deux étapes clés traitées simultanément : Produit en phase de montage et d'utilisation.

| Eléments au contact | Eléments proches | Eléments éloignés |
|---|---|---|
| Le monteur | Les charges | Les normes |
| L'utilisateur | Le local | L'esthétique |
| Le mur | Le mobilier | Les agents agressifs |
| Les vis | Les chevilles | |
| Les outils de montage | | |
| Les consoles | | |

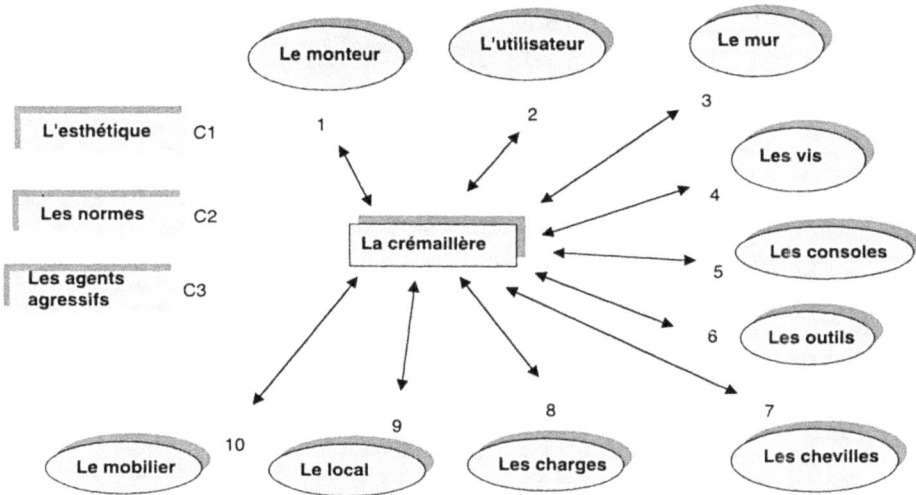

## Le vrac des fonctions

1.3 Effectuer un tracé au mur.

1.4 Monter les vis.

1.5 Placer les consoles.

1.6 Disposer des outils nécessaires.

1.6 Percer les trous.

1.7 Enfoncer les chevilles.

1.8 Supporter les charges.

1.9 Avoir la surface de montage nécessaire.

1.10 S'intégrer dimensionnellement dans le mobilier environnant.

2.3 Ranger facilement les objets (charges).

2.4 Ne pas voir les vis de fixation.

2.5 Pouvoir déplacer les consoles.

2.8 Ne pas excéder les charges prescrites.

2.9 Disposer d'un volume de passage ergonomique.

2.10 Permettre un rangement ordonné.

3.4 Disposer de chevilles adaptées au matériau des murs.

3.5 Supporter différentes consoles avec les charges.

Les outils de l'analyse fonctionnelle

3.6 Avoir des chevilles de sections différentes correspondantes aux vis.

3.7 S'adapter aux déformations géométriques des murs.

3.8 Être de longueurs différentes en fonction des murs.

4.5 Masquer les têtes de vis pour le passage des consoles.

4.6 Disposer de tournevis pour les vis.

4.7 Avoir un trou de diamètre correspondant aux vis.

4.8 Résister à l'effort de cisaillement sur les vis.

5.6 Monter les consoles sans outil.

5.8 Résister aux points d'accrochages et d'appuis aux charges des consoles.

6.7 Repérer les trous de perçage pour les chevilles.

7.8 Avoir des chevilles résistantes aux charges.

**Le compactage et le reclassement des fonctions**

Regroupement.

> Regroupement par affinités des fonctions provenant du vrac.

1.3  1.4  1.6  1.7  3.4  3.6  4.6  6.7  7.8

Ces 9 fonctions concernent les éléments et les outils nécessaires au montage du produit. Ce ne sont pas des fonctions d'usage directement liées à la conception du produit.

La fonction de synthèse est la suivante :

> Fonction titre

**F1 Permettre un montage rapide du produit.**

**Ergonomie** facilité de manipulation.

**Poids** de la crémaillère.

**Dimensions**, longueur, largeur.

**Outillage** (perceuse, foret, mètre, crayon, équerre, niveau, marteau, tournevis)

> Définition des premiers critères provenant des sous-fonctions après transformation du libellé

**Chevilles et vis** (adaptées en fonction du matériau du mur de diamètres différents).

**Notice de montage.**

**Documentation générale** (sur la gamme de produit ).

**Temps de montage.**

Regroupement.

1.5   2.5   5.6

Ces trois fonctions sont liées à la mise en place des consoles et à leurs différents réglages.

**F2 Assurer la mise en position des consoles et autres accessoires.**

**Nombres de consoles** pouvant se monter par crémaillère.

**Dimensions** des différents types de consoles (en pas de 32mm).

**Accrochage et décrochage** facile.

**Réglage de distance** entre consoles.

**Accessoires** s'adaptant sur les crémaillères.

Regroupement.

1.8   2.8   3.5   4.9   5.8

Ces quatre fonctions sont relatives aux charges et forces qui en découlent.

**F3 Supporter les charges.**

**Cisaillement** en ce qui concerne trous de vis distance et couple.

**Répartition des charges** sur la longueur de la crémaillère.

**Charges maximales** par crémaillère.

**Couple d'arrachement** par rapport aux fixations dans le mur.

**Déformation et poinçonnement** de la crémaillère aux contacts avec les consoles.

Regroupement.

1.9   1.10   2.3   2.9   2.10   3.7   3.8   4.7

Ces huit fonctions dépendent de la fixation au mur.

**F4 Se fixer au mur.**

**Géométrie et rectitude** du mur.

**Distance** entre les crémaillères.

**Nombre de crémaillères** en fonction de la surface du mur et du mobilier environnant.

**Organisation et implantation** du dispositif rangement.

**FC1 Etre esthétique.**

**Couleur** en harmonie avec le mobilier.

**Forme.**

**Logo** du fournisseur.

**Image de marque de la société.**

**Masquer** les vis de fixation.

**FC2 Résister aux agents agressifs.**

**Produits de nettoyage.**

**Lumière.**

**Chocs et rayures, frottements.**

**Transport.**

**Installation.**

**Déplacement** des crémaillères pour remontage.

**FC3 Assurer la conformité aux normes**

**Sécurité.**

**Mécanique.**

**Homologations.**

**Certifications.**

**Qualification.**

**Règlements.**

Schéma pour un seul vrac d'analyse fonctionnelle.

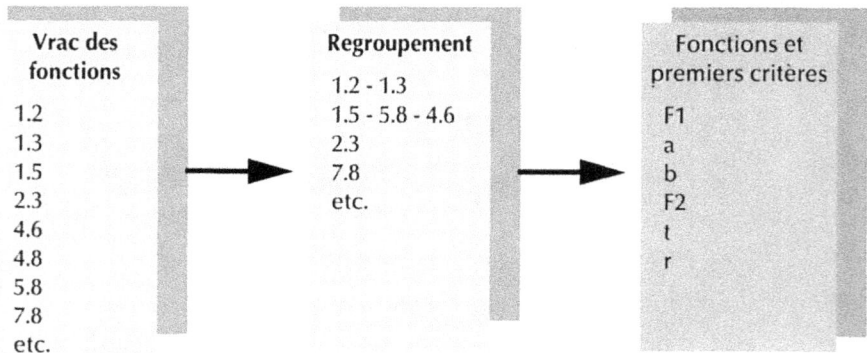

| Vrac des fonctions | Regroupement | Fonctions et premiers critères |
|---|---|---|
| | 1.2 - 1.3 | |
| 1.2 | 1.5 - 5.8 - 4.6 | F1 |
| 1.3 | 2.3 | a |
| 1.5 | 7.8 | b |
| 2.3 | etc. | F2 |
| 4.6 | | t |
| 4.8 | | r |
| 5.8 | | |
| 7.8 | | |
| etc. | | |

4 Schéma avec plusieurs vracs d'analyse fonctionnelle.

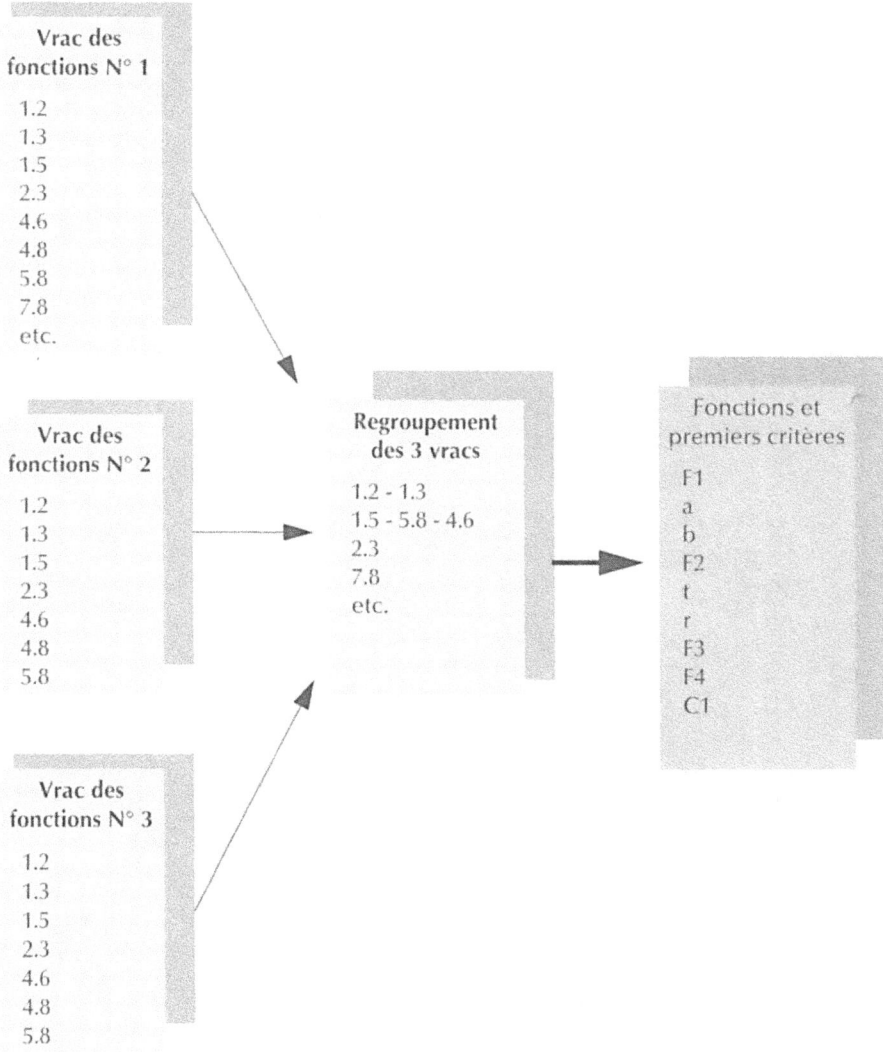

**Vrac des fonctions N° 1**

1.2
1.3
1.5
2.3
4.6
4.8
5.8
7.8
etc.

**Vrac des fonctions N° 2**

1.2
1.3
1.5
2.3
4.6
4.8
5.8

**Vrac des fonctions N° 3**

1.2
1.3
1.5
2.3
4.6
4.8
5.8

**Regroupement des 3 vracs**

1.2 - 1.3
1.5 - 5.8 - 4.6
2.3
7.8
etc.

**Fonctions et premiers critères**

F1
a
b
F2
t
r
F3
F4
C1

# CARACTÉRISATION DES FONCTIONS

## Recherche de critères

Les critères d'appréciation sont des éléments qui permettent de qualifier une fonction par des informations complémentaires.

Un concepteur à partir d'une fonction, c'est-à-dire d'un verbe et d'un complément, ne dispose pas d'informations suffisantes pour développer son produit. Il devra **caractériser ses fonctions.**

Cette opération consiste à déterminer les critères, puis à définir pour chacun d'entre eux, les niveaux et flexibilités correspondantes.

La norme EN 1325 1 de 1996 définit ces points et propose un tableau de présentation récapitulatif.

## FORMULATION D'UNE FONCTION

FONCTION ⟹ ECLAIRER LA ROUTE LA NUIT

VERBE ——→        ←—— COMPLEMENT

**F1 ECLAIRER LA ROUTE LA NUIT**

| CRITERES | NIVEAUX | INDICE | FLEXIBILITE | |
|---|---|---|---|---|
| | | | LIMITES D'ACCEPTATION | TAUX D'ECHANGE |
| PUISSANCE | 20 Watts | F0 | | |
| DISTANCE | 10 Mètres | F1 | 8 M Minimum | Si 15M le client |
| ANGLE D'ECLAIRAGE | 60 Degrés | F1 | + ou - 5° | paiera 50 FR |

CARACTERISATION DE LA FONCTION

Dans la littérature sur l'AV, on ne donne pas ou peu d'informations, sur des outils capables de chercher les critères d'une fonction.

Nous proposons quelques possibilités pour trouver les critères :

Par expérience d'après les compétences des spécialistes.

Par analogie avec un produit existant en analysant les performances.

D'après un précédent cahier des charges sur un produit identique (ou d'une famille apparentée).

Par concassage des mots de la fonction (technique de créativité).

Par utilisation de l'outil Rosace avec des actions réciproques entre les acteurs d'environnement et le produit.

## 1 - Technique de concassage

Exemple d'application en concassage sur la fonction : Eclairer la route la nuit.

Chaque mot de la phrase est soumis à un concassage par le groupe. Les membres du groupe proposent leurs idées, l'animateur relance la recherche par des analogies.

A quoi fait penser le terme éclairer dans le cadre de la fonction ?

Réponses du groupe :

Lumière, puissance, lumen, faisceau, jour, net, clarté, mi-obscur, légèreté du système, etc.

A quoi fait penser le terme route dans le cadre de la fonction ?

Réponses du groupe :

Ruban noir, largeur, longueur, fossés, bas-côtés, bosses, chocs, vibrations, etc.

A quoi fait penser le terme nuit dans le cadre de la fonction ?

Réponses du groupe :

Obscurité, ténèbres, heure de tombée du jour, baisse de lumière avant l'orage, hiver nuit plus longue, etc.

En synthèse, d'après les idées émises, le groupe dégage les critères suivants pour la fonction :

Nombre de lumens à fournir          de lumens et jour.

Puissance à mettre en œuvre          de faisceau, et clarté.

Poids du dispositif          de légèreté.

Volume et dimensions du dispositif          de légèreté bas-côtés.

Résistance          de chocs et vibrations.

Etc.

## 2 - Actions acteurs /produit avec la Rosace

A partir de l'outil **Rosace de fonction.** On procède à une recherche exhaustive des critères. On emploie un principe d'actions réciproques entre les acteurs d'environnement et l'acteur produit pour chaque fonction.

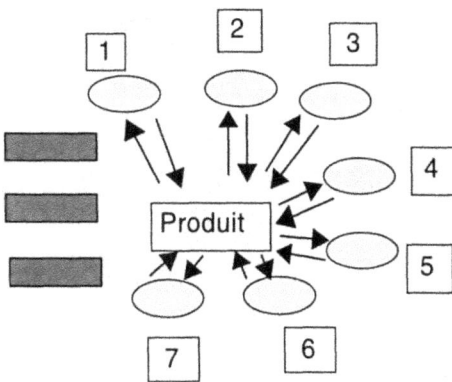

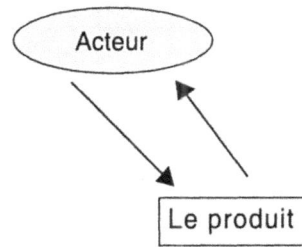

Les questions à poser sont les suivantes :

Pour la fonction considérée :

Trouve-t-on, une ou plusieurs actions du produit sur l'acteur d'environnement ?

Réciproquement :

L'acteur d'environnement crée-t-il une ou plusieurs actions sur le produit ?

> *Exemple : Etude d'un service à raclette en phase d'utilisation pour la recherche de critères de la fonction : F1 Permettre l'introduction de la coupelle et son fromage.*

> *Cette fonction provient de l'interaction des acteurs 1 et 2 et du produit.*

Les outils de l'analyse fonctionnelle

*Nous ne traiterons que les relations avec deux acteurs seulement, en cherchant les actions réciproques.*

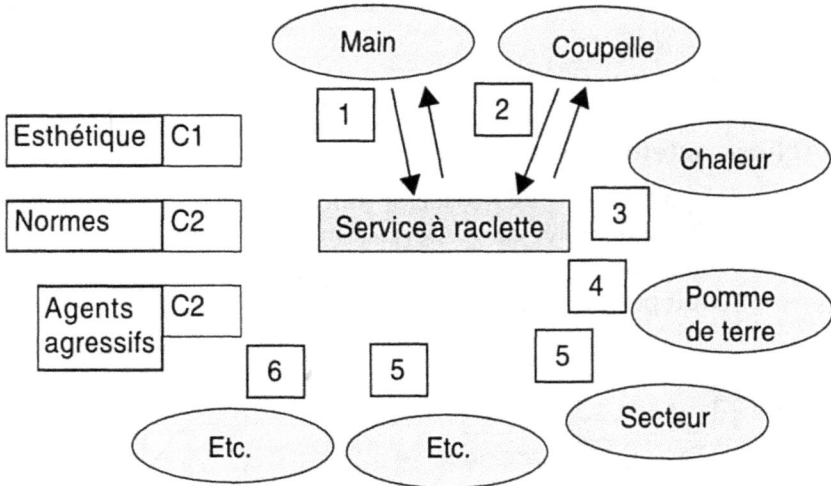

*Pour la fonction : F1 Permettre l'introduction de la coupelle et son fromage.*

*Quelles sont les actions ?*

*Action : de 1 la main sur le produit > Ergonomie de préhension et de manipulation, poids fromage plus poids coupelle, rayer la peinture en cas de maladresse, renverser le fromage.*

*Réciprocité : du produit sur 1 la main > guidage à l'introduction coupelle, brûlure de la main.*

*Action : de 2 coupelle sur le produit > dimensions et volume à l'introduction, capacité de contenir le fromage.*

*Réciprocité : Du produit sur 2 coupelles > Maintien des coupelles, positionnement des coupelles entre elles, nombre de coupelles supportées, distance des coupelles au corps de chauffe.*

*Nous ne ferons pas le tour de tous les acteurs, mais en effectuant une synthèse sur seulement deux acteurs, nous écrivons les critères suivants :*

*Fonction: F1 Permettre l'introduction de la coupelle et son fromage.*

*Ergonomie de préhension.*

*Ergonomie de manipulation.*

*Stabilité.*

*Poids.*

*Forme et dimensions.*

*Capacité de contenance.*

*Formes et matériaux évitant les coupures et rayures.*

*Protection contre les brûlures.*

*Protection contre les salissures.*

*Nombre de coupelles à introduire.*

*Facilité et guidage d'introduction.*

*Positionnement des coupelles dans l'appareil.*

*Distance au corps de chauffe.*

Cette liste n'est pas exhaustive ! Nous n'avons traité que deux acteurs.

Comme le lecteur peut le constater, cette recherche est assez performante, on risque de découvrir un nombre important de critères. C'est pourquoi, après avoir traité l'ensemble des acteurs, le groupe de travail devra **ensuite sélectionner et valider les critères qu'il souhaite retenir pour chaque fonction.**

Les diverses possibilités de relations entre le produit et ses acteurs sont :

Aucune relation (pas de critères).

Une relation du produit vers l'acteur (unidirectionnel, au moins un critère).

Une relation de l'acteur vers le produit (unidirectionnel, au moins un critère).

Une relation dans les deux (sens bidirectionnel, plusieurs critères).

Cette recherche de critères peut s'effectuer suivant deux modes :

### Mode 1

On traite fonction par fonction, ce qui oblige à refaire chaque fois le tour de tous les acteurs (si 8 fonctions 8 fois le tour des acteurs). Ce qui vient d'être présenté.

### Mode 2

Par distributivité, pour chaque action acteur/produit, on balaye les fonctions l'une après l'autre, et on distribue les critères par fonction. Dans ce cas, on n'effectue qu'une seule fois le tour des acteurs, on fait tourner les fonctions.

# LA HIÉRARCHISATION DES FONCTIONS

La hiérarchisation des fonctions consiste à effectuer un ordonnancement de la valeur des fonctions, suivant le point de vue que l'on se fixe, client ou fournisseur.

C'est un classement des fonctions par le client suivant : **l'intérêt porté ou la valeur** qu'il attribue à chaque fonction. On traduit parfois ceci par : **le prix qu'il est prêt à payer.**

Ce classement s'effectue sous trois formes :

Par enquêtes marketing.

Par outil de notation (Delphi ou méthode d'experts).

Par outil de comparaison (type tri croisé ou similaire).

## 1 - Les outils à utiliser

Nous rappelons que l'objectif est d'obtenir du client « Le prix qu'il est prêt à payer pour chaque fonction » ou « l'intérêt porté à chaque fonction, par rapport à ses besoins ».

### Enquêtes du type marketing

A partir de l'Analyse Fonctionnelle, les possibilités sont les suivantes :

1. Si l'entreprise dispose des moyens nécessaires, procéder à une enquête interrogative auprès d'un panel de clients ciblés par le marketing (nombre important de clients).

Le client comprend difficilement le vocabulaire fonctionnel.

Le marketing préparera un questionnaire adapté. Les fonctions seront exprimées dans un langage compréhensible par la clientèle.

L'interrogation des clients peut s'effectuer par enquête téléphonique ou par courrier.

2. Si l'on dispose de moyens plus faibles, on réunit une dizaine de clients sélectionnés. On leur demande de répondre à un questionnaire établi en expliquant oralement la signification de chaque question ou on emploie un des outils décrits par la suite.

Les outils de l'analyse fonctionnelle

### Enquêtes internes

1. On procède à un classement, en réunissant au sein de l'entreprise, des personnes qui sont en contact avec les clients. Exemple : marketing, commerciaux, SAV, etc. (environ 6 à 10 personnes).

Ces gens se placent dans « la peau » du client. On utilise ensuite un des outils décrits ci-après.

2. Le groupe de travail est généralement le moyen le plus utilisé pour ce genre d'approche. Les membres du groupe s'identifient au client et répondent en son nom. L'animateur doit être très vigilant, car le groupe dérive. Il a tendance à tenir le raisonnement d'un concepteur au lieu de celui d'un client. Ce qui peut fausser les résultats.

3. Il est parfois judicieux d'effectuer des regroupements suivis de réajustements. C'est-à-dire, faire établir plusieurs hiérarchisations, une par le groupe AV, une autre séparément par le groupe Marketing d'une part, le groupe commerciaux de l'autre et le groupe SAV, séparément.

Analyser les résultats, et les réajuster si nécessaire par des corrections appropriées.

### Matrice par notation

C'est une notation individuelle par fonction, avec synthèse collective suivie d'une discussion sur les écarts. On demande individuellement à chaque membre du groupe de mettre une note comprise entre 1 et 10 correspondant à « l'intérêt » ou à la « valeur » apportée à chaque fonction.

(On peut également attribuer à chaque personne un total de points à répartir. Ex : 100 points)

Pour éviter toute influence, on empêche les personnes de communiquer.

On trace la matrice, et on reporte les notes.

Pour chaque fonction, on regarde s'il y a un écart très important entre les notes. On s'interroge sur cet écart. Après discussion, si nécessaire, une correction est faite.

Ensuite, effectuer le total de points, et passer les résultats en %.

| Noms | F1 | F2 | F3 | F4 | C1 |
|------|-----|-----|-----|-----|-----|
| Armelle | 4 | 6 | 4 | 8 | 2 |
| Paul | 9 | 7 | 5 | 7 | 3 |
| Régis | 5 | 8 | 4 | 9 | 2 |
| Didier | 5 | 6 | 2 | 8 | 3 |
| Roland | 6 | 5 | 9 | 8 | 2 |
| Jean-Pierre | 2 | 6 | 4 | 9 | 3 |
| Christiane | 5 | 6 | 5 | 7 | 3 |
| Total | 36 | 44 | 33 | 56 | 18 |
| % | 19 | 23 | 18 | 30 | 10 |

Interroger Paul et Jean-Pierre Pourquoi ? Les notes de 2 et 9 Maintien des notes ou correction ?

Notes 1 à 10

Interroger

## Tri Croisé

C'est une technique collective avec consensus du groupe. On compare systématiquement deux par deux toutes les fonctions, puis on évalue les poids respectifs.

Tracer la grille, donner le barème de mesure des écarts.

Traiter avec tout le groupe case par case.

Pour chaque intersection :

a) Indiquer la fonction la plus importante.

Indiquer dans la case le N° de la fonction prioritaire.

b) Mesurer l'écart suivant le barème (1, 2, ou 3). L'égalité (le 0) est à éviter.

Porter la valeur de l'écart.

c) Calculer le poids de chaque fonction en faisant le total en colonne et ligne.

d) Calculer le poids en % afin d'effectuer le diagramme.

Les outils de l'analyse fonctionnelle

| | F2 | F3 | F4 | F5 | F6 | C1 | Total | % |
|---|---|---|---|---|---|---|---|---|
| F1 | F2 3 | F1 1 | F1 1 | F5 3 | F6 3 | F1 2 | 4 | 8 |
| F2 + | | F3 3 | F2 3 | F2 1 | F2 2 | C1 1 | 9 | 18 |
| F3 | | | F4 3 | F5 3 | F6 3 | C1 1 | 3 | 6 |
| F4 | | | | F5 3 | F6 3 | F4 2 | 5 | 10 |
| F5 | | | | | F6 3 | F5 3 | 12 | 24 |
| F6 + | | | | | | F6 3 | 15 | 30 |
| C1 | | | | | | | 2 | 4 |
| | | | | | | | 50 | |

Ecart

0 si égalité
1 Ecart faible
2 Ecart moyen
3 Ecart fort

## Pourcentage de Hiérarchisation

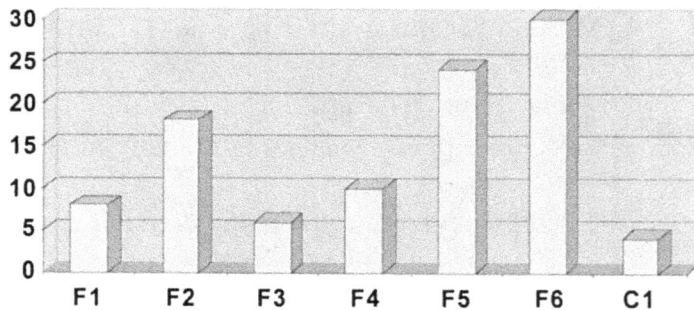

### Tri croisé corrigé

|  | F2 | F3 | F4 | F5 | Points | % |
|---|---|---|---|---|---|---|
| **F1** | F1 3 | F1 2 |  |  | 20 | 27,39 |
|  | F2 |  |  |  | 25 | 34,25 |
|  |  | F3 |  |  | 10 | 13,14 |
|  |  |  | F4 |  | 18 | 24,36 |
|  |  |  |  | F5 | 0 | 0 |
|  |  |  |  | **Total** | 73 | 100 |

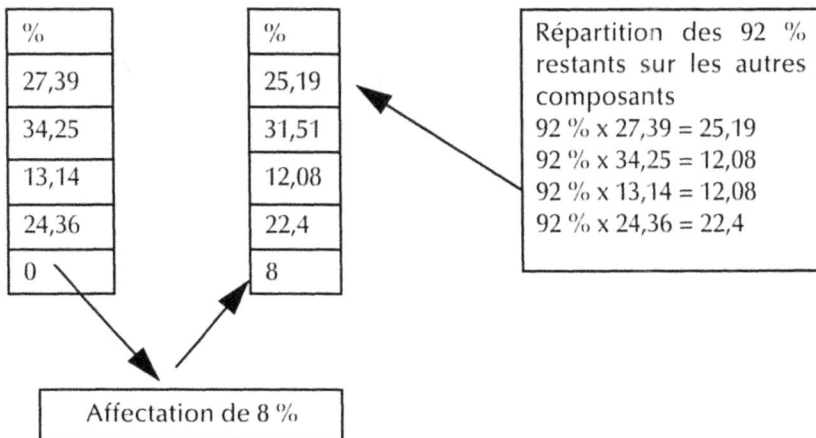

Dans l'éventualité où un composant a un zéro ce qui voudrait dire une valeur nulle (ce qui n'est pas acceptable), on attribue un % d'existence correspondant à une réalité de terrain.

Par exemple si on affecte 8 % à F5 qui avait 0.

On affecte les 92 % restants sur les autres composants.

|  | F2 | F3 | F4 | F5 | Points | % |
|---|---|---|---|---|---|---|
| **F1** | F1 3 | F1 2 |  |  | 20 | 27,39 |
|  | F2 |  |  |  | 25 | 34,25 |
|  |  | F3 |  |  | 10 | 13,14 |
|  |  |  | F4 |  | 18 | 24,36 |
|  |  |  |  | F5 | 0 | 0 |
|  |  |  |  | **Total** | 73 | 100 |

| % |
|---|
| 27,39 |
| 34,25 |
| 13,14 |
| 24,36 |
| 0 |

| % |
|---|
| 25,19 |
| 31,51 |
| 12,08 |
| 22,4 |
| 8 |

Répartition des 92 % restants sur les autres composants
92 % x 27,39 = 25,19
92 % x 34,25 = 12,08
92 % x 13,14 = 12,08
92 % x 24,36 = 22,4

Affectation de 8 %

Les outils de l'analyse fonctionnelle

# ANALYSE FONCTIONNELLE

## Procédure générale

## 1 - Objectifs

Donner la procédure à suivre pour réaliser une analyse fonctionnelle (celle-ci intègre tous les outils développés précédemment).

Les phases 1 orientation d'action et 2 recherche d'environnement servent à recenser tous les acteurs d'environnement qui interviendront dans l'analyse fonctionnelle sous forme de check-list.

La phase 2 utilise six outils dont le cycle de vie et les analyses séquentielles qui permettent de déterminer le nombre d'analyses fonctionnelles à effectuer.

La Rosace des fonctions, les vracs, la recherche de critères servent à trouver les fonctions et à les caractériser.

## 2 - Procédure à suivre pour procéder à l'AF avec la Rosace des fonctions

1. D'après la check-list, procéder à la phase d'orientation (Utilisation outil CBOE).
2. D'après la check-list, procéder à la phase de recherche d'informations (Utilisation des outils : CBOE, Chaîne des clients, Enquêtes, OTTP).
3. Etablir le cycle de vie.
4. Identifier les étapes clés.
5. Procéder à l'Analyse séquentielle de chaque étape clé.
6. Identifier le nombre de Rosaces, d'Analyses Fonctionnelles à exécuter.
7. Définir les limites d'étude du produit.
8. Pour chaque Rosace, chercher les acteurs d'environnement (outil cible).

9. Construire les Rosaces, placer les acteurs d'environnement et les acteurs contraintes.

10. Numéroter les acteurs, sauf les contraintes.

11. Chercher exhaustivement les interactions, en associant systématiquement tous les acteurs d'environnement deux à deux, avec l'acteur produit.

12. Coder, en libellant les fonctions.

13. Compacter et réduire les fonctions en les combinant systématiquement deux à deux.

14. Eliminer les redondances, ou renommer si utile.

15. Faire apparaître les premiers critères (conserver la codification).

16. Valider les fonctions CBOE.

17. Chercher les critères (exhaustivement outil de recherche des critères).

18. Sélectionner les critères en éliminant ceux jugés inutiles à la fonction.

19. Valider les critères.

20. Remplir les tableaux d'Analyse fonctionnelle (critères, niveaux, flexibilité).

Si d'après les Etapes Clés et les Analyses séquentielles, plusieurs Rosaces sont nécessaires, regrouper les Fonctions de diverses Rosaces dans un seul vrac.

**Remarques importantes**

Le modèle fonctionnel est conçu à partir d'un produit déjà réalisé. Il est plus facile pour un individu de s'appuyer sur du concret et à la suite d'extrapoler vers une modélisation abstraite des fonctions.

On prend généralement un produit de l'entreprise, mais tout autre produit concurrent permettrait d'aboutir aux mêmes résultats fonctionnels.

Dans le cas d'un produit entièrement nouveau, il est beaucoup plus difficile de modéliser, car on ne peut s'appuyer sur aucun élément existant.

Phase 1 orientation de l'action

Phase 2 Recherche d'informations

Outils
CBOE
Chaîne des clients
Enquêtes
Organigrammes
Cycle de vie
Analyses séquentielles

Cycle de vie

Etape

Etape

Etape

Etape        Etape

Etape

Etape clé

Etape clé

Etape clé

Etape

Etape

Recherche des acteurs d'environnement

Classement dans La Cible

Recherche de fonctions Rosaces

Analyse Séquentielle
Xxxxxxxxxx
Xxxxxxxxxx
Xxxxxxxxxx
Xxxxxxxxxx

| Centre | Proche | Eloigné |
|--------|--------|---------|
| aaaa | aaaaa | aaaaa |
| bbbb | bbbb | bbbbb |
| cccc | cccc | |
| ffff | | |

Vrac des fonctions

1.2
1.3
1.5
2.3
4.6
4.8 - 5.8
7.8
etc.

Analyse Séquentielle
Xxxxxxxxxx
Xxxxxxxxxx
Xxxxxxxxxx
Xxxxxxxxxx

| Centre | Proche | Eloigné |
|--------|--------|---------|
| aaaa | aaaaa | aaaaa |
| bbbb | bbbb | bbbbb |
| cccc | cccc | |
| ffff | | |

Analyse Séquentielle
Xxxxxxxxxx
Xxxxxxxxxx
Xxxxxxxxxx
Xxxxxxxxxx

| Centre | Proche | Eloigné |
|--------|--------|---------|
| aaaa | aaaaa | aaaaa |
| bbbb | bbbb | bbbbb |
| cccc | cccc | |
| ffff | | |

Regroupement

1.2 - 1.3
1.5 - 5.8 - 4.6
2.3 - 7.8
etc.

Sélection
Validation
des critères

Validation des fonctions
CBOE

Cause
Besoins
Objectifs
Eléments

Recherche de critères

Fonctions et premiers critères

F1
c1
b1
F2
c1
c2
F3
F4
C1

etc.

Tableaux fonctionnels
Fonction F1 Eclairer la route la nuit

| Critères | Niveaux | Indices | Limites d'acceptation | Taux d'échange |
|----------|---------|---------|----------------------|----------------|
| C1 | 10s | | | |
| C2 | | | | |
| C3 | 8trmn | | | |
| C4 | 5 kg | | | |

**Tableau synoptique de synthèse de la procédure à suivre pour réaliser l'Analyse Fonctionnelle**

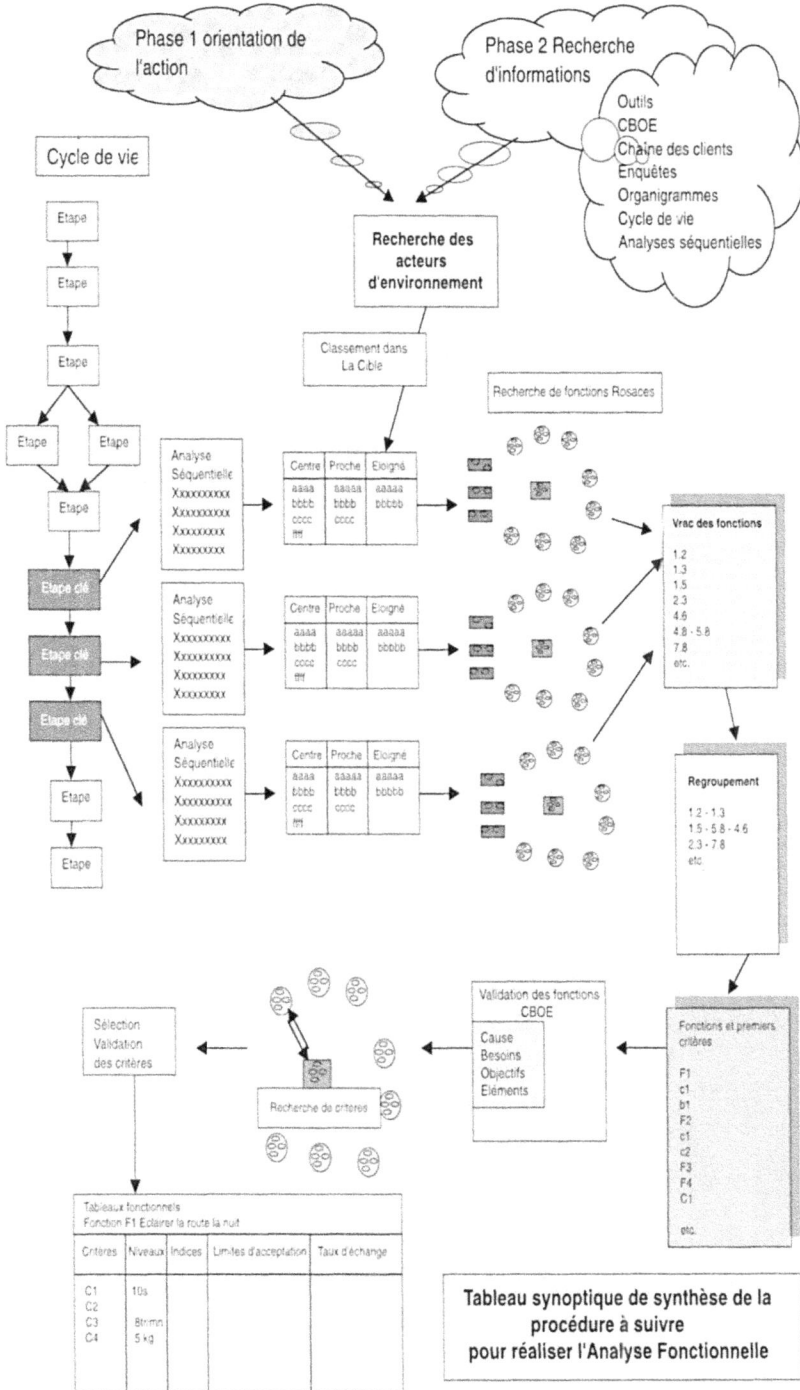

Les outils de l'analyse fonctionnelle

# LE CAHIER DES CHARGES FONCTIONNEL

## Constitution et rédaction

Suivant la définition de la norme X50 - 151, le cahier des charges fonctionnel est un document par lequel le Demandeur exprime son besoin, sous forme de fonctions de service et de contraintes. Pour chacune d'elles on définit des critères d'appréciation et leurs niveaux.

Chaque niveau est assorti d'une flexibilité.

Le CdCF est un dossier de synthèse des travaux effectués par le groupe de travail, il regroupe les informations et documents des phases :

LE CONTENU
- Le produit et son marché
- Le contexte du projet, les objectifs
- L'énoncé fonctionnel du besoin
- Le cycle d'utilisation du produit
- L'identification de son environnement
- L'énoncé des fonctions de services et des contraintes
- L'appel à variantes
- Le cadre de réponse

CdCF

1   Orientation de l'action.

2   Recherche d'informations.

3   Analyse fonctionnelle.

Il :

Décrit les besoins.

Indique les zones d'incertitude, ou d'expression du besoin.

Précise les contraintes.

Laisse le concepteur libre et responsable de ses solutions.

Favorise le dialogue d'optimisation de la Valeur entre les partenaires.

**Le CdCF est flexible et évolutif par itérations, il permet d'optimiser les coûts /performances.**

## 1 - L'élaboration d'un CdCF

On considère qu'il est évolutif. Il évolue par itérations, se complète au fur et à mesure du développement du projet.

Les outils de l'analyse fonctionnelle

Plusieurs éditions seront effectuées avant d'aboutir à un cahier des charges de définition permettant la mise en industrialisation du produit.

A titre d'exemple voici diverses rubriques à introduire dans la partie constitutive du CdCF.

### 1 - Présentation du problème

Synthèse d'Informations venant des cahiers des charges :

Décideurs.

Marketing.

Chef de projet.

Client.

Appel d'offres.

Autres.

etc.

#### 1-1- Le produit

Besoin principal.

Services attendus.

Concept général.

Mise en situation.

Description globale.

Description détaillée.

Les composants.

Les produits concurrents.

Limites d'étude.

Produits similaires de la société.

Contraintes techniques.

etc.

#### 1-2- Le marché

Les clients, leurs besoins.

Les pays concernés.

Marché actuel et potentiel.

Prévision de vente et progression.

Prix de revient.

Produits concurrents (liste et part de marché).

Analyse de risques.

Espérance de vie produit.

Stratégie en SAV.

Stratégie de vente.

Confidentialité (commerciale).

etc.

### 1-3- *Contexte du projet*

Les objectifs visés ⟶ ➤ Coûts.
Commerciaux.
➤ Délais.

Délais.

Evénements.

Constitution du groupe.

Partenaires.

Confidentialité (étude).

Obligations réciproques.

Limite de l'étude.

Contrainte de l'étude.

Phase de développement.

Evolution future.

Design.

Outils méthodologiques.

Etc.

### 1-4- *Les moyens*

Financiers ➤ Budget Global alloué au projet.
Découpage du budget, répartition des coûts.

Matériels ➤ Description détaillée des moyens techniques à mettre en œuvre.

Humains ➤ Personnel nécessaire.

Les partenaires qui seront associés à l'étude.

Les outils de l'analyse fonctionnelle

## 2 - Enoncé fonctionnel du besoin

### 2 -1 Recherche d'environnement du produit

Liste des éléments traités dans la check-list de la phase 2 de l'AV.

(Brevets, Normes, Cycle de vie, analyses séquentielles, etc.).

### 2 -2 Recherche de fonctions

Outils et méthodes de recherche de fonctions.

### 2 -3 Présentation d'un tableau d'analyse fonctionnelle

Synthèse des fonctions.

Caractérisation des fonctions.

(critères, niveaux, flexibilité).

Validation des fonctions.

Hiérarchisation des fonctions.

## 3 - Appel à variantes

Ouverture sur d'autres expressions fonctionnelles par des partenaires, des concepteurs, des fournisseurs.

Possibilités de proposer des fonctionnalités nouvelles ou des solutions innovantes ou différentes.

## 4 - Cadre de réponse

Pour faciliter le dépouillement, l'évaluation des propositions, et leurs comparaisons (devis, appel d'offres, etc.).

### 4-1- Exécution d'une grille d'évaluation fonctionnelle

Celle-ci est préparée pour faciliter le dépouillement des réponses à la suite d'un appel d'offres ou de devis.

### 4-2- Cadre permettant l'expression libre

Options, Variantes, Evolutions, etc.

# 2 - Les divers cas d'utilisation du CdCF

Le CdCF est utilisé à différentes fins dans des situations diverses, voir la norme X50-151 qui les décrit dans le détail. On peut également extraire des sous-parties du CdCF pour consultation ou extrapoler un CdCF spécifique pour une activité particulière par exemple pour l'exécution du design d'un produit.

# MATRICE COÛTS /FONCTIONS

La matrice coûts/fonctions est un outil spécifique à l'Analyse de la Valeur. Il permet de déterminer le coût de chaque fonction du produit.

La décomposition des coûts par fonction permet d'analyser les composants du produit et de classer par ordre d'importance, les coûts relatifs à chaque fonction.

Ce classement est différent de celui obtenu par la hiérarchisation des fonctions. Nous verrons par la suite, la comparaison des deux dans l'outil diagramme.

L'analyse de la matrice met en évidence des incohérences de conception. Par exemple une fonction de quatrième ordre qui serait plus cher que la fonction principale du produit !

Ce qui se traduit par une mise en œuvre technique d'un coût trop élevé pour cette fonctionnalité.

(voir le graphique à la fin de ce document p. 190).

Quels sont les éléments à prendre en compte dans la composition des grilles Coûts / Fonctions ?

a) La complexité du produit.

b) Le niveau de gain à obtenir.

c) Les composants du produit.

d) Les paramètres que l'on souhaite traiter.

Nous reprendrons chacun de ces points, après avoir vu la constitution d'une grille.

## 1 - Constitution de la grille

Procédure à suivre pour remplir la grille :

1. Procéder au choix des composants a), b), c), d)

2. Déterminer la participation des composants à la fonction (Barre d'attribution).

3. Répartir les coûts réels en %.

4. Calculer la somme en fonction du % d'attribution. Exemple pièce n° 4 (p. 131).

*Les outils de l'analyse fonctionnelle*

**5.** Effectuer le total par colonne pour obtenir le coût de chaque fonction.

**6.** Exprimer en % les totaux sur la dernière ligne, pour comparer les résultats et construire le diagramme.

**Remarques**

Dans certaines situations le composant participe à la fonction. Mais, sa conception ne génère pas obligatoirement un coût complémentaire à attribuer.

Exemple : dans le cas de la matière (acier inox) le choix du matériau a été fait pour résister à la corrosion.

Prenons deux fonctions concernées C1 Etre esthétique et C2 Résister aux agents agressifs.

Le matériau participe aux deux fonctions. Le coût sera attribué à la corrosion, car l'esthétique est directement assurée par la qualité de la matière choisie. Il ne génère pas une dépense supplémentaire. En revanche, si l'on avait dû effectuer une peinture sur l'inox pour l'esthétique, le coût correspondant aurait été affecté à la contrainte C2.

La grosse difficulté de cette répartition consiste à l'évaluation du coût du composant sur les fonctions. Pour cela on utilise les moyens suivants :

- une évaluation des spécialistes du groupe de travail (Méthode dite d'experts).

- méthodes analytiques de décomposition des coûts élémentaires (MTM, temps S, etc.).

- analogie avec des coefficients de similitude.

- des méthodes paramétriques à l'aide de logiciels informatiques.

Les plus couramment utilisés sont les deux premiers.

## 2 - Matrice coûts/Fonctions

| Composants | Coûts | % | F1 | F2 | F3 | C1 | C2 |
|---|---|---|---|---|---|---|---|
| | | | | | | | |
| | | | | | | | |
| | | | | | | | |
| Pièce n° 4 | 300 | | 10 / 30 F | 20 / 60 F | | | 70 / 210 F |
| | | | | | | | |

Colonne des coûts des composants

Colonne de répartition des % pour Ft techniques et procédés

Penser aux critères niveaux et flexibilité de chaque fonction

Colonne des Fonctions ou Contraintes

Coût par Fonction

% par fonction | 100 %

Coût total

La somme de la colonne coûts, doit être égale à la somme de la ligne coût par fonction (contrôle de la grille)

Le choix des éléments de cette rubrique dépend des points a), b), c), précédemment cités

Somme attribuée (pour la ligne Pièce n° 4) Total = 300 F

% attribué à chaque fonction (pour la ligne Pièce n° 4) Total = 100 %

Barre d'attribution du composant à la fonction

## 3 - Etude des éléments à prendre en compte

### a) Complexité du produit

Le produit peut être **simple** ou **complexe**.

Il peut être composé d'ensembles, de sous-ensembles ou de pièces élémentaires, de tâches, etc.

Dans le cas de produits simples, une seule grille suffit.

Dans le cas de produits complexes, on utilise :

Le diagramme de Pareto, 20% des pièces représentant 80% du coût du produit, une seule grille convient.

Des grilles établies par sous-ensembles, composants, tâches, etc., conclure sur une grille de synthèse.

On traite chaque grille séparément. Pour gagner du temps il est préférable de les donner à plusieurs équipes.

Les outils de l'analyse fonctionnelle

| Grilles Ensembles 3 | | | | | |
|---|---|---|---|---|---|
| S. Ens 3 | F1 | F2 | F3 | F4 | C1 |
| Pièce n° 1 | | | | | |
| Pièce n° 2 | | | | | |
| Pièce n° 3 | | | | | |
| etc. | | | | | |
| Coût/Ft | 75 | 30 | 20 | 15 | 98 |

| Grilles Ensembles 2 | | | | | |
|---|---|---|---|---|---|
| S. Ens 2 | F1 | F2 | F3 | F4 | C1 |
| Pièce n° A | | | | | |
| Pièce n° B | | | | | |
| Pièce n° C | | | | | |
| etc. | | | | | |
| Coût/Ft | 10 | 25 | 20 | 40 | 35 |

| Grilles Ensembles 1 | | | | | |
|---|---|---|---|---|---|
| S. Ens 1 | F1 | F2 | F3 | F4 | C1 |
| Pièce n° Q | | | | | |
| Pièce n° L | | | | | |
| Pièce n° M | | | | | |
| etc. | | | | | |
| Coût/Ft | 50 | 20 | 10 | 15 | 20 |

Résultats de 3 — Résultats de 2 — Résultats de 1

| Produit Complet | F1 | F2 | F3 | F4 | C1 |
|---|---|---|---|---|---|
| S. Ensemble 1 | 75 | 30 | 20 | 15 | 98 |
| S. Ensemble 2 | 10 | 25 | 20 | 40 | 35 |
| S. Ensemble 3 | 50 | 20 | 10 | 15 | 20 |
| Coût/Ft | 135 | 75 | 50 | 70 | 153 |

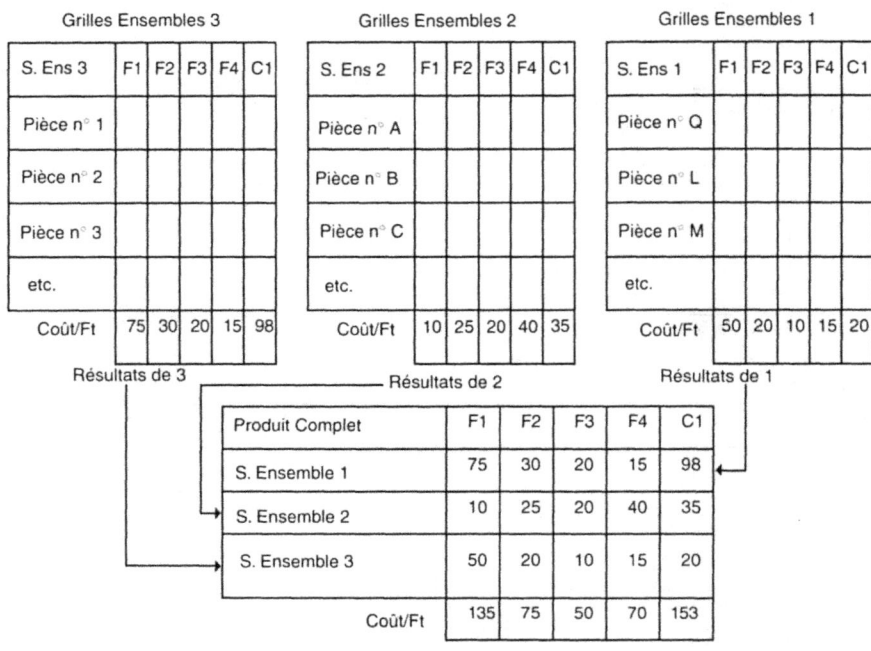

Grille Produit complet (Synthèse).

Exemple : Un produit complexe comporte 3 sous-ensembles ayant eux-mêmes un nombre important de pièces.

On constitue 3 grilles, une par sous-ensemble que l'on traite séparément, mais en gardant **les mêmes fonctions et contraintes.**

Puis on effectue la synthèse du produit complet dans une grille « récapitulative ».

*b) Le niveau du gain à obtenir*

La finesse de l'analyse peut être exécutée suivant 3 niveaux. Le gain dépend de ceux-ci !

Par exemple, dans le cas d'une pièce unique ou de produits conçus avec peu de composants, on traite suivant le niveau 3 qui est le plus détaillé.

**Niveau 1**

Par des pièces, sous-ensembles, lots de tâches, cas le plus courant sur des produits, le niveau d'analyse de répartition des coûts est faible.

| Composants | Coûts | F1 | F2 | F3 |
|---|---|---|---|---|
| Pignon | 80 F | | | |
| Roulement | 98 F | | | |

### Niveau 2

En décomposant les fonctions techniques du produit.

| Composants | % | Coût | F1 | F2 | F3 |
|---|---|---|---|---|---|
| Pignon (coût 80 F) | | | | | |
| Ft1 Centrage | 20 | 16 | | | |
| Ft2 Liaison Clavette | 15 | 12 | | | |
| Ft3 Transmission dents | 65 | 52 | | | |

→ Total 100 % du pignon soit 80 F

Découpage en fonctions techniques

Coût de chaque fonction technique

Répartition en % de chaque fonction technique

### Niveau 3

En détaillant le procédé de fabrication (ou gamme d'analyse détaillée des opérations).

| | % | Coût | F 1 | F 2 | F 3 | F 4 |
|---|---|---|---|---|---|---|
| Pignon 80 F | | | | | | |
| Ebauche flancs et Ø 96 | 3 | 2,4 | | | | |
| Perçage trou Ø 29 | 2 | 1,6 | | | | |
| Alésage trou Ø 30H7 | 6 | 4,8 | | | | |
| Exécution rainure | 4 | 3,2 | | | | |
| Taillage, denture, ébauche | 35 | 28 | | | | |
| Traitement thermique | 10 | 8 | | | | |
| Finition denture | 30 | 24 | | | | |
| Matière première | 10 | 8 | | | | |

Si on le souhaite, on détaille encore plus finement le procédé de fabrication ; par exemple avec les temps de manipulation, les temps de contrôle, etc.

### c) Les composants du produit

Il est indispensable d'effectuer un classement, comme nous l'avons vu précédemment lors de l'analyse générale du produit, avec le graphe d'arborescence du produit (OTP et OTT).

Le classement s'effectue de la façon suivante.

#### 1) Les composants entièrement conçus par l'entreprise

Le groupe de travail doit posséder les plans ainsi que tous les coûts correspondants. Il pourra assurer facilement la répartition des coûts pour chaque fonction.

Par la suite, lors de la conception, il aura toute la maîtrise technique et économique de ce composant.

#### 2) Les composants traités en partenariat

Le groupe doit disposer des éléments nécessaires. Si ce n'est pas le cas, on fait appel au partenaire en l'intégrant au groupe. Celui-ci participe à la répartition des coûts par fonction en apportant les compétences de son entreprise. La reconception est faite en collaboration avec le partenaire.

#### 3) les composants sous-traités

Le groupe possède tous les éléments au niveau étude. Le marché étant traité sur appel d'offres, on ne connaît pas le procédé de fabrication. Ce qui peut entraîner des difficultés lors de la répartition des coûts. Il est donc utile de demander des précisions à l'exécutant.

#### 4) Les composants achetés

Le groupe ne connaît que le coût d'achat du produit. Il est très difficile d'obtenir les coûts internes des composants.

La répartition des coûts par fonction sera estimative, donc subjective (par méthode d'experts).

Les seuls gains que l'on pourra faire plus tard sur le produit dépendront du choix du produit, des quantités, des contrats fournisseur, etc. C'est une des fonctions du service achats de l'entreprise.

Pour aider le service achats, le groupe de travail rédigera un sous-cahier des charges fonctionnel, spécifique à ce ou ces composants, avec tous les critères.

Ce qui permettra d'optimiser l'acquisition dans le rapport coûts /performances.

*d) Les paramètres que l'on souhaite traiter*

Dans la colonne composants, on doit placer les paramètres que l'on souhaite voir apparaître dans les coûts par fonctions.

Par exemple, les matériaux, les traitements thermiques, le montage des pièces, le contrôle, etc.

Ceci permettra d'évaluer leurs coûts pour chaque fonction.

| Composants | Coûts | | F 1 | F 2 | F 3 | F 4 |
|---|---|---|---|---|---|---|
| Pièce n° 1 | 50 | | 10 / 5 | | 30 / 15 | |
| Pièce n° 2 | 120 | | | 60 / 72 | | |
| Assemblage pièces n° 1 et 2 | 12 | de | 20 / 2, 4 | | | 40 / 4, 8 |
| Pièce n° 3 | 40 | | 10 / 4 | | | |
| Traitement thermique de n° 3 | 15 | | | | | |
| | | | | | | |

Les outils de l'analyse fonctionnelle

## Exemple de matrice Coûts/Fonctions (sur quelques composants d'un aspirateur)

| Composants | Coûts | F1 | F2 | F3 | F4 | C1 | C1 |
|---|---|---|---|---|---|---|---|
| | | de chaque élément | | | | % de répartition | |
| Moteur | 50 | 2.5 5% | | 40 80% | 7.5 15% | | |
| Sac papier | 5 | | 3 60% | | 2 40% | | |
| Tube | 15 | 1.5 10% | | 3 20% | | | 10.5 70% |
| Fil | 6 | | 3 50% | | 3 50% | | |
| Total | 76 | 4 | 6 | 43 | 3 | 9.5 | 10.5 |
| % | 100% | 5% | 8% | 57% | 4% | 12% | 14% |

Après identification de la fonction la plus élevée F3 = 57 %
On détermine sur quel composant on doit travailler en priorité : le moteur 40 F.
Par la répartition analytique, on identifie la partie du moteur qui génère ces 40 F : par exemple le stator.
Conclusion : pour réduire le coût il faut travailler en priorité sur le stator du moteur.

Faisons l'hypothèse que F2 est la fonction principale du produit et F3 une fonction de quatrième ordre d'importance. On constate une incohérence technico-économique dans la conception du produit.
F3 est environ 7 fois plus cher que la fonction principale !

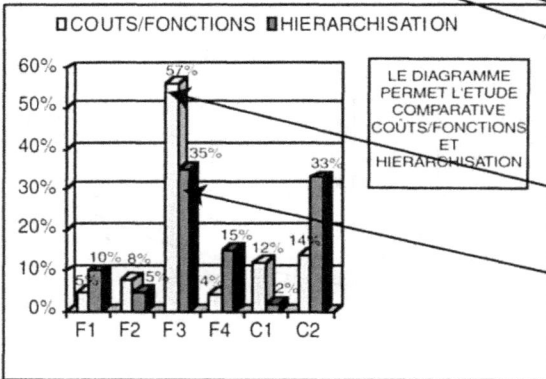

□ COUTS/FONCTIONS ■ HIERARCHISATION

LE DIAGRAMME PERMET L'ETUDE COMPARATIVE COÛTS/FONCTIONS ET HIERARCHISATION

Le prix que l'on fait payer au client

Le prix qu'il souhaite payer

# ANALYSE DE RISQUES AMDEC-AMDE

L'AMDE     Analyse des Modes de Défaillance et de leurs Effets.

L'AMDEC    Analyse des modes de Défaillance, de leurs Effets, et de leur Criticité.

L'AMDE est qualitative, alors que l'AMDEC par son mode de Criticité est quantitative. Elle permet de quantifier les risques, donc d'effectuer leur hiérarchisation pour les traiter efficacement.

L'AMDE (C) est normalisée NF X 60510, et Norme CEI 812. Elle s'applique aux Produits, Procédés, Services, Procédures, Logiciels.

## 1 - Quand utiliser l'AMDE (c) en AV ?

Obligatoirement après l'Analyse Fonctionnelle.

**En phase 3 de l'AV,** on procède à une AMDE (C ) d'un produit existant, pour remédier à des défaillances par des actions correctives, pour analyser les défaillances, afin de concevoir un nouveau produit. On contrôle en prévisionnel si le risque de défaillance est éliminé.

**En phase 5 de l'AV.**

Après conception du nouveau produit (en réutilisant les informations de l'AMDE (C).

**En phase 5 et 6 de l'AV.**

On assure le suivi du développement technique par l'AMDE (C).

Il est souhaitable de procéder à une dernière AMDE (C) prévisionnelle, par une revue de détail complète, avant d'effectuer le lancement d'exécution.

**En phase 7 de l'AV.**

Après exécution et utilisation. Il est recommandé d'effectuer des audits de contrôle pour réaliser un bilan réel. On fait ressortir les dysfonctionnements entre l'AMDE (C) prévisionnel, et les éventuelles défaillances constatées. On déclenche ensuite les dernières actions correctives.

Ce procédé s'applique :

☐ à des moyens de production : machines, implantation, organisation.

☐ à des procédés de fabrication : gamme de fabrication, opérations manuelles, automatiques, etc.

☐ à des services : contact avec ou sans le client, procédures à suivre.

Dans tous les cas, on procède comme indiqué précédemment sur le produit. Seul le vocabulaire diffère. On emploie suivant le cas les termes de tâches, d'opérations, etc.

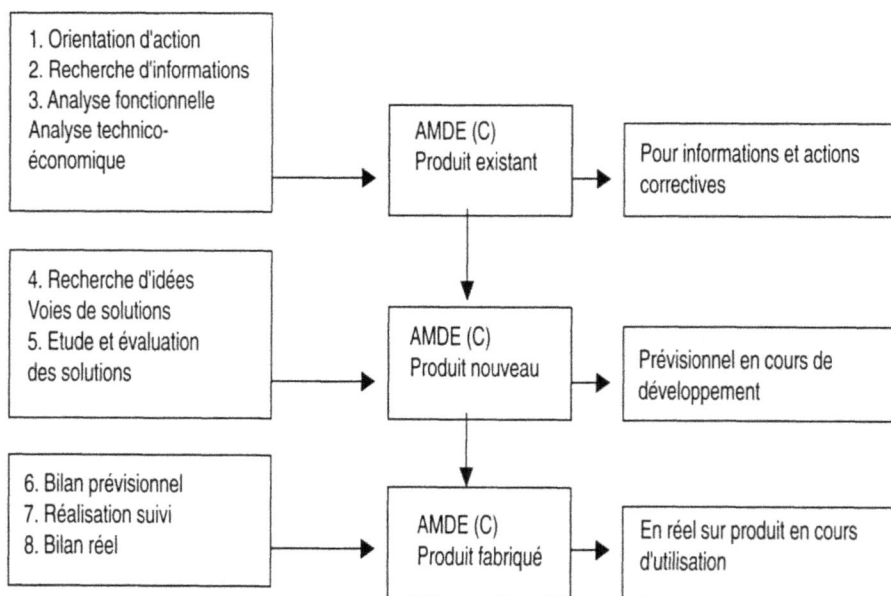

| | | |
|---|---|---|
| 1. Orientation d'action<br>2. Recherche d'informations<br>3. Analyse fonctionnelle<br>Analyse technico-<br>économique | AMDE (C)<br>Produit existant | Pour informations et actions<br>correctives |
| 4. Recherche d'idées<br>Voies de solutions<br>5. Etude et évaluation<br>des solutions | AMDE (C)<br>Produit nouveau | Prévisionnel en cours de<br>développement |
| 6. Bilan prévisionnel<br>7. Réalisation suivi<br>8. Bilan réel | AMDE (C)<br>Produit fabriqué | En réel sur produit en cours<br>d'utilisation |

## 2 - Les différents niveaux de procédure à utiliser

L'AMDEC s'utilise à des niveaux d'analyse plus ou moins complexes.

Ce niveau est défini par l'animateur et son groupe en fonction des objectifs fixés.

Si l'on souhaite une analyse très détaillée de tous les éléments, le temps d'étude sera relativement important. Il faut adapter la procédure de travail en fonction du contexte.

L'AMDEC se fait généralement après l'Analyse Fonctionnelle :

1) **Procédure rapide :** pour chaque fonction d'usage, on identifie les composants ou la chaîne des composants qui interviennent. On recense uniquement ceux qui sont susceptibles d'une défaillance.

2) **Procédure moyenne :** pour chaque fonction d'usage, on détermine les fonctions techniques correspondantes.

Pour chaque fonction technique, on recherche les composants où la chaîne de composants qui interviennent.

Dans ce cas, la recherche des Fonctions techniques permet d'approfondir l'étude.

3) **Procédure longue :** on passe progressivement de la fonction d'usage aux fonctions techniques, puis aux composants. On conclut par la recherche des éléments fonctionnels.

On constatera qu'un composant intervient simultanément sur plusieurs fonctions.

La procédure à suivre est décrite page 195.

4) **Procédure par composants :** on prend la Nomenclature des composants et on les analyse directement.

5) **Procédure par « chaîne » :** on détermine globalement les composants qui interviennent dans la «chaîne » de fonctionnement.

## 3 - Comment pratiquer l'AMDE (C) Produit

La procédure est la suivante :

1- Procéder à l'Analyse Fonctionnelle (A.F.).

2- Chercher pour chaque Fonction (ou contrainte) de l'AF, les Fonctions techniques.

3- Identifier les Eléments fonctionnels (pour chaque composant).

Les outils de l'analyse fonctionnelle

4- Assurer la répartition des Eléments fonctionnels sur les Fonctions techniques.

5- Construire le tableau AMDE (C), (généralement plusieurs tableaux).

6 - Placer les Fonctions de l'AF, les Fonctions techniques, les Eléments fonctionnels de chaque composant dans le(s) tableau(x).

7- Pour chaque fonction élémentaire, chercher les données qualitatives.

▨ Mode de défaillance.

▨ Causes de défaillance.

▨ Etude des effets.

▨ Moyens de détection existants.

8- Pour chaque Fonction élémentaire, chercher les données quantitatives.

▨ Facteurs de Fréquence.

▨ Gravité.

▨ Non-détection.

▨ Evaluation de la Criticité.

9 - Etablir un plan d'action.

10- Assurer le suivi des actions.

Remarques : les composants placés dans le tableau sont dans la réalité des fonctions élémentaires. Il est tout à fait normal que le composant apparaisse sur plusieurs fonctions techniques.

**Organigramme**

AMDEC : Produit - Procédés - Services

Le graphe indique comment en partant des fonctions d'usage on descend jusqu'aux éléments fonctionnels.

Analyse fonctionnelle

Pour chaque fonction d'usage F

F1   F2   F3   F4   Fetc

Ft21   Ft31   Ft41   idem

idem   idem   idem

fe1   Fe1   fe1

Fonctions techniques Ft

Ft1.1   Ft1.2   Ft1.3   fe24

Composants fonctionnels fe

fe5   fe10   fe5   fe3   Fe3   fe28

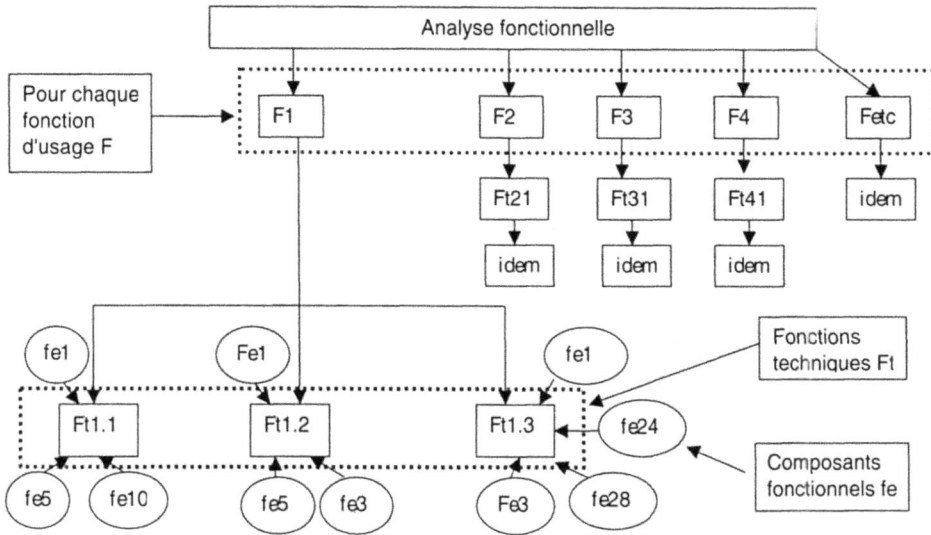

## Soit la Chaîne

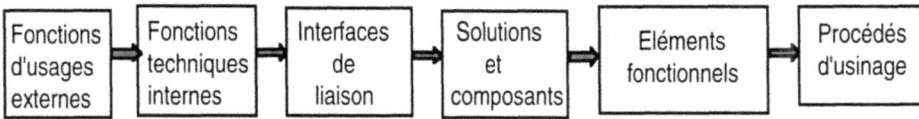

| Fonctions d'usages externes | Fonctions techniques internes | Interfaces de liaison | Solutions et composants | Eléments fonctionnels | Procédés d'usinage |

| Fonction d'usage F1 | | | | | | | | | |
|---|---|---|---|---|---|---|---|---|---|
| Pièce | Eléments Fonctionnels | Fonctions Techniques | Mode | Effet | Cause | Conditions existantes | | | |
| | | | | | | F | G | ND | C |
| 5 | Trou | Ft 1.1 | | | | | | | |
| 10 | Rainure | | | | | | | | |
| 1 | Clavette | | | | | | | | |
| 1 | Gorge | Ft 1.2 | | | | | | | |
| 28 | | | | | | | | | |
| 3 | | | | | | | | | |

Ce tableau sert à indiquer pour chaque fonction d'usage : les fonctions techniques, les composants, les éléments fonction- nels des composants.

Les outils de l'analyse fonctionnelle

Cette représentation permet une analyse de risques sur toute la chaîne descendante. On progresse de la fonction d'usage à la fonction technique ; aux composants, et enfin aux éléments fonctionnels des composants.

Si l'on souhaite approfondir la recherche, on conçoit un autre tableau, et en reprenant chaque élément fonctionnel on analyse les risques sur les procédés de fabrication.

### Analyse qualitative des défaillances

▪ Mode de défaillance

C'est le symptôme apparent de la défaillance.

On recense tous les modes réels, ou potentiels.

On suppose, que la défaillance pourrait avoir lieu, même si elle ne se produit pas.

Les questions à poser :

Comment l'élément étudié risque-t-il de perturber ou annihiler la fonction à remplir ?

Que peut-il arriver ?

La norme X 60510 propose un tableau de mode de défaillances génériques.

▪ Cause des défaillances

Pour chercher les causes de défaillance, on préconise le diagramme d'Ishikawa (dit arête de poisson - cause à effet).

Effectuer si possible un diagramme par mode de défaillance.

Placer sur le diagramme les causes interdépendantes en arborescence.

Les questions à poser :

Quel est le pourquoi de la cause ?

Quelles sont les conséquences de chaque mode sur la fonction ?

Ou quelles en sont les causes ?

▪ Effet de la défaillance

Chaque mode crée un effet. Il provoque une action sur la fonction qui interagit sur l'environnement ou sur les étapes suivantes.

L'effet peut être défini comme ce que l'on pourrait voir ou constater si la défaillance apparaissait (utilisation du client).

▪ Fréquence d'apparition F ou Occurrence

Probabilité que la cause se produise et entraîne le mode de défaillance correspondant (voir tableau de notation dans la norme X 60510).

▪ Gravité G ou Sévérité S

On détermine le niveau de gravité provoqué par l'effet (voir tableau de notation dans la norme X 60510).

▪ Non-détection ND ou détection D

On fixe le risque de non-détection, c'est la probabilité que l'utilisateur s'aperçoive du défaut après apparition de la cause et du mode de défaillance.

Plus le risque de non-détection sera faible, plus la note sera « élevée » (voir tableau de notation dans la norme X 60510).

▪ La Criticité C ou PRN

On effectue le produit $C = F \times G \times ND$ (ou $D \times O \times S$).

C pour Criticité est aussi appelé PRN (nombre de priorités de risque).

Plus le nombre est élevé, plus le risque de défaillance est grand.

Il est donc nécessaire de fixer un seuil de risque à partir duquel on procédera à une intervention.

(Exemple : si chaque facteur F, G, ND est noté sur 10, la Criticité peut varier de 1 à 1000.

On peut placer un seuil d'intervention à 100).

### Les actions de correction

La Criticité donne directement d'après le **seuil fixé,** les éléments sur lesquels l'action doit se porter. L'ordre de priorité est donné par la grandeur des indices. On travaille sur les trois indices, mais il faut noter que la répétition des contrôles augmente les coûts.

Il faut surtout agir sur la prévention des défaillances et la diminution des fréquences.

Les outils de l'analyse fonctionnelle

Un responsable sera nommé. Il sera chargé d'assurer les actions de corrections, jusqu'à ce que le produit des trois indices se situe en-dessous du seuil fixé.

▨ ISHIKAWA Diagramme - Cause - Effet.

**Outil graphique de représentation organisée de toutes les causes possibles.**

1- Tracer une grande flèche pointée vers l'effet.

2- Définir les familles de cause et tracer les flèches correspondantes (pas plus de 6 familles).

3- Répartir les causes par famille, tracer les ramifications indiquant les causes.

4- Si la représentation est trop compliquée, faire un diagramme par famille.

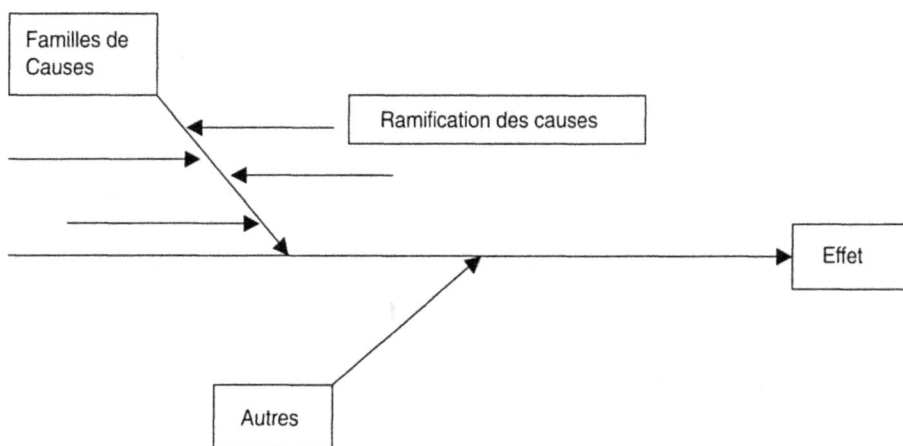

Il est nécessaire de :

1) Définir clairement l'effet.

2) Tracer le diagramme avec les familles de causes choisies.

3) Rechercher les sous-familles et causes possibles en créativité.

Les 5 familles recommandées (5M) sont :

▨ Le milieu environnant.

▨ La matière (support).

- La main-d'œuvre (personnel).
- Le matériel (moyen).
- La méthode (organisation).

*Exemple traité partiellement :*

*Problème : on ne peut pas enregistrer un fichier sur une disquette.*

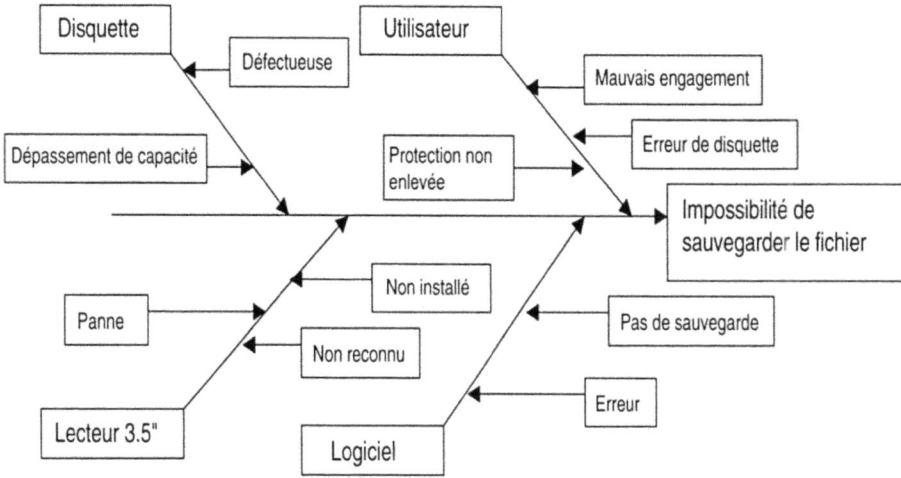

*Ce tableau détaille pour les composants l'analyse de risques. Dans l'éventualité où l'on souhaite approfondir cette analyse, on introduit des colonnes supplémentaires comportant les fonctions techniques et les éléments fonctionnels.*

Les outils de l'analyse fonctionnelle

| Fonction F1 Permettre de freiner | | | | | | | | | | | | |
|---|---|---|---|---|---|---|---|---|---|---|---|---|
| Composant | Mode | Effet | Cause | G | F | N D | Criticité | Actions correctives | G | F | N D | Criticité |
| **Train avant** | | | | | | | | | | | | |
| Garnitures | Frein ineffi-cace | Mauvais ralentisse-ment | Usure nor-male | 7 | 6 | 2 | 94 | Entre-tien | 6 | 2 | 2 | 24 |
| | Frein ineffi-cace | Impossibi-lité d'arrê-ter le véhicule | Fuite de cir-cuit d'huile | 10 | 1 | 8 | 80 | Voyant de pres-sion | 4 | 1 | 2 | 8 |
| Cylindre de roues | Grippage | Mauvais freinage | Pénétration de Poussière | 8 | 3 | 3 | 72 | Change-ment tous les 50 000 km | 6 | 1 | 2 | 12 |
| Huile de frein | Altération | Corrosion des cir-cuits de frein | Durée d'utili-sation | 5 | 3 | 2 | 30 | Rempla-cement 100 000 km | 2 | 2 | 2 | 8 |

# ANALYSE DE TECHNICITÉ

## Comparatif de performances et de mise en œuvre technique

Lors de la démarche AV, une partie importante consiste à analyser le produit de l'entreprise ; mais il ne faut pas oublier que l'**Analyse des concurrents** apporte des informations importantes.

L'analyse de technicité consiste en une étude comparative entre le produit de l'entreprise et les concurrents, avec comme référentiel les performances à atteindre définies dans le CdCF.

L'évaluation est effectuée sur les performances et la technologie mise en œuvre.

### 1 - L'objectif

Cette analyse permet l'identification des meilleures solutions, afin de les intégrer dans la nouvelle conception du futur produit, sous réserve que les coûts objectifs soient respectés.

La meilleure solution ne veut pas dire la moins chère !

Il faut trouver le bon compromis, pour ne pas tomber dans le piège d'une technologie trop performante, qui risque d'aller bien au-delà des besoins des clients. Une exceptionnelle qualité technologique devient trop onéreuse et de ce fait le prix de vente du produit ne sera plus concurrentiel sur le marché.

C'est pourquoi, il est indispensable de conduire en parallèle l'analyse des coûts des produits.

Celle-ci a pour but de :

1) Vérifier ou démontrer par l'analyse du produit et de la concurrence que la technologie retenue respecte les performances du CdCF.

2) Déterminer le niveau de technicité en contrôlant si la technologie mise en œuvre est bien adaptée. On peut aller de trop complexe à insuffisant pour assurer la fonction.

Les outils de l'analyse fonctionnelle

3) Amener les membres du groupe à maîtriser intellectuellement les technologies utilisées. On les rendra plus performants dans la phase de recherche de solutions.

4) S'assurer pour chaque solution que le service rendu au client est conforme à ses besoins.

5) Vérifier la fiabilité et la qualité technique des systèmes utilisés.

<u>L'outil analyse de technicité permet de fixer le degré d'adaptation d'un système et son niveau de technologie employé par rapport aux performances requises.</u>

## 2 - Les procédures

Cette analyse s'effectue en deux étapes :

1. Avant l'Analyse Fonctionnelle

La première doit être faite lors de la phase 2 de l'AV en recherche d'environnement (avant l'analyse fonctionnelle). Le marketing a généralement réalisé une étude comparative du produit et de la concurrence. Les informations recueillies contribueront à l'analyse fonctionnelle.

2. Après l'Analyse Fonctionnelle

La seconde ne peut être réalisée qu'après l'analyse fonctionnelle. Celle-ci sert de référentiel pour l'étude comparative des performances et des technologies mises en œuvre.

Cette deuxième partie s'effectue suivant deux modes :

a) Etude comparative de technicité par fonctions pour chaque produit.

b) Etude comparative de technicité par fonctions des critères de chaque produit.

Le tout s'effectuant sur un même tableau d'analyse, mais avec deux diagrammes différents.

### Analyse générale des produits concurrents

L'Analyse complète ne se fait qu'après la rédaction du CdCF. Nous avons besoin des fonctions, critères, niveaux, flexibilité, pour établir le tableau.

L'Animateur doit impérativement anticiper le démarrage de l'Analyse, car elle est relativement longue à traiter.

On procède comme indiqué précédemment en deux étapes :

1 ) Avant l'Analyse fonctionnelle

2 ) Après l'Analyse fonctionnelle

*Avant l'Analyse Fonctionnelle*

Le Marketing ayant indiqué les concurrents directs, le groupe recueille toutes les informations sur ces produits : notices commerciales, notices techniques, plans, etc., et même si possible on fait l'acquisition de ceux-ci.

On procède, à une analyse globale des produits, sur le fonctionnement, la technicité, et le coût estimé des composants.

Ces premiers éléments participeront à la réalisation de l'Analyse fonctionnelle.

*Après l'Analyse Fonctionnelle*

L'objectif est de réaliser une analyse comparative des produits pour définir le niveau de technicité des concurrents. Le résultat de ces travaux servira à améliorer ou à innover lors de la conception du nouveau produit.

Procédure à suivre pour l'analyse comparative :

- Disposer des fonctions critères niveaux flexibilité.
- Etablir la liste des composants intervenant dans chaque fonction (exemple sous-ensembles, pièces, etc. ).
- Etablir un protocole d'analyse permettant d'évaluer les composants (par rapport à la fonction et à ses critères, niveaux, flexibilité).
- Procéder à l'analyse.
- Etablir un rapport de synthèse.
- Evaluer la technicité par une grille.
- Etablir un diagramme des résultats.
- Rédiger un rapport de synthèse.

Dans la pratique, l'animateur déterminera avec son groupe la liste des composants qui interviennent par fonction.

Il demandera, par spécialité (optique, électronique, mécanique, etc. ) aux différents experts de son groupe d'établir un protocole d'analyse des composants du produit. Celui-ci sera établi par fonctions et critères. Il décrira la procédure à suivre

*Les outils de l'analyse fonctionnelle*

avec les moyens de mise en œuvre. Chaque protocole sera ensuite validé par l'ensemble du groupe.

Chaque spécialiste procédera ensuite à l'analyse des produits
suivant le protocole établi. Il portera les notes correspondant à
ses travaux, sur sa spécialité et sur les fonctions qui le concernent. Il établira un rapport de synthèse qu'il soumettra au
groupe.

L'ensemble des rapports servira à l'évaluation des niveaux de
technicité.

### Composition de la grille

*Horizontalement*

Les fonctions avec les critères.

(Les éléments sont codifiés pour gain de place avec renvoi au
cahier des charges fonctionnel).

F pour fonction, C pour critères avec niveaux et flexibilité.

Une ligne pour le total des points.

Une ligne pour les pourcentages.

*Verticalement*

Une colonne pour les fonctions et leur libellé d'après le CdCF.

Une colonne pour le coefficient K.

Ce coefficient peut être exprimé en % d'après la hiérarchisation des fonctions établies par les clients (par un tri croisé, par
enquête, marketing, etc. ).

Il s'agit ici « du poids d'importance de la fonction » attribué par
le client.

Une colonne correspondante aux différents critères relatifs à
la fonction à prendre dans le CdCF.

Une colonne pour les points.

Le groupe évalue les performances et la solution technologique retenue par rapport à la fonction et ses critères.

C'est là qu'intervient l'Analyse effectuée par le spécialiste, suivant le protocole établi en accord avec le groupe.

On mettra une note par rapport à chaque critère suivant le barème ci-dessous :

5 Très bien adapté.

4 Bien adapté.

3 Moyennement adapté.

2 Peu adapté.

1 Mal adapté.

Une colonne pour effectuer le produit du nombre de points par le coefficient K.

Il est donc utile de prévoir les colonnes nécessaires pour comparer le produit de l'entreprise avec les produits concurrents. x, y, z....

### Le diagramme

On effectue ensuite les totaux dans les colonnes (PxK), on transforme les résultats en pourcentage et on illustre ceux-ci par des diagrammes à bâtonnet.

Les tracés permettent de faire apparaître le pourcentage de technicité de chaque fonction et critère par produit.

Exemple : Une lampe de poche.

Prenons simplement 3 fonctions de ce produit, avec les critères correspondants.

### F1 Eclairer une zone

| | |
|---|---|
| C1 Puissance | 3.5 v x 0.3 A |
| C2 Longueur éclairage | 8 mètres |
| C3 Angle d'éclairage | 10 degrés |

### F2 Tenir dans la main

| | |
|---|---|
| C1 Poids | 150 grammes |
| C2 Dimensions | 60 x 110 x 25 mm. |

### F3 Pouvoir être rechargé rapidement

| | |
|---|---|
| C1 Tension 4.5 volts | |
| C2 Durée | Régime lent 108 heures |
| | Régime rapide 4 heures 30 |

Les outils de l'analyse fonctionnelle

| C3 Volume utile | 65 x 65 x 20 |
| C4 Connectique rapide | maxi 20 secondes |

Tous ces éléments sont indiqués dans le tableau ci-après.

On reporte les notes après analyse, pour le produit de l'entreprise et pour ses concurrents, x, y, z.

La hiérarchisation donne les k multiplicateurs en %. On effectue les produits P x K et les totaux par colonnes, que l'on évalue en %.

### Les conclusions et les diagrammes

Les sommes de points par produit donnent le classement. Le produit Y est le premier, puis le produit entreprise et enfin les concurrents Z et X.

Le diagramme permet de visualiser et de mettre ces éléments en évidence par le "poids " des fonctions et critères dans chaque colonne (1$^{er}$ diagramme).

Un deuxième diagramme permet de déterminer pour chaque fonction la technicité des produits, en reportant les valeurs prises dans les sous- totaux des fonctions (2$^{e}$ diagramme).

Tableau de synthèse des résultats des analyses

| Fonctions | K Coef | Critères | P Points | Entrep | | X | | Y | | Z | | |
|---|---|---|---|---|---|---|---|---|---|---|---|---|
| | | | | PxK Total | P Points | PxK total | P Points | PxK Total | P Points | PxK | P Points | |
| F1 Eclairer une zone | 65 % | C1 | 2 | 1,3 | 1 | 0,65 | 5 | 3,25 | 3 | 1,95 | 3 | |
| | | C2 | 3 | 1,95 | 2 | 1,3 | 4 | 2,6 | 4 | 2,6 | 4 | |
| | | C3 | 5 | 3,25 | 2 | 1,3 | 3 | 1,95 | 3 | 1,95 | 3 | |
| | | F1 Sous-total | | 6,5 | | 3,25 | | 7,8 | | 6,5 | | |
| F2 Tenir dans la main | 25 % | C1 | 4 | 1 | 3 | 0,75 | 5 | 1,25 | 2 | 0,5 | 2 | |
| | | C2 | 3 | 0,75 | 2 | 0,5 | 3 | 0,75 | 1 | 0,25 | 1 | |
| | | F2 Sous-total | | 1,75 | | 1,25 | | 2 | | 0,75 | | |
| F3 Disposer de l'énergie nécessaire | 10 % | C1 | 4 | 0,4 | 1 | 0,1 | 2 | 0,2 | 1 | 0,1 | 1 | |
| | | C2 | 3 | 0,3 | 2 | 0,2 | 3 | 0,3 | 1 | 0,1 | 1 | |
| | | C3 | 2 | 0,2 | 3 | 0,3 | 4 | 0,4 | 4 | 0,4 | 4 | |
| | | C4 | | 0,5 | 4 | 0,4 | 4 | 0,4 | 5 | 0,5 | 5 | |
| | | F3 Sous-total | | 1,4 | | 1 | | 1,3 | | 1,1 | | |
| TOTAL | | | + | 9,65 | + | 5,5 | + | 11,1 | + | 8,35 | | 34,6 Pts |
| % | | | | 27,89 | | 15,89 | | 32,08 | | 24,14 | | 100 % |

Soit 100 x T/34,6

Les outils de l'analyse fonctionnelle

Technicité par produit et par fonction

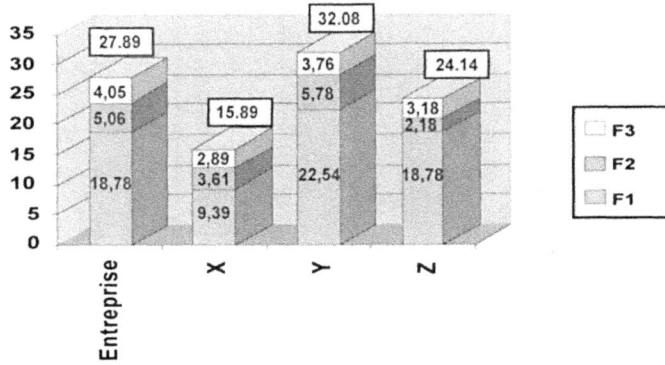

D'après le tableau d'analyse, on effectue le total de points de tous les produits. On calcule les ratios pour chaque produit, puis chaque sous-total des fonctions par produit.

Technicité par fonction

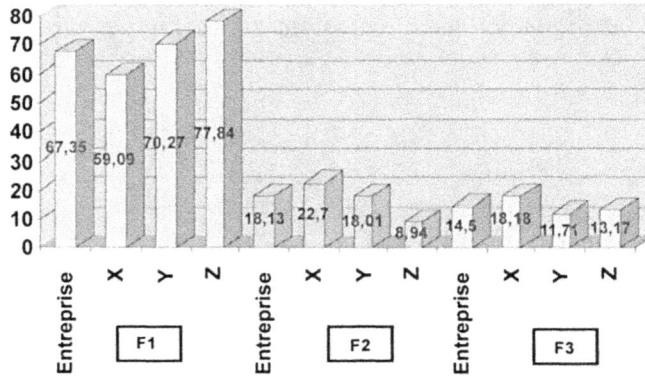

Technicité par fonction avec critères

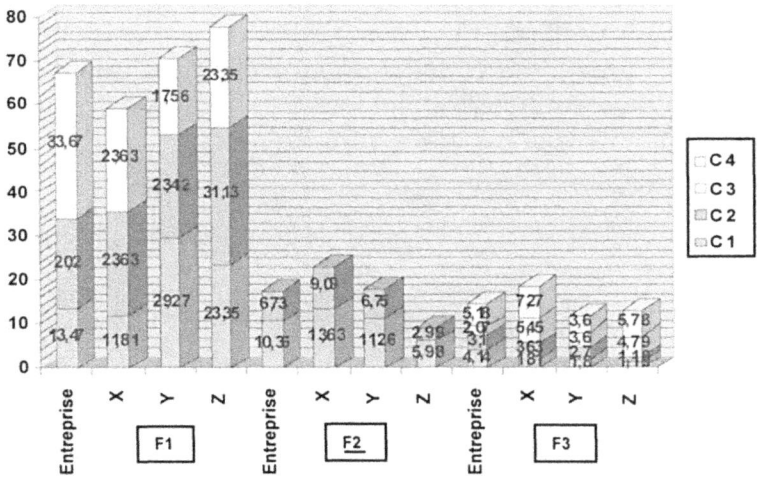

## Remarques sur l'analyse de technicité

Tout comme le CdCF, cette analyse doit être faite au moins une fois pour chaque famille de produit. Il suffit par la suite de la faire évoluer en la complétant, si de nouveaux produits concurrents arrivent sur le marché, ou si de nouvelles fonctions apparaissent dans le CdCF.

Cette analyse permet également de construire une base de données d'informations techniques. Elle permet parfois d'en tirer des règles de conception relatives au produit à développer.

On disposera également d'une traçabilité des divers développements complétés par un enrichissement de la base de données.

## Exemple détaillé avec commentaires

La comparaison est faite entre des appareils de petit électroménager concurrents de trois entreprises X-Y-Z d'après le Cahier des Charges Fonctionnel.

Il est défini un protocole d'analyse par chaque spécialiste. Exemple : mécanique, électrique, électronique, etc.

Les outils de l'analyse fonctionnelle

Pour chaque critère de la fonction il est indiqué si nécessaire le matériel et les conditions de la mesure, du contrôle...

Des commentaires explicatifs doivent être faits sur les procédures employées.

Une synthèse et des hypothèses de conclusions doivent être formulées pour justifier les notes portées dans le tableau.

| F1 Placer l'appareil sur la table | | | Flexibilité | |
|---|---|---|---|---|
| Critères | Niveaux | Indi | Limites d'accepta-tion | Taux d'échange |
| 1 poids | 3 kg | I1 | mini 1 kg maxi 4 kg | |
| 2 dimensions longueur largeur hauteur | 200 mm 200 mm 200 mm | I1 | mini       maxi mini       maxi mini       maxi | les cotes minima-les sont données en fonction du design et des plaques |
| 3 forme | type rectangulaire | I3 | la forme initiale est donnée par la pla-que rectangulaire | on pourra accep-ter d'autres formes en fonction du design |
| 4 arête tranchante | rayons 1 mm | I2 | maxi autorisé 4 mm | |
| 5 poinçonnement surface d'appui | 40 mm$^2$ | I2 | répartis sur la structure de main-tien | |
| 5 planéité rectitude | 0.1 mm/m | I1 | maxi 0,15 mm/m | |
| 6 frottement angle | 15 % d'inclinaison | I1 | quels que soient les matériaux | |
| 7 ergonomie préhension | adapté à la main | I1 | prévoir la manipu-lation avec les deux mains | |
| 8 stabilité | surface d'appui | I3 | suivant répartition des poids | |

Remarques générales

Les trois appareils ne remplissent pas rigoureusement les mêmes fonctions de cuisson des aliments. La capacité de cuisson du Z est inférieure au X et Z.

X est le seul à avoir un cordon amovible.

Les puissances de chauffe sont identiques pour T et Y (1000W). Z est plus faible (670W).

### Etude des critères

**C1** Pesage des appareils avec les cordons et un jeu de plaque interne.

X = 3,1 kg         Y = 2,2 kg          MZ = 1,8 kg

X est au-dessus du niveau attendu de 3 kg, son poids est très nettement supérieur au Y qui a la même capacité + 0,9 kg.

L'excédent de poids pour X peut être considéré comme un handicap. Il serait utile d'en étudier les conséquences.

**C2** Les mesures ont été effectuées en encombrement hors tout.

les dimensions du corps.

les dimensions des plaques internes.

| Hors tout | | |
|---|---|---|
| X L = 320 | l = 220 | h = 120 |
| Y L = 310 | l = 260 | h = 120 |
| Z L = 250 | l = 230 | h = 100 |

| Corps | | |
|---|---|---|
| L = 232 | l = 180 | h = 85 |
| L = 240 | l = 180 | h = 70 |
| L = 240 | l = 130 | h = 80 |

| Plaques |
|---|
| X   175 x 230 |
| Y   180 x 250 |
| Z   130 x 245 |

Pour une quantité équivalente X est plus performant, ses dimensions sont inférieures à Y.

Z semble être le plus optimisé par rapport aux dimensions de ses plaques.

**C3** La comparaison porte sur la forme et la constitution.

X rectangulaire à poignées latérales.

Y rectangulaire à poignée avant.

Z rectangulaire à poignée intégrée à l'avant.

Les outils de l'analyse fonctionnelle

X est mixte, corps en acier encastré dans des poignées, charnières en plastique.

Y est mixte, corps en acier, poignée plastique.

Z est entièrement monobloc en matière plastique moulée.

Les trois produits ont la même forme rectangulaire de base donnée par celle des disques, la différence se situe en ce qui concerne l'esthétique (voir fonction FC1).

La différenciation se situe dans la position des poignées et celle des pieds supports.

**C4** L'évaluation est faite à l'œil et au toucher.

X beaucoup d'arêtes et d'angles, les formes déterminent des longueurs d'arêtes importantes, apparition d'arêtes tranchantes sur les profils des plans de joint vers les plaques.

Y arêtes tranchantes sur la périphérie, sous les plaques, ainsi que sous la poignée en plastique.

Z pas d'arêtes tranchantes sur les plastiques.

Y paraît être d'une finition médiocre. Z est d'une bonne qualité de finition. X se situe derrière Z.

**C5** L'étude traite des types et des surfaces d'appuis avec la pression correspondante.

X      2 appuis linéaires longs sur la face supérieure.

       2 appuis linéaires courts sur la face inférieure.

Y      3 pieds avec appuis surfaciques.

Z      4 pieds 2 linéaires courts et deux en arc de cercle.

X face supérieure longueur des appuis 2 x 100 mm de long et 1 mm épaisseur, soit 200 $mm^2$.

     Pression = 16,5 g par $mm^2$.

   face inférieure longueur des appuis 4 x 10 mm de long et 1 mm épaisseur, soit 40 $mm^2$.

         Pression = 77,5 g par $mm^2$.

Y $1^{er}$ pied = 1 100 $mm^2$   $2^e$ pied = 2 250 $mm^2$   $3^e$ pied = 2 000 $mm^2$.

         Pression = 0,4 g par $mm^2$.

Y longueur des appuis (2 x 10) + (2 x 30) = 80 mm épaisseur 1 mm soit 80 $mm^2$.

         Pression 22,5 g par $mm^2$.

**C5 bis** Planéité rectitude.

Celle-ci dépend de la précision d'exécution, des cotes d'assemblage, du gauchissement des ensembles montés.

X peut avoir des défauts sur les pièces plastiques, sur le corps principal en tôle, sur l'assemblage de celui-ci avec les pieds. Le système est hyperstatique pas de compensation.

Y rencontre les mêmes problèmes, mais les points de contact sont isostatiques d'où une compensation des défauts.

Z est hyperstatique, mais l'ensemble est monobloc le résultat relève directement de l'injection du matériau dans le moule.

Le bon concept théorique est Y, à condition que les faces de contact soient bombées. Il faudra cependant vérifier le critère C8 de la position des pieds par rapport à la charge.

Si les pieds sont bombées, il faudra revérifier également la pression de contact.

**C6** Les essais ont été effectués sur une plaque émaillée type couvercle d'appareil électroménager.

X, Y, Z ne glissent pas à 15 % de pente.

Si l'on augmente celle-ci le premier glissement s'effectue à 60 % pour Y ; puis 63 % pour X ; Z reste encore « accroché » pour ces valeurs.

On constate que la sécurité de glissement est grande, à 60% l'inclinaison est trop importante le liquide déborderait !

D'après les différents types de pieds on peut faire l'hypothèse que pour éviter le glissement des pieds à contacts linéaires accrochent plus que des pieds surfaciques.

**C7** L'appréciation a été faite par différentes manipulations et examens des systèmes de préhension.

X utilisation indispensable des deux mains due au fait de la position des poignées et du poids de l'appareil.

Y une seule main suffit si le verrouillage de la poignée est fait.

Z une seule main permet la manipulation.

Les formes et l'ergonomie de préhension.

X écartement important entre les deux demi-poignées d'où un risque de prendre uniquement la partie supérieure. La manipulation est cependant bonne et efficace.

Les outils de l'analyse fonctionnelle

Y sensation de prise en main peu agréable à cause de la poignée creuse en dessous, avec des risques de blessures.

Z bonne impression, agréable au toucher, et bien adapté à la forme de la main.

La forme correspondant à une prise en main fermée, avec des courbes, semble être la plus agréable. Elle permet de disposer de la force maximale de la main.

**C8** les distances d'écartement des pieds et la force de fermeture ont été prises en compte.

| Les surfaces d'appuis | | Point d'application de la force de fermeture. |
|---|---|---|
| X | 230x120 | 35mm des plus proches appuis. |
| Y | 300x220 | 70mm des plus proches appuis. |
| Z | 160x160 | 60mm des plus proches appuis. |

Par rapport à la position de la force de fermeture et par rapport au poids de chaque appareil.

X est le plus stable par rapport au couple de renversement, les forces sont appliquées des deux côtés en plaquant le produit sur la table par rapport à la bande de sustentation, d'où un très bon équilibre.

Y est le dispositif le moins efficace, le renversement peut être très important du fait de la très grande hauteur de son pied avant.

Z le renversement est limité par le fait que la forme inférieure du capot bute sur la table.

Cette étude doit être liée aux critères de la fonction F7 pour analyse des forces d'appuis lors des manipulations. Déterminer le nombre de forces une ou deux mains, la position de celles-ci par rapport à la dimension de la base de sustentation.

| | | | Produit X | | Produit Y | | Produit Z | |
|---|---|---|---|---|---|---|---|---|
| Fonction F1 | Coef K | Critère | P | PxK | P | PxK | P | PxK |
| Placer l'appareil sur la table | 6 | C1 | 3 | *18* | 5 | *30* | 5 | *30* |
| | | C2 | 5 | *30* | 4 | *24* | 5 | *30* |
| | | C3 | 4 | *24* | 3 | *18* | 5 | *30* |
| | | C4 | 4 | *24* | 1 | *06* | 5 | *30* |
| | | C5 | 3 | *18* | 5 | *30* | 4 | *24* |
| | | C5b | 3 | *18* | 4 | *24* | 5 | *30* |
| | | C6 | 5 | *30* | 5 | *30* | 5 | *30* |
| | | C7 | 4 | *24* | 2 | *12* | 5 | *30* |
| | | C8 | 5 | *30* | 2 | *12* | 4 | *24* |
| F1 sous-total | | | | *216* | | *206* | | *258* |

Coefficient venant de la hiérarchisation

### Les conclusions générales

Après cette analyse de la fonction F1, Le produit Z arrive en premier avec un écart de points confortable devant X et Z.

A ces conclusions techniques partielles, il faudra absolument lier l'étude de technicité de la fonction F7 qui est indissociable de celle-ci.

Pour la conception du nouveau produit

Il faut réduire le poids ainsi que les dimensions extérieures en s'approchant au plus près des dimensions des plaques.

La forme rectangulaire imposée par les plaques doit s'intégrer dans un design incorporant la ou les poignées.

Il faudra faire attention à bien abattre les arêtes tranchantes et à limiter au maximum les formes complexes qui engendrent de grandes longueurs d'arêtes avec des angles vifs.

Dans le cas de formes moulées, penser aux plans de joints qui créent des lignes tranchantes.

Les outils de l'analyse fonctionnelle

Pour les pieds, l'ensemble doit être le plus monobloc possible (dispersion des cotes).

Pour la planéité, l'idéal serait bien entendu trois pieds (isostatique) ou un pied réglable (s'il y a quatre pieds) ou encore une technique permettant de les aligner sur un même plan.

Leur disposition dépendra du nombre de forces appliquées et de leur position. Il est évident que le point d'application devrait être placé dans l'axe des pieds ou à l'intérieur de la surface de sustentation pour éviter le couple de renversement.

La forme et le profil les plus adaptés sembleraient être une forme de contact d'environ 1 à 2 mm d'épaisseur. Un calcul de la longueur par rapport à la force de pression sera effectué, pour éviter le glissement et le poinçonnement.

Les poignées de préhension doivent être pleines ou fermées avec des lignes courbes épousant la forme de la main pour avoir une bonne sensation de prise en main.

# ANALYSE DE CONCURRENCE

Elle consiste à procéder à une série d'analyses entre le produit de l'entreprise et les concurrents en prenant comme référentiel le modèle fonctionnel du CdCF.

Cette analyse est généralement conduite sur trois points principaux : les coûts, les performances et la technique mise en œuvre, les risques.

D'autres analyses peuvent être effectuées, sur l'entretien, la maintenance, la sûreté de fonctionnement, le soutien logistique, la sécurité, etc.

La hiérarchisation des fonctions est également indiquée dans la synthèse comme référence complémentaire, car elle représente la valeur que le client attribue à chaque fonction.

## 1 - Intérêt, fondements et principes

Les résultats obtenus permettront de situer le produit de l'entreprise, ses points forts et ses points faibles, par rapport au modèle fonctionnel et à la concurrence, sur les aspects économiques, sur les performances, sur la technique de mise en œuvre, sur les risques.

Lors de la reconception du futur produit, on optimisera la technologie afin d'atteindre les performances requises au moindre coût.

Pour cela on pourra :

- Utiliser une technologie issue des analyses effectuées.

- Mixer les différentes technologies existantes.

- Innover à partir des nouvelles solutions.

Pour procéder à une analyse comparative, il est souhaitable de limiter le nombre de paramètres de comparaison à un pour éviter les dispersions.

Le référentiel retenu pour effectuer ces analyses sera la fonction avec ses critères.

Les outils de l'analyse fonctionnelle

Nous allons comparer pour chaque fonction et ses critères, le produit de l'entreprise avec ses concurrents.

Les diagrammes représentatifs des résultats permettront d'effectuer une synthèse comparative de l'ensemble des analyses.

L'unité de comparaison retenue est le % ce qui autorise la comparaison entre des éléments de nature différente (des francs, des poids, des points, etc.).

Nous disposons de quatre outils :
- Pour les coûts, les matrices coûts/fonctions (outil N° 16).
- Pour les performances et la technique, l'analyse de technicité (outil N°18).
- Pour les risques, l'analyse de risque AMDEC (outil N°17).
- Pour la hiérarchisation, les résultats en % (outil N°13).

Tous ces outils ont été conçus et préparés pour effectuer les analyses par fonction.

La matrice coûts/fonctions donne le coût par fonction en francs (il est ensuite exprimé en %).

L'analyse de technicité donne des résultats en points (ils sont ensuite exprimés en %).

L'analyse de risques dans la méthode que nous proposons, permet d'évaluer également le % de risques par fonction.

## 2 - Procédure à suivre

### Matrices coûts /fonctions

Etablir une matrice pour chaque produit. Pour l'entreprise cela ne pose pas de difficultés particulières, car on dispose de tous les éléments.

Pour les concurrents, les coûts dépendent de beaucoup de paramètres que nous ignorons et que nous ne pourrons pas déterminer. Le plus simple consiste à faire évaluer tous les coûts comme si le produit était fabriqué par l'entreprise.

On fera appel à tous les spécialistes internes, ainsi qu'aux fournisseurs en leur demandant d'effectuer les chiffrages ou devis correspondants.

L'évaluation effectuée permettra de contrôler les écarts dans des conditions identiques.

### L'analyse de technicité

La comparaison s'effectuera sur le même principe.

Un seul tableau suffit pour synthétiser les résultats des analyses du produit de l'entreprise et des concurrents. On calculera les % pour le sous-total correspondant aux fonctions comme indiqué dans l'outil N° 18 (on peut également faire apparaître les critères si nécessaire).

### L'analyse de risques

Pour cela il faut procéder à l'analyse de risques en construisant un tableau par fonction. On effectuera la somme du total de points de la colonne de l'indice de criticité d'une fonction. On déterminera son ratio en % par rapport à la somme de l'ensemble des indices de criticité de la totalité des fonctions du produit.

## Tableaux à concevoir pour l'analyse de concurrence d'un produit de l'entreprise et de deux concurrents sur les trois axes : coûts/Fonctions, technicité, risque

| Compo | Coûts | F1 | F2 | F3 |
|-------|-------|----|----|----|
| P1 | | | | |
| P2 | | | | |
| P3 | | | | |
| Coûts | | | | |
| % | | 15 | 40 | 45 |

Matrice coûts/fonctions
produit Entreprise

| Compo | Coûts | F1 | F2 | F3 |
|-------|-------|----|----|----|
| P1 | | | | |
| P2 | | | | |
| P3 | | | | |
| Coûts | | | | |
| % | | 20 | 30 | 50 |

Matrice coûts/fonctions
produit concurrent X

| Compo | Coûts | F1 | F2 | F3 |
|-------|-------|----|----|----|
| P1 | | | | |
| P2 | | | | |
| P3 | | | | |
| Coûts | | | | |
| % | | 25 | 35 | 40 |

Matrice coûts/fonctions
produit concurrent Y

| | F2 | F3 | P | % |
|-----|----|----|---|----|
| F1 | | | | 18 |
| | F2 | | | 32 |
| | | F3 | | 50 |
| | | To | | |

Hiérarchisation des fonctions

| Produits | | En | X | Y |
|----------|-----|----|----|----|
| F1 | | | | |
| c1 | | | | |
| c2 | | | | |
| To | % | 20 | 35 | 15 |
| F2 | | | | |
| c1 | | | | |
| c2 | | | | |
| c3 | | | | |
| To | % | 30 | 25 | 55 |
| F3 | | | | |
| C1 | | | | |
| To | % | 50 | 40 | 30 |

Analyse de technicité du produit entreprise E
du concurrent X
du concurrent Y

| F1 | | | | | | | |
|------|---|---|---|---|---|----|---------|
| com | M | E | C | F | G | Nd | criticité |
| | | | | | | | |
| | | | | | | | 20% |
| F2 | | | | | | | |
| | | | | | | | |
| | | | | | | | 30% |
| F3 | | | | | | | |
| | | | | | | | |
| | | | | | | | 50% |

AMDEC produit    Entreprise

| F1 | | | | | | | |
|------|---|---|---|---|---|----|---------|
| com | M | E | C | F | G | Nd | criticité |
| | | | | | | | |
| | | | | | | | 30% |
| F2 | | | | | | | |
| | | | | | | | |
| | | | | | | | 45% |
| F3 | | | | | | | |
| | | | | | | | |
| | | | | | | | 25% |

AMDEC du concurrent X

| F1 | | | | | | | |
|------|---|---|---|---|---|----|---------|
| com | M | E | C | F | G | Nd | criticité |
| | | | | | | | |
| | | | | | | | 20% |
| F2 | | | | | | | |
| | | | | | | | |
| | | | | | | | 55% |
| F3 | | | | | | | |
| | | | | | | | |
| | | | | | | | 25% |

AMDEC du concurrent Y

Les résultats par fonction sous forme de diagrammes
Comparatif Coûts Technicité Risques

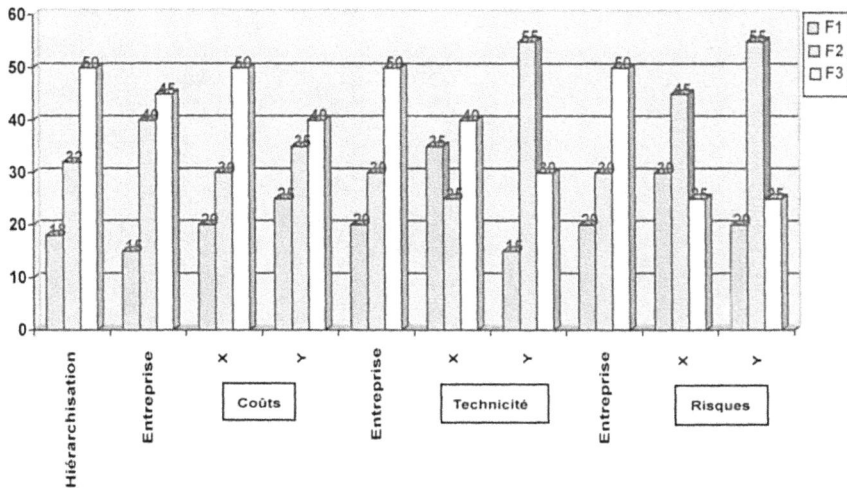

Les outils de l'analyse fonctionnelle

# DIAGRAMMES

## 1 - Objectifs

Les diagrammes permettent d'illustrer les résultats obtenus, lors de l'utilisation des différents outils dans les cas suivants :

▨ Pour classer et comparer les coûts par fonction, d'après les grilles coûts/fonctions de produits existants ou de produits nouveaux, lors de l'évaluation prévisionnelle.

▨ Pour faire apparaître les éléments internes à la constitution des coûts d'une fonction.

▨ Pour établir la hiérarchisation des fonctions.

▨ Pour comparer les coûts des concurrents.

▨ Pour les analyses de risques.

▨ Pour définir le niveau de technicité du produit de l'entreprise, et des concurrents.

▨ Etc.

On établit sur un même diagramme plusieurs études comparatives, la **référence** étant dans tous les cas les **fonctions du produit.** La représentation est faite, en donnant sur l'axe horizontal (les fonctions et contraintes du produit), et sur l'axe vertical les % obtenus.

Diagramme coût par fonction

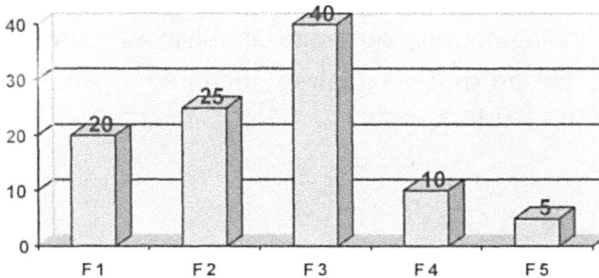

Les outils de l'analyse fonctionnelle

Dans les diagrammes coût par fonction, on fait apparaître le contenu de chaque fonction. Le groupe de travail décide de ce qu'il souhaite détailler lors de la construction de la grille coût/fonction (voir outil N° 16).

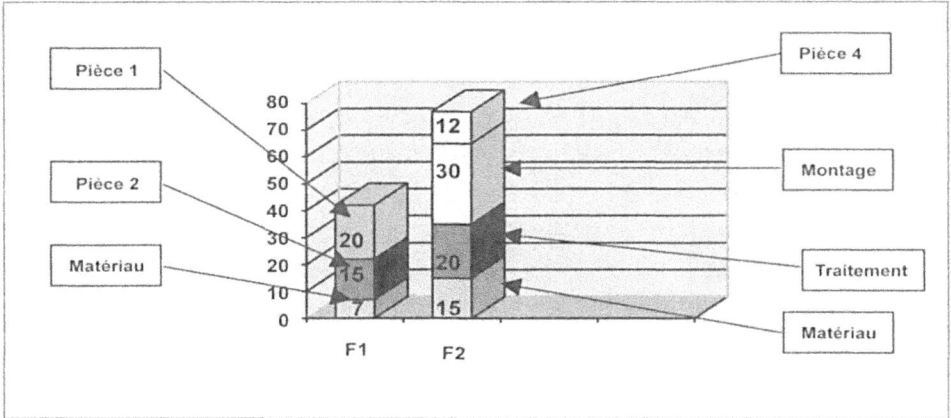

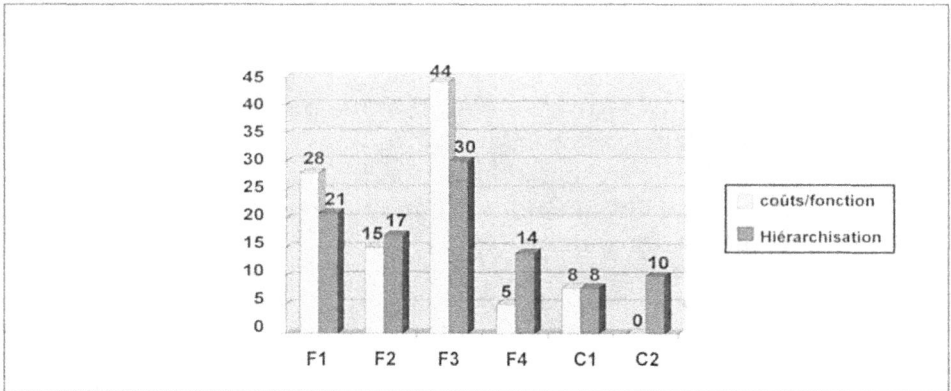

Ce diagramme, couramment utilisé, permet :

a) De présenter l'Analyse Technico- Economique du produit (coût par fonction).

b) De situer l'intérêt du client, ou sa valorisation (hiérarchisation des fonctions).

c) De comparer ces 2 résultats pour analyse.

Nota : si on le souhaite on peut le compléter par l'indice de satisfaction du client lié à l'utilisation du produit, la façon dont le client évalue le service rendu par rapport à ses attentes.

## 2 - Analyse des résultats

### D'après le graphe ci-dessus.

F1 et F3 sont les fonctions aux coûts les plus élevées, de plus, les hiérarchisations sont inférieures, pour F1à 21 % et pour F3 à 30 %. On devra réduire les coûts de F1 et F3, pour les ramener au moins aux 21 %, et 30 % de la hiérarchisation (valeur que le client attribue à la fonction).

Autrement dit, la valeur attribuée par le client est de 21 % pour F1, et 30 % pour F3. Les coûts réels, étant respectivement de 28 % et 44 %, on doit réduire au minimum de 7 % pour F1, et 14 % pour F3.

Pour F2, F4, et C1, les coûts sont inférieurs ou égaux. Les résultats sont acceptables.

Cependant, on tentera de réduire les coûts, pour augmenter la marge.

### Autres possibilités

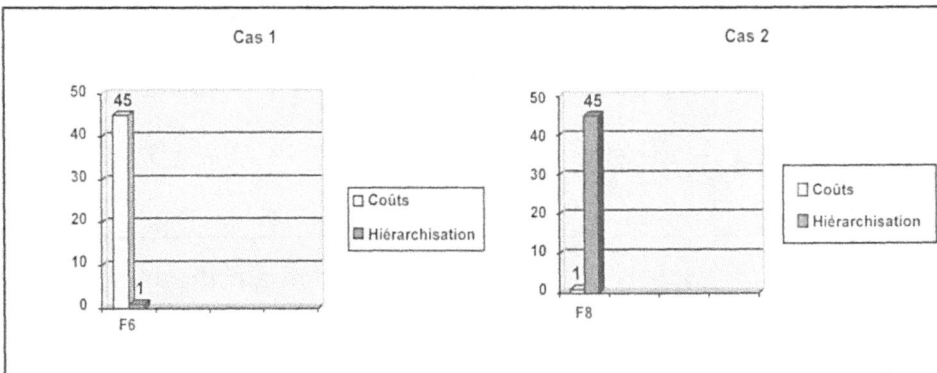

Le cas 1 peut s'interpréter de différentes façons :

ou    1$^{er}$.    Que la hiérarchisation a mal été établie (à vérifier).

ou    2$^e$.    Que le produit ait été très mal conçu (coût élevé).

3$^e$.    Que l'on ne puisse pas réduire le coût compte-tenu de la technologie à mettre en œuvre.

On doit payer le « prix » ou s'orienter vers d'autres solutions si c'est possible.

Le cas 2 peut s'interpréter également :

1$^{er}$.    Que le produit ait été très bien conçu, d'où un faible coût.

ou    2$^e$.    Que le client attribue une valeur relative à un besoin, mais que la fonction n'ait pas été exécutée ou très mal remplie par le produit, d'où le faible coût.

### Analyse de concurrence

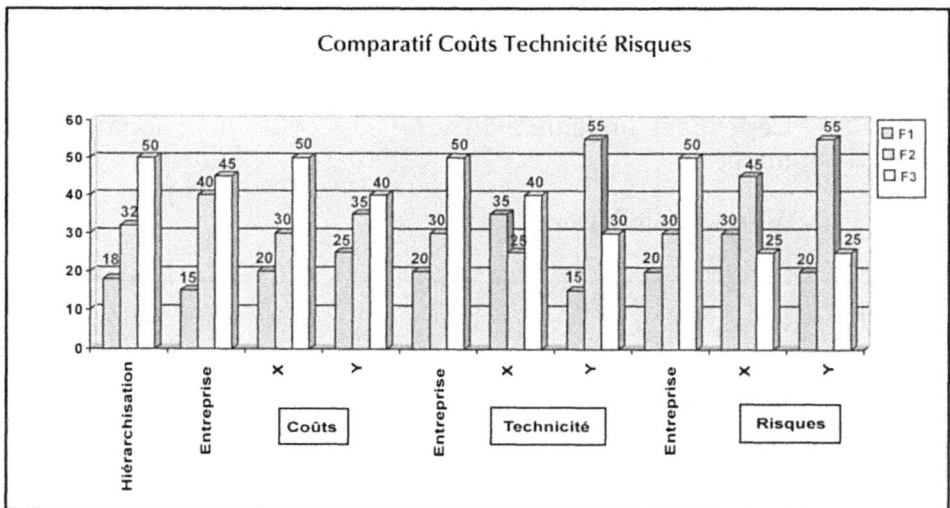

Dans l'outil N°19 Analyse de concurrence, le diagramme sert à synthétiser les résultats des diverses analyses effectuées.

Ce qui permet au groupe de travail de procéder par lecture directe à l'évaluation du produit de l'entreprise face à la concurrence.

Par la suite, après développement reconception du produit, on pourra compléter ces résultats par les diagrammes du nouveau produit.

## 3 - Synthèse des diagrammes

Sur un seul diagramme de synthèse, on disposera d'une représentation complète par fonctions et critères pour :

- Le coût par fonction du produit entreprise.
- Le coût par fonction des concurrents.
- La technicité du produit entreprise.
- La technicité des concurrents.
- Le coût par fonction du nouveau produit entreprise en prévisionnel.
- La technicité du nouveau produit en reconception.
- La hiérarchisation des fonctions par le client.

### Remarque

Il est important de souligner que cette représentation très imagée permet au groupe et au chef de projet de présenter les résultats aux décideurs, pour les convaincre ou pour justifier des choix et décisions.

Les outils de l'analyse fonctionnelle

# LA CRÉATIVITÉ

Différentes méthodes et plusieurs outils de créativité sont présentés ici, pour répondre à la phase 4 de la démarche Analyse de la Valeur, lors de la recherche de solutions.

Une entreprise doit innover en permanence, pour assurer sa survie.

Toute entreprise, qui ne crée plus et vit sur ses acquis, est vouée à une « mort certaine ».

Les principaux éléments qui poussent les entreprises à innover sont :

- La concurrence qui prend une part du marché, d'où une baisse des bénéfices de l'entreprise.
- Les besoins des clients qui évoluent rendant nécessaire une réactualisation des produits entraînant une nécessaire évolution de leurs fonctionnalités.
- La technologie qui progresse, les produits doivent être réactualisés pour éviter qu'ils deviennent obsolètes.
- L'image de marque que l'entreprise doit conserver.
- L'enrichissement de son savoir et de son savoir-faire.

La créativité s'applique :

- à tous les produits (au sens large du terme).
- aux fonctions d'un produit.
- aux procédés.
- au marketing.
- à la publicité.
- aux activités commerciales.

Etc.

Son champ d'application est pratiquement universel.

## 1 - Le principe général de la créativité

La créativité réunit un certain nombre de méthodes, permettant de développer l'imagination d'un membre du groupe de travail.

Au cours de la conception d'un produit, et au cours des différentes phases de sa vie, on fera appel à ces méthodes.

Ce travail s'effectuera en groupe de 3 à 10 personnes environ.

Lorsque l'on est seul, l'imagination est limitée, tandis qu'en groupe les idées fusent.

Un groupe de 10 personnes est performant s'il est parfaitement géré par un animateur. Il a cependant des difficultés de fonctionnement inhérentes aux temps de parole de chacun, aux conversations en aparté, etc.

Un groupe de 3 à 4 personnes est plus direct, il se gère lui-même, son efficacité et son rendement, peuvent parfois atteindre celui d'un plus grand groupe. Mais, le nombre d'idées est plus réduit !

## 2 - Les acteurs qui participent à la créativité

### L'animateur

Un homme rompu à ces méthodes qui sait changer de stratégie au bon moment, et doit laisser au groupe une extrême liberté de fond avec une grande rigueur de forme.

Son rôle est dynamique, mais discret ; il sait écouter.

Sa formation de base importe peu, il doit préparer son étude avec les experts, pour parfaitement définir le sujet, puis arrêter sa stratégie. *

Il est l'homme clé ; de lui dépend la réussite du groupe.

Son travail consiste à :

1. Préparer le sujet.
2. Constituer le groupe de travail, ou les groupes de travail.
3. Choisir une stratégie.

> * *Stratégie :* utilisation d'une ou plusieurs méthodes combinées, pour atteindre l'objectif visé.

4. Prévoir le matériel nécessaire pour que le travail du groupe soit recueilli.

5. Lier le groupe par différents exercices.

6. Poser le problème (concassage).

7. Traiter suivant la stratégie choisie (modifier si nécessaire les méthodes initialement prévues).

8. Après la séance, classer chronologiquement les informations.

9. Préparer la synthèse, évaluer les solutions de mise en œuvre du projet de recherche.

10. Discuter avec le groupe et les experts sur les voies à suivre.

11. Rédiger un rapport pour l'entreprise.

12. Transmettre aux participants un compte rendu de cession avec les résultats obtenus.

**Le groupe de créativité idéal**

*3 à 10 personnes environ*

De sexes différents.

De races différentes.

Pluridisciplinaire.

*Le participant du groupe. Caractère :*

Indépendance de pensée.

Générosité.

Ténacité.

*Qualités intellectuelles :*

Pouvoir analogique.

Esprit de synthèse.

*Compétences :*

Niveau le plus élevé.

Très ouvert.

Pas obligatoirement spécialiste.

*Etat d'esprit du groupe :*

---

**Toutes les idées sont valables, pas d'interdit.**
**Renoncer à la propriété de ses idées. Il faut rebondir et développer les idées des autres.**

---

**a) Groupe interne**

| | |
|---|---|
| Positif | Rapprocher les gens. Ouverture sur de nouvelles solutions autres que celles de l'entreprise (empirisme). |
| Négatif | Technique unique. Esprit maison. Hiérarchie. |

**b) Groupe externe**

| | |
|---|---|
| Positif | Groupe idéal. |
| Négatif | Difficultés de coordination avec l'étude faite dans l'entreprise. |

**c) Groupe mixte 2 types**

1) 2 personnes provenant de l'entreprise, le complément de l'extérieur.

2) des personnes provenant de plusieurs entreprises.

**d) Groupe travaillant à tour de rôle pour une entreprise**

| | |
|---|---|
| Positif | les difficultés hiérarchiques sont exclues ; peu onéreux ; souple à manœuvrer. |

**L'expert**

A écarter du groupe (celui qui a étudié la question et possède les données bloque le développement imaginatif).

Il doit être consulté avant pour poser le problème, après éventuellement ! Suivant l'évolution de la séance de créativité et des résultats obtenus.

## 3 - Déroulement d'une séance de travail

L'animateur doit au préalable constituer un dossier pour l'information du groupe et préparer son sujet (voir le travail de l'animateur, paragraphes précédents).

1. Il doit ensuite souder le groupe, travailler dans la détente, sans hiérarchie. Les gens doivent être entièrement libres d'exprimer leur pensée.

Pour créer cette ambiance, l'animateur procède à différents jeux (jeux des phases fatales, jeux des points communs sur des objets, des personnes, etc.).

2. L'animateur suit son programme de travail, avec toute la souplesse nécessaire, car le groupe n'est pas une « machine ». Il varie la forme du travail et l'adapte au groupe.

Si le groupe s'engage dans une seule voie, on doit rompre ! On demande dans ce cas à chaque participant, de continuer seul par écrit pendant quelques minutes.

On doit également faire attention à ce que les individus ne s'attachent pas exagérément à leurs idées personnelles (monsieur idée fixe !)

La rédaction d'une conclusion est parfois demandée pour obliger le groupe à effectuer un choix précis, dans l'objectif de clarifier la situation.

3. Dans un premier temps, le groupe fournit une somme considérable d'idées. L'animateur va empêcher la matérialisation trop concrète de l'idée. Cela bloquerait le groupe sur une seule voie de recherche et on passerait à côté de nouveaux concepts.

Dans un deuxième temps il faut, avec beaucoup de liberté, construire avec les idées fournies (sans critiques, en rebondissant d'une idée à l'autre).

Dans un troisième temps, on critique tout en affinant le produit.

4. Pendant la séance, il est bon de noter ou d'enregistrer pour pouvoir poursuivre plus tard.

### Méthode d'analyse descendante en créativité

L'animateur suivant le problème à traiter, aborde le sujet à des niveaux différents.

La découverte d'un nouveau concept ou d'une solution pratique très près du "terrain".

On fait travailler son groupe, suivant le schéma ci-avant, en passant de la créativité à l'analyse, puis à la synthèse, et enfin au choix.

### L'essentiel à retenir

A partir de concepts, on cherche des voies de solutions pour aboutir à des solutions :

On conserve une solution de repli stratégique, en cas d'échec de la faisabilité des autres possibilités.

Synoptique d'évolution allant du concept de haut niveau,
à la solution détaillée

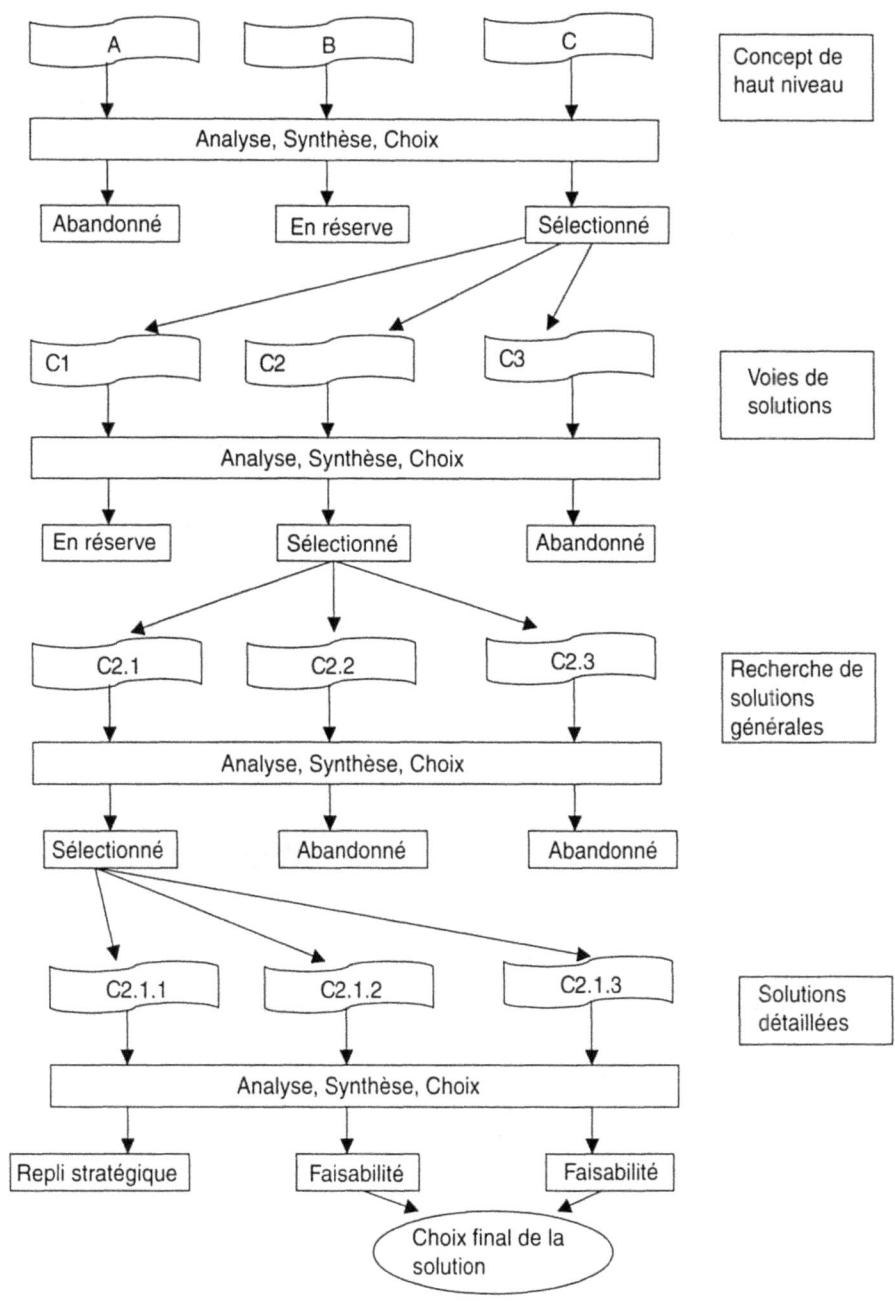

Exemple : Comment arroser un champ

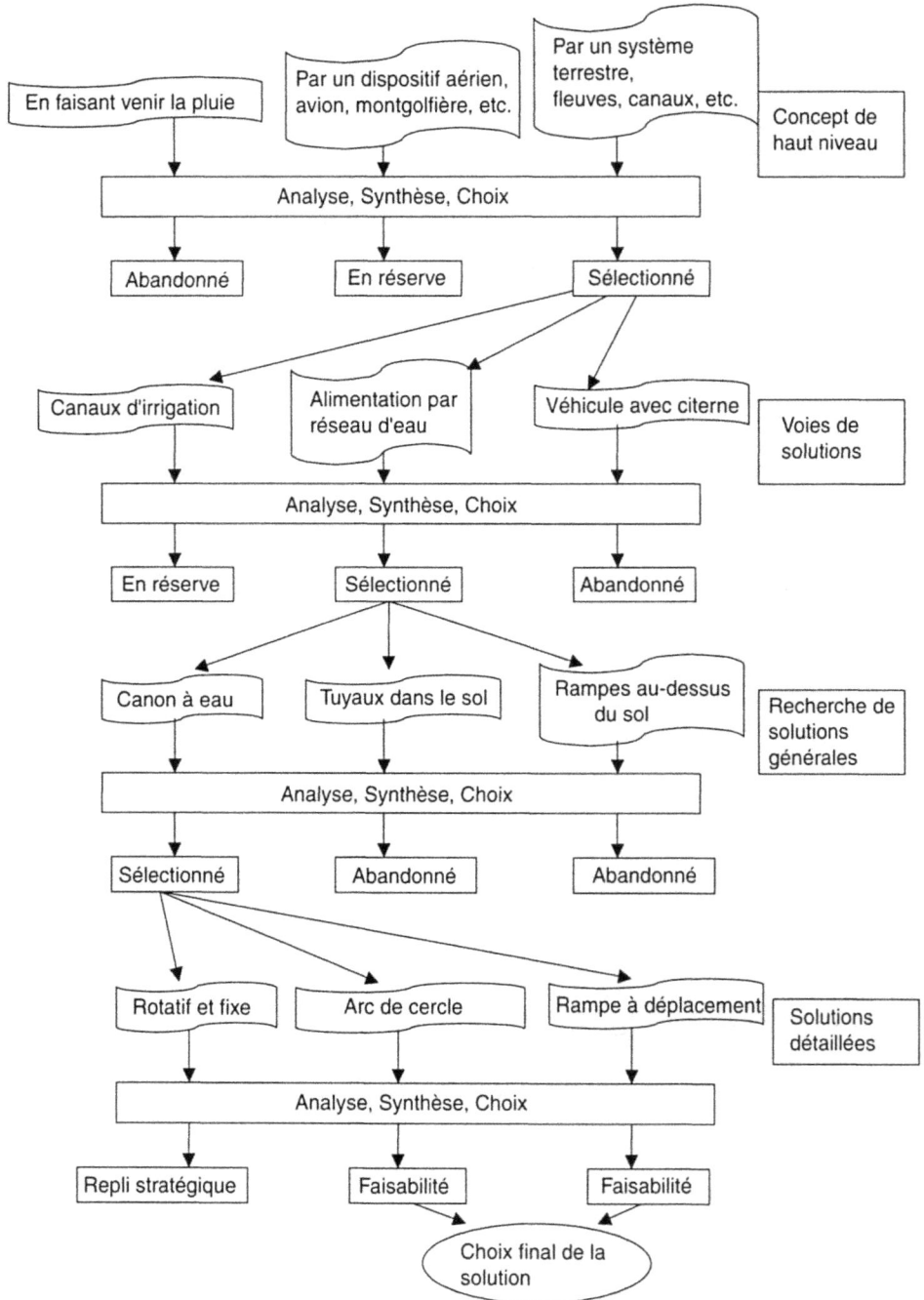

### Le processus de la découverte

1°) On peut reproduire le processus de la découverte.

| a) phase logique | b) phase intuitive | c) phase critique |
|---|---|---|
| - formulation | - prise de distance | - examen de découverte |
| - regroupement | maturation, | vérification |
| des données | décantation | |
| **- Formulation** | **- Illumination** | **- Mise au point** |

2°) Le processus est le même dans toutes les disciplines.

3°) La découverte se fait dans l'inconscient (sommeil).

4°) Libérer l'esprit de ses inhibitions (tabous, préjugés, etc.).

5°) La découverte se fait dans un climat de détente, passion, plaisir.

6°) Les découvertes ne sont pas faites par des experts.

7°) L'appel au merveilleux favorise la découverte.

8°) La découverte naît de la bissociation.
(phénomène par lequel une idée, concept ou technique, est superposé à une autre idée (ex : caractères et pressoir → imprimerie de Gutenberg).

## 4 - Les démarches de créativité

### 1) La démarche exploratoire

L'entreprise possède un savoir-faire et des produits, des procédés. Elle cherche « QUOI FAIRE » afin de négocier ses moyens. Elle explore dans différentes voies, pour négocier ses connaissances.

### 2) La démarche normative

Selon le marché actuel et les clients, on définit les besoins à partir desquels on va concevoir un produit avec les moyens de l'entreprise.

## 5 - Les méthodes de créativité

### Elles peuvent se classer en 2 catégories :

1- Les méthodes irrationnelles ou non rationnelles.

2- Les méthodes rationnelles.

## 1 - Méthodes irrationnelles

### 1-1 Méthodes des listes évocatrices d'idées

Listes MIT.

Liste des mots évocateurs de KENT-ROSANOFF.

Liste établie par l'animateur, avec des dictionnaires, des ouvrages.

Listes croisées par thème.

Listes par arborescence.

### 1-2 Les Analogies

Regarder autour de soi et prendre comme exemple un concept analogue.

Cette méthode s'applique pour créer des objets nouveaux, pour élucider des phénomènes de la nature, pour étudier des objets moraux ou sociaux.

Penser des analogies, c'est établir des ressemblances pour amasser un maximum de solutions.

Les analogies sont couramment utilisées dans la synectique.

On distingue 4 types d'analogies :

#### a) Analogies directes

On cherche un domaine qui présente des caractéristiques communes avec ce que l'on étudie, puis on regarde comment dans ce domaine, le problème à été résolu ; on transpose ensuite au problème posé.

Cette technique a donné naissance à la bionique (science des systèmes qui ont un fonctionnement copié sur les systèmes naturels).

#### b) Analogies symboliques

On met en relation avec le problème posé, des images, des fantasmes, des symboles, des mythes, des légendes.

#### c) Analogies fantastiques

Le rêve éveillé dirigé (d'origine thérapeutique). On prend le rêve pour réalité en partant d'un thème lié au problème à traiter.

Plusieurs conditions sont nécessaires et importantes :

- La communication entre les membres du groupe doit être parfaite.
- Les participants ne doivent pas avoir de problèmes psychologiques profonds refoulés.
- L'animateur doit être parfaitement entraîné et qualifié, il est le seul à avoir conscience de ce qui se passe.
- La séance doit avoir lieu dans un coin isolé.
- Le groupe doit avoir travaillé quelques heures sur le problème.

*d) Analogies personnelles*

Les membres du groupe s'identifient au problème, il s'agit de bissocier avec celui-ci.

### 1-3 La Synectique

Cette méthode a été proposée en 1948 par WILLIAM GORDON.

C'est une méthode de simulation des différentes étapes de la création. La synectique fait appel à des méthodes d'analogie. On rend familier l'insolite, et l'insolite familier.

La synectique repose sur 3 hypothèses :

L'aptitude à inventer peut être développée à condition de laisser fonctionner les mécanismes psychologiques de la création.

Pour créer, l'émotionnel a plus d'importance que l'intellectuel.

La connaissance de ces éléments émotionnels augmente les chances de trouver la solution.

Processus:        2 étapes        1. le détour

2. le croisement

On définit d'abord le problème par :

1. Le détour : (le chercheur s'identifie au problème).

On pose des questions ou mots types de la liste KENT-ROSANOFF.

On utilise les analogies : métaphores, images de jeux de mots et d'esprit, etc.

2. Le croisement

Il débouche sur la solution par 2 phases simultanées.

a) Enrichir les analogies, recours aux spécialistes ou réflexion spontanée.

b) Enclencher les informations étrangères, en reprenant la correspondance entre les termes de l'analogie et les données du problème.

La synectique repose sur la bissociation.

### 1-4 Les jeux

Les jeux créent l'analogie, en stimulant l'imagination. Cette méthode peut déboucher sur des solutions.

*a) Jeu avec des mots :* (liste KENT- ROSANOFF par exemple)

On concasse le mot qui désigne l'objet. A cet effet tous les moyens sont bons : jeux de mots, calembours, synonymes, etc. Il faut parfois créer des mots nouveaux pour un produit nouveau.

## Liste des 100 mots d'après Kent-Rosanoff

| | | | |
|---|---|---|---|
| table | souhait | tige | amer |
| foncé | rivière | lampe | marteau |
| musique | blanc | rêve | assoiffé |
| maladie | beau | jaune | cité |
| homme | fenêtre | pain | carré |
| profond | rude | justice | beurre |
| doux | citoyen | garçon | docteur |
| nourriture | pied | lumière | bruyant |
| montagne | araignée | santé | voleur |
| maison | aiguille | bible | lion |
| noir | rouge | mémoire | joie |
| mouton | sommeil | brebis | lit |
| confort | colère | bain | lourd |
| main | tapis | chaumière | tabac |
| court | fille | rapide | bébé |
| fruit | eau | bleu | lune |
| papillon | laborieux | affamé | ciseaux |
| lisse | sur | prêtre | tranquille |
| commande | terre | océan | vert |
| chair | trouble | tête | sel |
| tendre | soldat | poêle | rue |
| sifflet | choux | long | roi |
| femme | dur | religion | fromage |
| froid | aigle | whisky | bouton |
| lent | estomac | enfant | effrayé |

*b) Changement des règles du jeu*

Notre organisation mentale et sociale repose sur des « règles du jeu », il faut modifier ces règles, les mettre en cause (il en découle des conséquences inattendues).

*c) Jeu avec les images et les sons*

*d)* Jeu avec les métaphores, pour susciter les analogies (lumière de l'esprit, brûler de désir, etc.).

*e)* Jeu des conséquences logiques d'une situation insolite.

### f) Jeux des combinaisons multiples

A partir d'une liste de mots variés, trouver des concepts originaux.

## 1-5 Le Brainstorming

Cette méthode, très utilisée par l'armée américaine, a été proposée en 1938 par Alex Osborn.

On définit au préalable le problème par concassage. La liste MIT peut être conseillée dans ce cas.

La technique est la suivante :
- Produire le maximum d'idées.
- Ensuite, critiquer la production précédente.

Les préceptes à respecter sont :
- Ne pas critiquer dans la phase de production des idées.
- Donner cours à l'imagination la plus folle.
- Produire le plus grand nombre possible d'idées.
- Effectuer le pillage des idées (combinaisons, améliorations).

La procédure est la suivante :
- Faire des interventions courtes (seule l'idée compte).
- Suivre les idées des autres, stocker les siennes.
- Donner ses idées, lorsque le vide se produit.

Ensuite :
- Croiser les idées avec les impératifs techniques, pour cela on établit des listes d'idées définies, immédiatement réalisables et d'autres à exploiter plus tard.
- Les résultats sont transmis à l'expert pour le choix.
- On peut également explorer plus à fond certaines idées, par des techniques analogiques qui rendent plus performantes le brainstorming.

## 1-6 Le trigger : (appuyer sur la gâchette)

Provoquer une brusque détente après enclenchement.

1° réflexion individuelle.

2° phase collective.

Les réflexions individuelles sont exprimées en termes très courts.

Les idées évoquées sont réunies et permettent de progresser.

### Propositions individuelles

- L'animateur propose une phrase dite « inductrice d'idées ».
- Les participants ont 2 à 3 mn pour répondre (réponses prévues : mots, évocations d'idées).
- Les participants, à tour de rôle, font part de leurs notes. Cet inventaire fait intervenir toutes les personnes. Il permet à chacun de contrôler sa connaissance du sujet.

### Propositions au deuxième degré

Le groupe écoute les propositions de chaque membre en notant les idées nouvelles, nées des idées des autres. On fera le nombre de tours de table nécessaires, pour permettre au membre de stocker leurs idées, tout en creusant les idées originales des autres (il faut de 2 à 4 tours de table).

### Recueil définitif des données

L'animateur procède au recueil des idées. Le nombre d'idées doit être au moins égal à celui de la réflexion personnelle, généralement il est le double. Durée de 45 mn à 1H30.

### Exploitation des données

Faite par l'animateur ou par le groupe.

Synthèse : les propositions, sont regroupées par familles (idées, clés, idées directives, idées forcées).

### Analyse

Chacune des idées importantes peut être donnée à des sous-groupes de travail.

Le nombre d'idées varie de 40 à 400 sur plusieurs heures de travail ; la moyenne est de 80 à 100.

## 1-7 Le circept (concept circulaire)

Il met en évidence les contraintes, détruit les équivoques, parvient ainsi à un accord sur une définition unanime du problème posé.

Rassembler, à partir de libres évocations, les points de jonction (faire des familles).

Traduire ces rapprochements en organisant le désordre apparent des vocations.

Procédure à suivre, à partir d'un thème choisi :
- Faire lister les idées.
- Les classer en 2 colonnes : les positives, les négatives.
- Classer ensuite dans chaque colonne par ordre en décroissant d'importance.
- Etablir les regroupements.
- Etablir le circept.
  Définir le nombres d'axes (colonnes positives, négatives).
  Placer les plus, dans le sens des aiguilles d'une montre.
  Placer les oppositions.
- Donner un titre à chaque axe.

Exemple : **Circept d'une table**

Liste des idées :

| | | | |
|---|---|---|---|
| meuble | livre | famille | fête |
| boire | stabilité | esthétique | préparation |
| manger | bois | travail | petit-déjeuner |
| enfant | balai | repas | nettoyage |
| assiette | banc | cuisine | tristesse |
| dégoût | chaise | casseroles | |
| ivrogne | propreté | couverts | |

Classement :

| Positif | Négatif |
|---|---|
| meuble | banc |
| boire | chaise |
| manger | nettoyage |
| assiette | préparation |
| fête | dégoût |
| enfant | ivrogne |
| livre | balai |

Regroupement : avec ordre

| | |
|---|---|
| famille | banc |
| enfant | chaise |
| manger | stabilité |
| petit-déjeuner | nettoyage |
| boire | balai |
| assiette | dégoût |
| couverts | ivrogne |

| | | | |
|---|---|---|---|
| bois | stabilité | fête | travail |
| propreté | travail | propreté | préparation |
| famille | casseroles | meuble | casseroles |
| esthétique | tristesse | bois | tristesse |
| petit-déjeuner | | esthétique | |
| couverts | | | |

**Circept :**

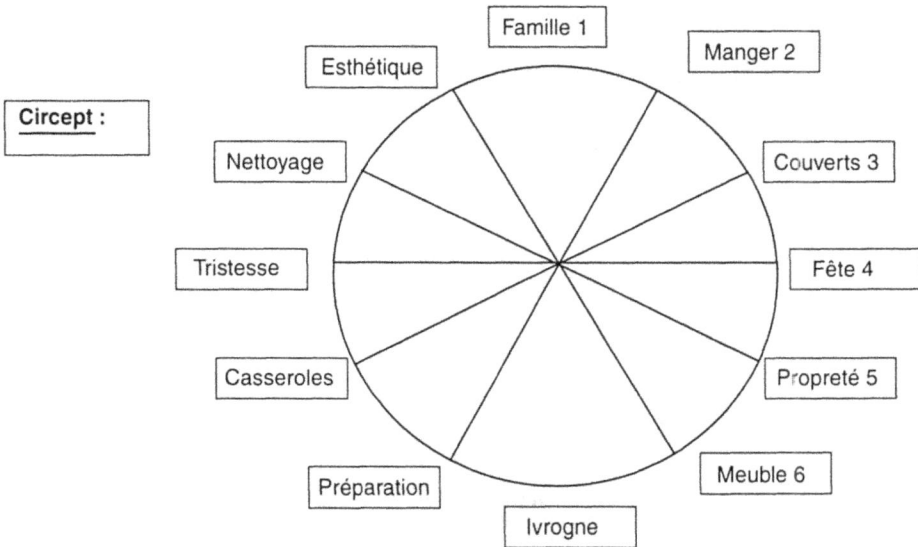

Définition des axes ou concepts de la table :

1) Permettre des réunions conviviales, famille, amis.

2) Satisfaire nos sens odorat et goût.

3) Assurer une présentation visuelle agréable.

4) Convenir à toutes les festivités.

5) Donner l'assurance d'une parfaite hygiène.

6) Etre en harmonie avec le décor.

## 1-8 La Liste MIT

Par rapport à l'élément étudié, le groupe se pose les questions :

**Quels autres usages ?**

De nouveaux usages pour s'en servir tel quel ?

D'autres usages par modifications ?

### Adapter

Qu'est-ce qui ressemble à ceci ?

Quelles autres idées cela suggère-t-il ?

Le passé nous offre-t- il des analogies ?

Que pourrais-je copier ?

Que pourrais-je utiliser comme source d'émulation ?

### Modifier

Lui donner une nouvelle forme ?

En changeant la destination, la couleur, le mouvement, le son, l'odeur ?

Faire d'autres changements ?

### Agrandir

Que peut-on y ajouter ?

Doit-on y consacrer plus de temps ?

Doit-on augmenter la fréquence ?

Doit-on le rendre plus résistant ?

Plus haut, plus long, plus épais ?

Y ajouter une valeur supplémentaire ?

Augmenter le nombre d'ingrédients ?

Le dédoubler, le multiplier, l'exagérer ?

### Diminuer

Que peut-on en soustraire ?

Doit-on le rendre plus petit ? Plus compact, plus bas, miniature ?

Plus court, plus léger ?

Que peut-on en supprimer ?

Comment le rendre plus aérodynamique ?

Comment le diviser en pièces ?

Comment le déclasser ?

### Substituer

Qui mettre à la place ?

Que mettre à la place ?

Quels autres ingrédients de remplacement ?

Quels autres matériaux, procédés, sources d'énergie, endroits ?

Autre façon de la résoudre ?

Autre ton de voix ?

**Réarranger**

Interchanger les composants ?

Etablir d'autres modèles ?

Disposer les éléments dans un ordre différent ?

Changer la séquence ?

Intervertir cause et effet ?

Changer l'allure ?

Changer l'horaire ?

**Renverser**

Transposer le positif et le négatif ?

En considérer l'opposé ?

Le retourner ?

Le mettre la tête en bas ?

Renverser les rôles ?

Changer les positions des personnages ?

Changer l'ordre de déroulement ?

En présenter une autre face ?

**Combiner**

Pourquoi ne pas essayer un mélange, un assortiment, un ensemble, un alliage ?

Ou combiner des unités, des buts, des attraits, des idées ?

## 2 - Méthodes Rationnelles

### 2-1 Les matrices de découverte

(listes croisées). Matrices de A. MOLES.

**Matrice rectangulaire**

On établit deux listes par rapport au problème posé. On définit des besoins, des moyens, des solutions, ou d'autres éléments.

Les cinq étapes à suivre :

1) constituer 2 listes (exhaustives).

2) dégager les variables importantes par rapport au sujet (pour limiter la matrice).

3) combiner les éléments (ligne et colonne).

4) noter les idées pour chaque case.

5) évaluer les solutions.

Exemple : Comment assembler deux pièces métalliques ?

| Principe | Solutions |
|---|---|
| collage | vis |
| pression | velcro |
| soudage gaz | serre-joint |
| vide | pince |
| aimantation | clips |
| adhérence | boulon |
| soudage électrique | goujon |
| laser | collant double face |
| brasage | colle |
| | goupille |
| etc. | etc. |

Après analyse et synthèse des variables importantes, on constitue la matrice.

| | Vis | Rivet | Pince | Colle | Goupille |
|---|---|---|---|---|---|
| Collage | | | | | |
| Soudage | | | | | |
| Adhérence | | | | | |
| Pression | | | | | |
| | | | | | |

On cherche des solutions pour chaque case, ensuite, on évalue les résultats.

## Matrice carrée

A partir d'une seule liste, on place les éléments dans une demi-matrice.

1 vis
2 rivet
3 pince          1 vis
4 colle
5 goupille

|  | 2 rivet | 3 pince | 4 colle | 5 goupille |
|---|---|---|---|---|
| 1 vis |  |  |  |  |
| 2 rivet |  |  |  |  |
| 3 pince |  |  |  |  |
| 4 colle |  |  |  |  |

**Disposition d'une matrice carrée, pour éviter les répétitions**

## 2.2 L'analyse morphologique

L'analyse morphologique a été mise au point par un astrophysicien américain, d'origine suisse FRITZ ZWICKY.

### Principe

Si plusieurs éléments ou fonctions A, B, C, interviennent, nous avons x façons pour A, y façons pour B, z façons pour C.

**Soit : xA yB zC réponses possibles**

Procédure à suivre :

Enoncer les fonctions ou paramètres à satisfaire (à placer en ligne haut de matrice).

Pour chaque paramètre, indiquer en ligne les différentes voies de solutions possibles.

Procéder à une recherche systématique de toutes les solutions en associant les voies de solutions.

Analyser les résultats :

- Des solutions connues
- Des impossibilités
- Des nouvelles solutions
- Recherche de faisabilité des nouvelles solutions

Exemple : Trouver un dispositif permettant l'ouverture d'un portail à 2 vantaux, pour une propriété privée.

Liste des éléments :

- Energie utilisée
- Mécanisme de manœuvre
- Mouvement

On établit 4 colonnes, puis on cherche pour chaque colonne un nombre de possibilités.

| Energie | Mouvement | Mécanisme | Sécurité |
|---|---|---|---|
| 1 Electrique | 1 Linéaire | 1 Câble | 1 Electronique |
| 2 Hydraulique | 2 Rotatif | 2 Vis écrou | 2 Mécanique |
| 3 Pneumatique | 3 Alternatif | 3 Levier | 3 Limite de couple |
| 4 Mécanique | 4 Pendulaire | 4 Pignons | |
| 5 Gaz | | 5 Came | |
| 6 Solaire | | 6 Crémaillère | |
| 7 | | 7 Piston | |

**Soit 6 x 4 x 7 x 3 = 504 possibilités**

1.1 moteur électrique linéaire avec câble régulation électronique.

1.2 "       "       "       à déclencheur mécanique.

1   "       "       "       à limiteur de couple.

Etc.

**Quelques cas :**

1 2 2 3    vérin à moteur électrique, système vis écrou.

2 1 7 2    vérin hydraulique à piston régulation mécanique (avec centrale extérieure).

2 2 7 1    vérin hydraulique à piston régulation électronique (avec centrale hydraulique intégrée).

1 2 3 3    moteur électrique ouverture à bras de levier avec limiteur de couple.

On poursuit, en développant les solutions intéressantes.

### 2.3 *Le soleil :* Roland CHANUT 1980

C'est une méthode de recherche d'environnement par éclatements successifs. Elle permet de trouver les éléments à prendre en compte.

On place un premier soleil à l'extrémité de ses rayons, on indique l'environnement sur lequel le milieu traité agit, puis on éclate en autant de soleils que d'extrémités, et ainsi de suite.

Exemple : Une poêle.

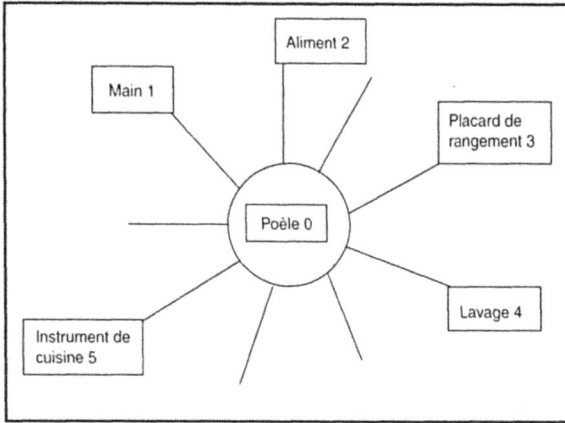

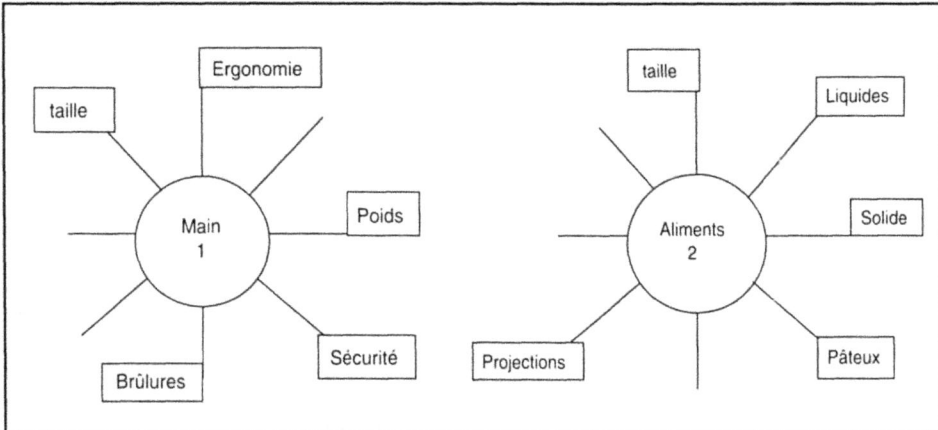

**Synthèse**

**Tableau d'utilisation des méthodes**

| Produit | Matrice de MOLES | Jeux Mots | Analogies | Analogies vécues | Analogies personnelles | Brainstorming | Analyse morphologique de ZWICKY |
|---|---|---|---|---|---|---|---|
| Améliorer un produit | X | | X | | | X | X |
| Créer un produit | X | | X | | X | | X |
| Chercher à améliorer une fonction | | | X | | X | X | X |
| Reconversion d'une fabrication sur un produit | X | X | X | X | | | |
| Nouveau service à créer | X | X | X | | | | |
| Publicité Lancement produit | | | | | | | |

# STRUCTURE EN « BOITES »

## 1 - Les objectifs

L'objectif est d'assurer le développement du produit pour définir les solutions détaillées qui seront retenues pour la réalisation du produit.

Pour un produit existant, on connaît sa structure et la composition de ses éléments, c'est-à-dire les solutions retenues.

Pour un produit nouveau en phase de reconception, après les séances de créativité, on aboutit à une architecture générale non détaillée.

Le problème posé est le suivant : comment passer d'une architecture générale à une réalisation détaillée ?

## 2 - Principe

Les éléments connus sont :

Le CdCF avec la caractérisation des fonctions, les performances à atteindre.

Le coût objectif global du produit.

L'architecture générale du futur produit.

Les éléments inconnus :

Les solutions technologiques détaillées.

Les coûts des composants.

Après la phase de créativité, on conçoit le produit comme un assemblage de boîtes, liées les unes aux autres. Cette représentation sera schématique.

Il sera important d'affecter à chaque boîte un numéro et de lui donner un nom, suivant le principe d'une nomenclature. Le groupe de travail doit posséder des repères et un vocabulaire communs.

L'expérience démontre que si ces précautions ne sont pas prises, on va au devant d'incompréhensions mutuelles, entre les divers participants, sur le vocabulaire et la définition des composants d'où des quiproquos et des pertes de temps.

## 3 - La construction de la structure

Pour chaque boîte nous connaissons les entrées et sorties (suivants CdCF, les performances). La résolution technique du contenu de chaque boîte sera traitée, tout en déterminant les interfaces de liaisons. Le coût de chacune d'entre elles sera fixé (voir outil N°26 détermination des coûts prévisionnels).

On donnera à chaque spécialiste des bureaux d'études, une boîte à développer, avec ses performances, son coût objectif, ses interfaces avec les autres éléments et les délais d'études correspondants.

Les bureaux d'études devront répondre par plusieurs propositions techniques détaillées (voir outils fiches de conception N°25) ce qui permettra au groupe de travail de retenir les solutions les plus adaptées au contexte du produit.

Le suivi de développement de l'ensemble de ces boîtes sera fait suivant un tableau de bord (voir outil N°23 tableau de bord).

Cette forme de développement du produit, de structure en boîte, permet d'assurer un suivi efficace et une maîtrise des performances, de la technique et des coûts. Le développement est assuré par l'ensemble du groupe de travail.

### Les intérêts de cette représentation :

Le lexique introduit l'homogénéité du vocabulaire pour tous.

Le schéma est la représentation simplifiée du produit à développer, il facilite le dialogue.

Les performances traduisent la synthèse des objectifs techniques à atteindre.

Les coûts favorisent la maîtrise économique de chaque élément pour atteindre le coût objectif global du produit.

## 4 - Les variantes et compléments

Pour chaque boîte, on pourra ajouter en cours de développement d'autres paramètres comme : la sûreté de fonctionnement, la maintenance des éléments, le soutien logistique, les analyses de risques du produit et du développement des composants.

Exemple d'une structure en boîte : une lampe de bureau

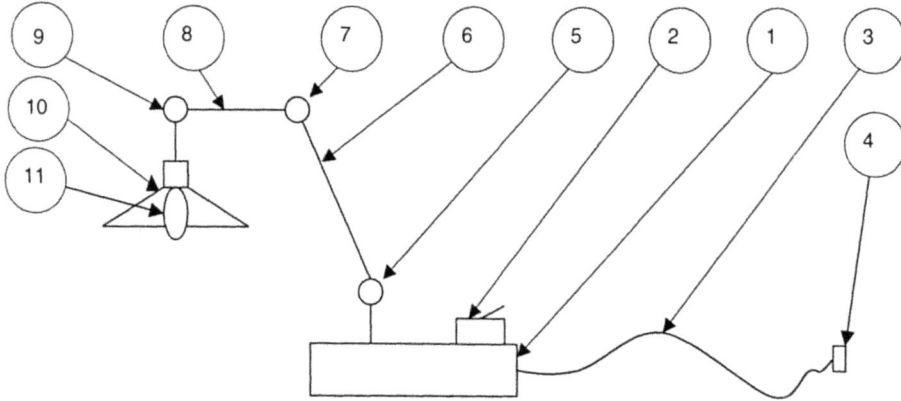

| Lexique | Performances (CdCF) | Coût objectif attribué |
|---|---|---|
| 1 Socle | 1 | 1 |
| 2 Interrupteur | 2 | 2 |
| 3 Fil réseau | 3 | 3 |
| 4 Prise réseau | 4 | 4 |
| 5 Liaison A | 5 | 5 |
| 6 Grand bras | 6 | 6 |
| 7 Liaison B | 7 | 7 |
| 8 Petit bras | 8 | 8 |
| 9 Liaison C | 9 | 9 |
| 10 Chapeau réflecteur | 10 | 10 |
| 11 Système d'éclairage | 11 | 11 |

Autres contraintes de développement

| Risques | Maintenance | Sûreté de fonction | SLI |
|---|---|---|---|
| 1 | 1 | 1 | 1 |
| 2 | 2 | 2 | 2 |
| 3 | 3 | 3 | 3 |
| 4 | 4 | 4 | 4 |
| 5 | 5 | 5 | 5 |
| 6 | 6 | 6 | 6 |
| 7 | 7 | 7 | 7 |
| 8 | 8 | 8 | 8 |
| 9 | 9 | 9 | 9 |
| 10 | 10 | 10 | 10 |
| 11 | 11 | 11 | 11 |

Les outils d'étude et d'évaluation des solutions

# TABLEAU DE BORD DE CONCEPTION

Le tableau de bord permet de suivre le développement du produit, il est conçu d'après la structure en « boîte » décrite précédemment, suivant le principe des OTP et OTT (voir outil N°6).

On établit pour chaque « boite » du produit un « pavé » de renseignements qui permettra d'assurer le suivi du développement.

## 1 - Les avantages

Permettre au groupe de visualiser dans un tableau synthétique un ensemble d'informations permettant d'assurer l'étude des composants du produit.

Assurer le suivi du développement en contrôlant divers indicateurs essentiels (coûts, délais performances, etc.).

## 2 - Le contenu de chaque pavé

### L'identification

Le nom en provenance du lexique et le numéro de repère.

### Les coûts

Trois rubriques à prévoir :

Le coût objectif prévisionnel fixé par rapport au coût global du produit **CO.**

Le coût estimé calculé pour chaque solution proposée.

Le coût réel correspondant à l'exécution.

### Les performances

On indique les principales performances que doit satisfaire la « boîte » (d'après le CdCF).

### Les délais

Les dates de réalisation et de rendu sont indiquées.

Pour la faisabilité, le prototypage, l'industrialisation, les recettes, etc.

### Le gestionnaire

Le service concerné et le nom du responsable.

### Provenance

On indique si le produit est conçu par l'entreprise ou s'il provient d'un fournisseur (partenariat ou achat sur catalogue) ou appel d'offres, ou sous-traitance, etc.

### Autres

Comme nous l'avons indiqué dans l'outil structure en boîte, les rubriques peuvent être étendues à d'autres informations (Maintenance, SF, SLI, etc.).

Pavé de définition

| Nom | | Repère |
|---|---|---|
| Service : | Responsable : | |
| | | |
| CO : | CE : | CR : |
| Performances | | |
| | | |
| | | |
| Délais | | |
| Etude | Proto : | Exé : |
| Provenance : | | |
| Maintenance : | | |

Exemple de tableau de bord de la lampe :

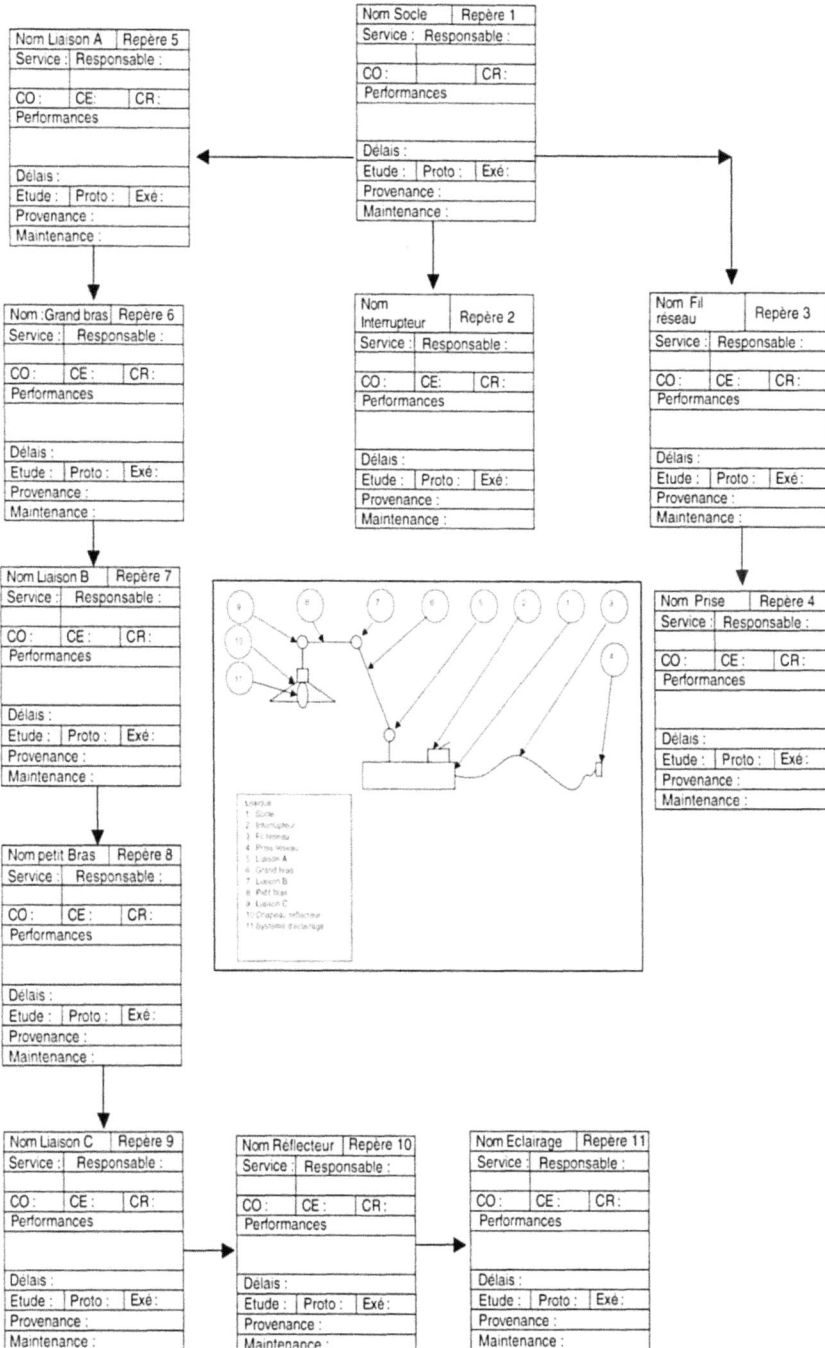

| Nom Liaison A | Repère 5 |
|---|---|
| Service : | Responsable : |

| CO : | CE: | CR : |
|---|---|---|
| Performances | | |

| Délais : | | |
|---|---|---|
| Etude : | Proto : | Exé : |
| Provenance : | | |
| Maintenance : | | |

| Nom Socle | Repère 1 |
|---|---|
| Service : | Responsable : |

| CO : | CR : |
|---|---|
| Performances | |

| Délais : | | |
|---|---|---|
| Etude : | Proto : | Exé : |
| Provenance : | | |
| Maintenance : | | |

| Nom :Grand bras | Repère 6 |
|---|---|
| Service : | Responsable : |

| CO : | CE : | CR : |
|---|---|---|
| Performances | | |

| Délais : | | |
|---|---|---|
| Etude : | Proto : | Exé : |
| Provenance : | | |
| Maintenance : | | |

| Nom Interrupteur | Repère 2 |
|---|---|
| Service : | Responsable : |

| CO : | CE: | CR : |
|---|---|---|
| Performances | | |

| Délais : | | |
|---|---|---|
| Etude : | Proto : | Exé : |
| Provenance : | | |
| Maintenance : | | |

| Nom Fil réseau | Repère 3 |
|---|---|
| Service : | Responsable : |

| CO : | CE : | CR : |
|---|---|---|
| Performances | | |

| Délais : | | |
|---|---|---|
| Etude : | Proto : | Exé : |
| Provenance : | | |
| Maintenance : | | |

| Nom Liaison B | Repère 7 |
|---|---|
| Service : | Responsable : |

| CO : | CE : | CR : |
|---|---|---|
| Performances | | |

| Délais : | | |
|---|---|---|
| Etude : | Proto : | Exé : |
| Provenance : | | |
| Maintenance : | | |

| Nom Prise | Repère 4 |
|---|---|
| Service : | Responsable : |

| CO : | CE : | CR : |
|---|---|---|
| Performances | | |

| Délais : | | |
|---|---|---|
| Etude : | Proto : | Exé : |
| Provenance : | | |
| Maintenance : | | |

Légende
1. Socle
2. Interrupteur
3. Fil réseau
4. Prise réseau
5. Liaison A
6. Grand bras
7. Liaison B
8. Petit bras
9. Liaison C
10. Chapeau, réflecteur
11. Système d'éclairage

| Nom petit Bras | Repère 8 |
|---|---|
| Service : | Responsable : |

| CO : | CE : | CR : |
|---|---|---|
| Performances | | |

| Délais : | | |
|---|---|---|
| Etude : | Proto : | Exé : |
| Provenance : | | |
| Maintenance : | | |

| Nom Liaison C | Repère 9 |
|---|---|
| Service : | Responsable : |

| CO : | CE : | CR : |
|---|---|---|
| Performances | | |

| Délais : | | |
|---|---|---|
| Etude : | Proto : | Exé : |
| Provenance : | | |
| Maintenance : | | |

| Nom Réflecteur | Repère 10 |
|---|---|
| Service : | Responsable : |

| CO : | CE : | CR : |
|---|---|---|
| Performances | | |

| Délais : | | |
|---|---|---|
| Etude : | Proto : | Exé : |
| Provenance : | | |
| Maintenance : | | |

| Nom Eclairage | Repère 11 |
|---|---|
| Service : | Responsable : |

| CO : | CE : | CR : |
|---|---|---|
| Performances | | |

| Délais : | | |
|---|---|---|
| Etude : | Proto : | Exé : |
| Provenance : | | |
| Maintenance : | | |

# TABLEAU FONCTIONNEL DE CHOIX DE SOLUTIONS

## Technique et coûts

Après des séances de créativité, ou dans d'autres circonstances, un choix doit être effectué, face à diverses solutions possibles.

Le tableau fonctionnel permet de résoudre ce problème en évaluant pour chaque solution la technologie mise en œuvre et les performances atteintes.

Le but étant de déterminer la solution qui répond le mieux au Cahier des Charges Fonctionnel.

## 1 - Le principe

### Technique

Pour chaque fonction du produit le groupe de travail procède à une analyse des composants qui interviennent pour satisfaire celle ci. Une note sera portée en fonction de la réponse technique et des performances obtenues.

La solution obtenant le plus grand nombre de points sera considérée comme étant la plus performante sur le plan technologique.

### Coûts

Bien que l'on ait déterminé la solution qui sur le plan technique semble la plus intéressante, il n'est pas prouvé que ce soit elle qui soit retenue. On doit prendre en compte dans la décision le coût de chacune de ces solutions.

Une technologie trop pointue sera considérée comme une sur-qualité générant des coûts, qui placeraient le produit au-dessus des prix du marché.

### Le Ratio

Pour éviter ce type de désagrément lors de choix simples, il est souhaitable d'effectuer un ratio entre le nombre de points obtenus pour chaque solution et le coût correspondant.

Les outils d'étude et d'évaluation des solutions

En effectuant le ratio coût/nombre de points la solution qui obtient le plus faible coefficient est la plus performante.

**Il est bien évident que dans ces conditions, la meilleure solution est celle qui a le plus grand nombre de points avec un coût de revient le plus faible possible.**

## 2 - Construction du tableau

▦ Placer horizontalement les fonctions et verticalement les solutions.

▦ Indiquer un coefficient K de pondération.

On utilise généralement les valeurs attribuées par la hiérarchisation des fonctions en %.

On peut affecter un ordre d'importance différent K=1 Identique K=2 Moyen K=3 Important, ou d'autres échelles définies par le groupe de travail.

▦ Utiliser un barème de notation pour évaluer les solutions :

1 Mal adapté.

2 Peu adapté.

3 Moyennement adapté.

4 Bien adapté.

5 Très bien adapté.

### Procédure à suivre

Le groupe de travail recherche pour chaque fonction quelle solution est retenue et les composants qui interviennent. Une analyse sera effectuée sur la technologie mise en œuvre et sur le niveau des performances.

Une note sera ensuite portée en fonction du référentiel qui est le CdCF.

### Tableau de décision simple

Pour simplifier l'exemple prenons des coefficients de pondération (généralement on prend le % de hiérarchisation des fonctions)

K = 1 Identique     K = 2 Moyen        K = 3 Important

| Solutions | Coeff K ou % | Solution A | | Solution B | | Solution C | |
|---|---|---|---|---|---|---|---|
| Fonctions | | Notes | Total | Notes | Total | Notes | Total |
| F1 Transporter | 1 | 4 | 4 | 3 | 3 | 2 | 2 |
| F2 Fermer | 2 | 3 | 6 | 5 | 10 | 1 | 2 |
| F3 Poser au sol | 3 | 2 | 6 | 4 | 12 | 3 | 9 |
| F4 Ranger | 3 | 4 | 12 | 5 | 15 | 4 | 12 |
| | | Total | 28 | | 40 | | 25 |
| | | % | 30 | | 43 | | 27 |

Nous avons volontairement mis en opposition dans cet exemple une solution technique performante à coût élevé B et une solution technique inférieure C pour un coût faible.

La solution B est la plus performante sur le plan technique 43%.

La solution C est la moins onéreuse.

Les coûts respectifs sont A = 300 F      B = 500 F    C = 250 F.

Les ratios sont A 300/30 = 10    B 500/43 = 11,62   C 250/27 = 9,25

En faisant l'hypothèse que ces trois solutions répondent correctement aux performances du CdCF, on constate que la solution C est la plus rentable par son ratio. C'est la solution qui devrait être retenue.

Néanmoins, si le groupe de travail le souhaite, il analysera plus finement ces résultats avant de prendre une décision et pourra même refaire un mixage de ces solutions pour optimiser le choix.

L'intérêt de cet outil : par une analyse critique des solutions, on identifie les éléments essentiels à un bon choix.

### Tableau de décision plus complexe

On peut apporter une variante à ce tableau en poussant plus finement les analyses en introduisant les critères des fonctions qui sont énoncés dans la caractérisation de celles-ci..

L'analyse sera faite de la même façon que précédemment, mais sera obligatoirement plus détaillée, afin de répondre à une notation de critères par fonction.

Les outils d'étude et d'évaluation des solutions

Ce type d'analyse obligera le groupe de travail à vérifier pour chaque critère de chaque fonction si la solution examinée correspond ou non, et quels sont les écarts.

Exemple de tableau avec critères :

Le coefficient de pondération est normalement identique pour chaque critère de fonction mais l'affectation peut aussi être différente pour chaque critère.

Si le % de hiérarchisation est donné pour chaque fonction, on peut assurer la répartition de celui-ci sur les critères de la fonction.

Exemple : Pour F4 le % de hiérarchisation = 40 %.

L'attribution en fonction de l'importance des critères peut être la suivante :

C1 = 15 %.

C2 = 20 %.

C3 = 5 %

| Solutions | Coeff K ou % | Solution A | | Solution B | | Solution C | |
|---|---|---|---|---|---|---|---|
| Fonctions | | Notes | Total | Notes | Total | Notes | Total |
| F1 Transporter C1 Poids C2 Volume C3 Préhension | 10 % | | | | | | |
| F2 Fermer C1 Sécurité C2 Verrouillage | 20 % | | | | | | |
| F3 Poser au sol C1 Stabilité C2 Planéité | 30 % | | | | | | |
| F4 Ranger C1 Pliage C2 Ergonomie C3 Dimensions | 40 % 15 % 20 % 5 % | 3 2 5 | 0,45 0,4 0,25 | | | | |
| | Total | | | | | | |
| | % | | | | | | |

# LES FICHES DE CONCEPTION

Après avoir établi la structure en boîte et le tableau de bord de conception, il est demandé aux développeurs de proposer, si possible, plusieurs solutions répondant aux différents paramètres fixés (CdCF, Coûts, performances, etc.).

Pour permettre au groupe de travail d'évaluer et de sélectionner la ou les solutions les plus optimisées, il est indispensable de disposer des informations nécessaires.

Les concepteurs vont présenter leurs différentes solutions suivant des fiches de conception, le choix s'effectuera d'après celles-ci.

L'exemple simplifié ci-après, donne une base de présentation d'une fiche de conception.

La composition de ce tableau peut être modifiée et adaptée au contexte de développement des produits de l'entreprise.

E = conçu par l'entreprise.

F = conçu en partenariat.

ST = sous-traité.

C = achat sur catalogue.

Le coût objectif a été fixé au préalable. Les coûts estimés sont ceux présentés par les concepteurs de la solution proposée. Ce qui permet de contrôler si l'on respecte, ou pas, le coût objectif CO.

| FICHE DE CONCEPTION N°1 | | | | | | | | | |
|---|---|---|---|---|---|---|---|---|---|
| Action AV | Projet : Dx 23 Produit : Lampe de bureau | | Boîte N° 6 Nom : Grand bras | Service : Bureau d'études Responsable : D. Lacour | | | | | |
| Coût objectif : 32 F | | Solution N° 1A | | Provenance | | | | Coût estimé | Délais |
| Repères | Liste des composants | | | E | F | ST | C | | Mini | Maxi |
| 1 | Rotule Pivotement 3 axes | | | | X | | | 8 F | | |
| 2 | Tube de liaison au Bâti | | | X | | | | 2 F | | |
| 3 | Carré creux pour passage de fil | | | | X | | | 7 F | | |
| 4 | Articulation 2 axes | | | | | X | | 5 F | | |
| 5 | Liaison vissé au petit bras | | | X | | | | 3 F | | |
| 6 | Montage des éléments | | | X | | | | 3 F | | |
| 7 | Contrôle | | | X | | | | 1 F | | |
| | | | | | | | | | | |
| | | | | Coût Total estimé | | | | 29 F | | |

Difficultés à contourner.
Liaison au petit bras, le système par vis crée une amorce de rupture.

Standardisation possible.
La rotule N° 1 peut être utilisée sur d'autres produits, un achat par quantité assurerait une réduction du coût.

Brevets éventuels.
Pas de possibilités de brevet, cette solution est déjà connue et utilisée.

Ressources à engager.
Prévoir 100 K F pour les outillages.
Réalisation d'un poste de montage nécessitant un ouvrier qualifié.

Remarques.

Schéma.

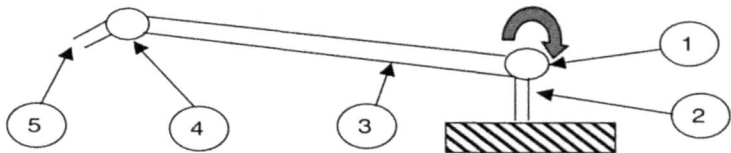

# COÛTS PRÉVISIONNELS DES COMPOSANTS

## Conception par coût objectif

Nous appelons coût prévisionnel, un coût affecté à chaque composant ou tâche à réaliser sur le produit, à partir du coût objectif global fixé pour la conception du produit.

Le coût objectif global du produit ayant été déterminé, le concepteur est confronté à un problème.

Comment répartir ce coût sur les divers composants et tâches à effectuer, sans connaître *a priori,* les solutions qui seront retenues pour l'élaboration de son produit ?

La distribution de ce coût global doit être effectuée sur les divers composants et tâches du produit. Cette répartition permet d'allouer une somme à ne pas dépasser (coût objectif) pour laquelle les services de développement devront proposer des solutions.

Un certain nombre d'outils sont présentés ci-après pour assurer cette distribution. Nous attirons l'attention du lecteur sur le fait que ce ne sont que **des coûts d'affectation prévisionnels.**

Dans le cas de technologies difficiles à maîtriser sur le développement d'un des composants, il est parfois impossible ou très difficile d'atteindre ce coût. On dépasse le CO.

Dans cette situation, on assure une distribution qui répartit ce dépassement sur l'ensemble du reste des autres coûts. Les outils proposés permettent ces manipulations.

## 1 - Les objectifs

**L'objectif à atteindre :** fixer un coût pour chaque composant ou tâche, à partir du coût objectif global du nouveau produit à concevoir.

**Le but :** imposer ces coûts aux équipes de développement pour la réalisation de solutions répondant au CdCF.

Les outils d'étude et d'évaluation des solutions

Dans la phase de Hiérarchisation, le client a valorisé chaque fonction, par l'intérêt porté, qui se traduit par le « Coût » qu'il est prêt à payer pour chaque fonction.

Si nous prenons ces valeurs comme objectif à atteindre, cela nous permettra **d'affecter un coût par fonction** à partir du coût global du produit.

Ayant un coût attribué par fonction, il nous reste maintenant à répartir ce coût sur les différents composants et tâches de notre produit.

Les outils que nous allons utiliser sont issus des matrices coûts /fonctions.

## 2 - Les méthodes

La hiérarchisation a été évaluée en pourcentage pour chaque fonction.

Pour le coût à distribuer sur chaque fonction, il suffit d'effectuer le produit du coût objectif global par le pourcentage attribué par le client, à chaque fonction.

Il reste cependant à chiffrer le coût prévisionnel des pièces et sous-ensembles, tâches, etc. Pour cela, on évaluera, dans chaque colonne de fonction, la participation de chaque élément exprimée en francs (de la même façon que dans la répartition des coûts de la grille Coûts/Fonctions).

On procédera ensuite au total horizontal.

Comment procéder concrètement ?

Les pré-requis essentiels sont :
- que l'analyse fonctionnelle (et le CdCF) soit faite,
- que la hiérarchisation des fonctions soit effectuée, par enquête Marketing, par Tri croisé, par matrice, etc.,
- que le produit soit suffisamment avancé en recherche et développement, pour que l'on dispose d'un avant-projet détaillant sommairement les pièces, sous-ensembles et tâches.

Deux situations se présentent à nous :
- Le produit existe et par conséquent une grille Coûts/Fonctions a été réalisée (plus de 90 % des cas).

- Le produit est entièrement nouveau, pas de grille Coûts/ Fonctions établie.

Dans les deux cas, on établira une grille Coûts/Fonctions prévisionnelle.

Le cas le plus facile à traiter sera celui du produit existant, car on s'aidera de la grille d'analyse déjà établie, pour concevoir la grille prévisionnelle.

### Conception de la grille prévisionnelle

La démarche à suivre sera l'inverse de celle de l'établissement de la grille Coûts/Fonctions classique.

Conventionnellement les fonctions seront placées en haut.

Les pièces, sous-ensembles, tâches, seront ceux venant de l'avant-projet. L'objectif est de fixer le coût de ces éléments.

Les coûts par fonctions seront calculés à partir du coût objectif global du produit, et de la hiérarchisation des fonctions.

Lors de la hiérarchisation, il a été établi un pourcentage de valorisation par le client pour chaque fonction et nous connaissons la somme à attribuer à chacune d'elles.

On s'aidera de la grille **d'Analyse Coûts/Fonctions précédemment établie,** pour évaluer, corriger, et fixer le coût prévisionnel de la pièce attribuée à une fonction.

Les outils d'étude et d'évaluation des solutions

## Modèle de grille prévisionnelle

Résultat : Coût de chaque élément

| Pièces. Sous-Ensembles Montage, etc. | Coût Prévisionnel | % | F1 | % | F2 | % | F3 | % | C1 |
|---|---|---|---|---|---|---|---|---|---|
| | | | | | | | | | |
| | | | | | | | | | |
| | | | | | | | | | |
| | | | | | | | | | |
| | | | | | | | | | |
| | | | | | | | | | |
| Coûts par fonction | Total CCO | | | | | | | | |
| Pourcentage attribué | 100% | | | | | | | | |

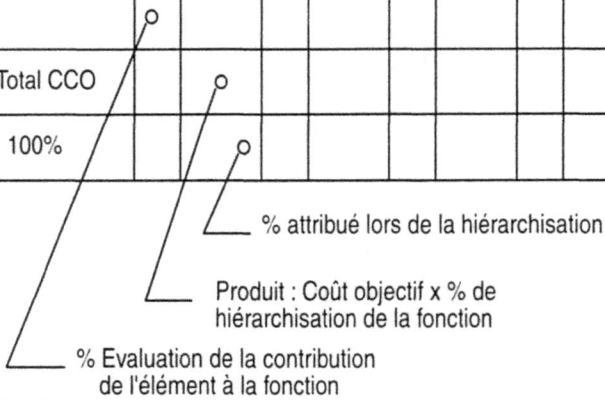

% attribué lors de la hiérarchisation

Produit : Coût objectif x % de hiérarchisation de la fonction

% Evaluation de la contribution de l'élément à la fonction

### Exemple d'application

Le coût objectif de reconception d'un produit a été fixé à 3 200 F.

Après établissement du cahier des charges fonctionnel, la hiérarchisation des fonctions valorisée par le client a été la suivante :

$$F1 = 18\% \qquad F2 = 48\% \qquad F3 = 29\% \qquad C1 = 5\%.$$

Le produit avant reconception coûtait 4 000 F. Une grille Coûts/ Fonctions avait été établie par les 5 composants.

On demande de déterminer le nouveau coût par fonction, ainsi que les coûts prévisionnels des nouvelles pièces pour le bureau d'études et les services achats.

Après faisabilité et qualification des maquettes, un avant-projet a été effectué. La nouvelle solution ne comporte que 4 pièces (suppression de la pièce 4. Gain 300 F).

### Résolution

A partir de la matrice Coûts/Fonctions du produit existant on va en déduire par ratios les coûts de futurs composants du nouveau produit.

La nouvelle grille Coûts/Fonctions est établie. On détermine le nouveau coût par fonction. Puis on effectuera le calcul du coût prévisionnel d'un seul composant, pour faciliter la compréhension.

### Calcul du nouveau coût par fonction

Ces valeurs sont portées sur les 2 lignes du bas.

Les % viennent de la hiérarchisation.

3 200 x 18 % = 576 F pour F1.

3 200 x 48 % = 1 536 F pour F2.

3 200 x 29 % = 928 F pour F3.

3 200 x 5 % = 160 pour C1.

### Calcul du coût prévisionnel d'un composant. Pièce n°2

Dans la grille produit existant, la pièce n°2 contribue aux fonctions :

F1 pour 780 F.

F2 pour 390 F.

C1 pour 130 F.

Calculons son % de contribution correspondant par rapport à la matrice du produit existant

F1 = 780/950 = 82 %

F2 = 390/1780 = 22 %

C1 = 130/230 = 57 %.

A ce stade, deux possibilités :

▪ soit, on considère que le % de contribution est maintenu, car l'ancienne et la nouvelle pièce sont techniquement proches et il n'y aura pas de réduction ou d'augmentation de coûts,

▪ soit, on considère que le % de contribution doit être différent, car la nouvelle pièce est conçue différemment, et de ce fait sa contribution doit être améliorée.

Les spécialistes du groupe de travail gèrent ce problème.

Dans les deux cas, le % retenu, corrigé ou non, sera reporté dans la colonne %.

Pour F1, on maintient 82 %.

Pour F2, on corrige à 18 %.

Pour C1, on maintient à 57 %.

Prenons les coûts d'attribution :

Pour F1        $576 \times 82\% = 472$  F

Pour F2        $1536 \times 18\% = 277$ F

Pour C1        $160 \times 57\% = 91$ F

Il suffit ensuite d'effectuer le total par ligne pour avoir le coût attribué au composant :

$472 + 277 + 91 = 840$ F

Grille Coûts/Fonctions produit existant

| Pièces | Coût réel | F1 | | F2 | | F3 | | C1 | |
|---|---|---|---|---|---|---|---|---|---|
| Pièce n° 1 | 500 | | | 10 | 50 | 70 | 350 | 20 | 100 |
| Pièce n° 2 | 1300 | 60 | 780 | 30 | 390 | | | 10 | 130 |
| Pièce n° 3 | 800 | | | 60 | 480 | 40 | 320 | | |
| Pièce n° 4 | 300 | 20 | 60 | 30 | 90 | 50 | 150 | | |
| Pièce n° 5 | 1100 | 10 | 110 | 70 | 770 | 20 | 220 | | |
| | 4000 | | 950 | | 1780 | | 1040 | | 230 |

Pour n°2    F1 780/950 = 82%  F2 390/1780 = 22%  C1 130/230 = 57%

Grille prévisionnelle du produit à reconcevoir    corrigé à 18%

| Pièces | Coût Prévision | % | F1 | % | F2 | % | F3 | % | C1 |
|---|---|---|---|---|---|---|---|---|---|
| Pièce n° 1 | | | | | | | | | |
| Pièce n° 2 | 840 | 82 | 472 | 18 | 277 | | | 57 | 91 |
| Pièce n° 3 | | | | | | | | | |
| Pièce n° 5 | | | | | | | | | |
| Coût objectif | 3200 | | 576 | | 1536 | | 928 | | 160 |
| Nouveau coût par fonction | 100% | | 18% | | 48% | | 29% | | 5% |

% de hiérarchisation

Les outils d'étude et d'évaluation des solutions

### Corrections à effectuer sur les coûts par fonction

L'exemple traité explique le principe de répartition en ligne dans la grille prévisionnelle.

Mais **ce résultat serait faux** si on ne procèdait pas à un **réajustement par colonne,** pour que la somme des coûts de toutes les pièces concernées corresponde au nouveau coût par fonction.

Si l'on a effectué une correction du %, ou si dans la colonne, on a ajouté ou supprimé des pièces, on n'a plus la même quantité de nombres que dans la grille produit existant. Le total vertical sera alors supérieur ou inférieur à 100 %.

Ce qui peut créer des problèmes sur la répartition des coûts dans la matrice. Le groupe de travail devra alors gérer cette situation en effectuant une nouvelle distribution.

Exemple :

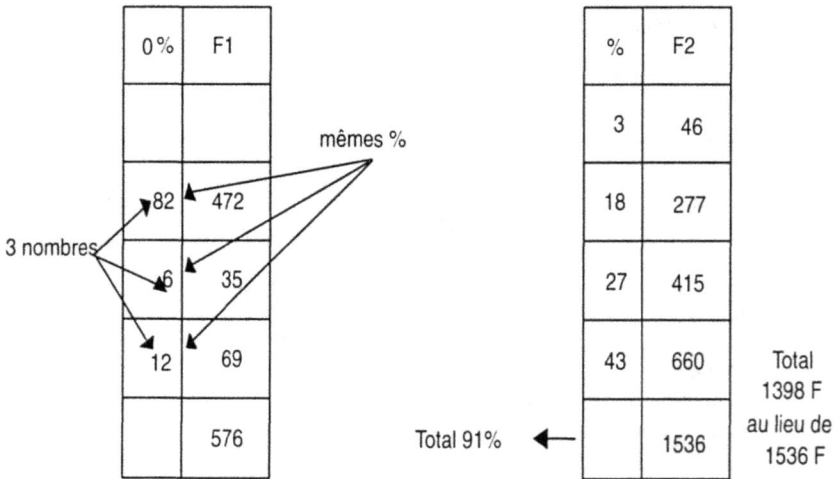

Pour F1 même %
même nombre de pièces (3)

Pour F2 % différent pour pièce 2
(22 % à 18 %)
4 nombres de pièces au lieu de 5
(suppression pièce n° 4)

Pour faciliter la compréhension l'exemple ne traite que de deux colonnes en faisant l'hypothèse que pour F1 on conserve le même nombre de pièces, pour F2 on enlève une pièce, le produit étant moins complexe.

Pour F1 le total de la colonne nous redonne les 100 %.

Pour F2 le total de la colonne nous donne 91 %.

Les colonnes ci-dessus ont été établies à partir des 2 grilles précédentes et appliquant les principes précédents.

En conséquence pour F2, on doit procéder à un réajustement des % dans toute la colonne. Il manque 9 % (91 % actuellement). C'est donc  9 % de gain par rapport au coût global.

Que doit-on faire de ces 9 % ?

Soit on les garde et on est 9 % en-dessous du coût objectif global.

Soit, on les redistribue sur des composants qui risquent d'avoir un coût plus élevé. Le groupe de travail prend les décisions nécessaires.

Cette répartition des 9 % peut s'effectuer, suivant différents critères, proportionnellement au % de chaque ligne ; sur une ou plusieurs pièces, suivant leur difficulté.

### Cas d'un produit nouveau

Nous avons vu la procédure à suivre dans le cas du produit existant où nous nous servons de la grille Coûts/Fonctions établie.

Dans le cas du produit nouveau, nous ne disposons pas de celle-ci.

Nous allons construire une grille prévisionnelle, en procédant de la même façon que précédemment pour la répartition du Coût par Fonction.

Nous prendrons chaque pièce, et en nous appuyant sur les données connues, nous déciderons de sa contribution à chaque fonction (Trait diagonal) comme pour une matrice coûts / fonctions classique.

Les outils d'étude et d'évaluation des solutions

Ensuite, nous procéderons à une répartition des % pour chaque pièce, et pour chaque fonction. Mais, cette fois-ci en colonne et non plus en ligne, afin de respecter notre 100 % par colonne correspondant au coût de notre fonction.

Ces répartitions sont faites par le groupe de travail.

### Exemple d'application

*Prenons un produit nouveau : 3 fonctions, 1 contrainte.*

*Hiérarchisation des fonctions.*

$F1 = 45 \% \ F2 = 15 \% \ F3 = 30 \% \ C1 = 10 \%,$

*Coût objectif 5 300 F*

*Déterminer le coût prévisionnel des 5 composants.*

### Solution

$1^{re}$ *étape : Calculer le coût par fonction.*

*Déterminer la participation de chaque pièce aux fonctions du produit (grille n° 1).*

$2^e$ *étape : Evaluer pour chaque fonction le % de participation de chaque pièce.*

*Faire la somme par ligne pour chaque pièce.*

Grille prévisionnelle          Produit nouveau

Grille n° 1

| Pièces | Coûts Prévision. | % | F1 | % | F2 | % | F3 | % | C1 |
|---|---|---|---|---|---|---|---|---|---|
| Pièce n° 1 | | | | | | | | | |
| Pièce n° 2 | | | | | | | | | |
| Pièce n° 3 | | | | | | | | | |
| Pièce n° 4 | | | | | | | | | |
| Pièce n° 5 | | | | | | | | | |
| Coût objectif | 5300 F | | 2385 | | 795 | | 1590 | | 530 |
| | 100 % | | 45 % | | 15 % | | 30 % | | 10 % |

1ere étape : Calcul du coût par fonction, et attribution de la pièce à la fonction par trait en diagonale.

Grille n° 2

| Pièces | Coûts Prévision. | % | F1 | % | F2 | % | F3 | % | C1 |
|---|---|---|---|---|---|---|---|---|---|
| Pièces n° 1 | 478 | 10 | 238 | 30 | 239 | | | | |
| Pièces n° 2 | 1431 | | | 20 | 159 | 70 | 1113 | 30 | 159 |
| Pièces n° 3 | 1351 | 50 | 1192 | | | | | 30 | 159 |
| Pièces n° 4 | 556 | | | 50 | 397 | 10 | 159 | | |
| Pièces n° 5 | 1484 | 40 | 954 | | | 20 | 318 | 40 | 212 |
| Coût objectif | 5300 fr | | 2385 | | 795 | | 1590 | | 530 |
| | 100 % | | 45 % | | 15 % | | 30 % | | 10 % |

2e étape : Répartition du % d'attribution de chaque pièce, pour chaque colonne de Fonction.
Calcul du coût prévisionnel de chaque composant.

**Autre procédure de répartition des coûts Matrice en %**

Cette procédure suit le même principe que ce qui a été proposé précédemment.

Hypothèses : on ne connaît pas le coût objectif de l'ensemble. On souhaite fixer le coût des composants à partir de %.

Démarche à suivre :

Exécuter un tri croisé des fonctions pour obtenir le % de hiérarchisation de chaque fonction.

Affecter ce % à chaque fonction correspondante (prévoir les réajustements nécessaires).

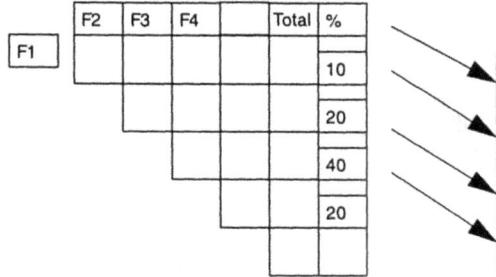

| | F2 | F3 | F4 | | Total | % |
|---|---|---|---|---|---|---|
| F1 | | | | | | |
| | | | | | | 10 |
| | | | | | | 20 |
| | | | | | | 40 |
| | | | | | | 20 |
| | | | | | | |

| Composants | Coûts en % | F1 | | F2 | | F3 | | F4 | |
|---|---|---|---|---|---|---|---|---|---|
| N° 1 | | | | | | | | | |
| N° 2 | | | | | | | | | |
| N° 3 | | | | | | | | | |
| N° 4 | | | | | | | | | |
| Coût objectif | 100 % du coût obj. | | | | | | | | |
| Tri croisé | | 10 % | | 20 % | | 40 % | | 30 % | |

Assurer la participation de chaque composant à la fonction.

| Composants | Coûts en % | F1 | | F2 | | F3 | | F4 | |
|---|---|---|---|---|---|---|---|---|---|
| N° 1 | | | X | | | | X | | X |
| N° 2 | | | X | | X | | X | | X |
| N° 3 | | | | | | | X | | |
| N° 4 | | | X | | | | X | | X |
| Coût objectif | 100 % du coût obj. | | | | | | | | |
| Tri croisé | | 10 % | | 20 % | | 40 % | | 30 % | |

A la verticale assurer la répartion de contribution de chaque composant à la fonction en % (soit 100 % par colonne).

Ex pour F1 10 + 20 + 70 = 100 % ; pour F2 60 + 40 = 100 %, etc.

Les outils d'étude et d'évaluation des solutions

| Composants | Coûts en % | F1 | | F2 | | F3 | | F4 | |
|---|---|---|---|---|---|---|---|---|---|
| N° 1 | | 10 | X | | | 10 | X | 10 | X |
| N° 2 | | 20 | X | 60 | X | 20 | X | 10 | X |
| N° 3 | | | | 40 | X | | | | |
| N° 4 | | 70 | X | | | 70 | X | 80 | X |
| Coût objectif | 100 % du coût obj. | | | | | | | | |
| Tri croisé | | 10 % | | 20 % | | 40 % | | 30 % | |

Calculer le ratio de % affecté à chaque composant en fonction du % de hiérarchisation affecté à la fonction.

Ex :

F1    Pour les composants N° 1 10 x 10 = 1 %
N° 2 20 x 10 = 2 %  N° 4 70 x 10 = 7 %

F2    Pour les composants N° 2 60 x 20 = 12 %
N° 3 40 x 20 = 8 %

Indiquer ces valeurs dans les colonnes.

| Composants | Coûts en % | F1 | | F2 | | F3 | | F4 | |
|---|---|---|---|---|---|---|---|---|---|
| N° 1 | | 10 | 1 % | | | 10 | 4 % | 10 | 3 % |
| N° 2 | | 20 | 2% | 60 | 12 % | 20 | 8 % | 10 | 3 % |
| N° 3 | | | | 40 | 8 % | | | | |
| N° 4 | | 70 | 7 % | | | 70 | 28 % | 80 | 24 % |
| Coût objectif | 100 % du coût obj. | | | | | | | | |
| Tri croisé | | 10 % | | 20 % | | 40 % | | 30 % | |

Faire la somme en % de chaque composant à l'horizontale.

| Composants | Coûts en % | F1 | | F2 | | F3 | | F4 | |
|---|---|---|---|---|---|---|---|---|---|
| N° 1 | 8 % | 10 | 1 % | | | 10 | 4 % | 10 | 3 % |
| N° 2 | 25 % | 20 | 2% | 60 | 12 % | 20 | 8 % | 10 | 3 % |
| N° 3 | 8 % | | | 40 | 8 % | | | | |
| N° 4 | 59 % | 70 | 7 % | | | 70 | 28 % | 80 | 24 % |
| Coût objectif | 100 % du coût obj. | | | | | | | | |
| Tri croisé | | 10 % | | 20 % | | 40 % | | 30 % | |

---

Avantage de cette matrice. Elle permet, si on connaît le coût réel d'un seul composant, de déterminer le coût d'ensemble ainsi que les coûts de tous les composants.

Si on connaît plusieurs coûts de composants elle permet d'affiner un peu mieux la répartition des coûts des composants par des corrections internes.

## 3 - Application des méthodes de hiérarchisation au calcul prévisionnel des coûts

Nous utilisons en Analyse de la Valeur, des outils permettant de déterminer la valeur que le client attribue à une fonction. Appliquons ce principe et ces outils à la détermination des coûts prévisionnels des composants et tâches d'un produit.

Pour cela nous pouvons utiliser les outils de tri croisé simple, tri croisé corrigé, tri croisé exact, tri croisé flou ainsi que les autres outils, matrices, ou méthodes utilisées.

La présentation effectuée s'appuie sur la méthode classique du tri croisé, couramment utilisée en Analyse de la Valeur.

Si l'on évalue en % les coûts de chaque composant. On pourra à partir du coût objectif global du produit fixer le coût de chacun d'entre eux.

De la même façon, si l'on connaît le coût d'un composant ou plusieurs composants, cela permet d'affiner et d'ajuster la répartition des coûts.

Les outils d'étude et d'évaluation des solutions

L'application est la même que pour le tri croisé classique, sauf que les fonctions sont remplacées par les composants du produit (pièces ou sous-ensembles ou tâches).

Les deux questions à poser au groupe de travail sont :

- Quelle est la pièce dont le coût est le plus élevé ? (N1 ou N2) ?

    Réponse du groupe N1

- Quel est l'écart du coût ?

    Faible : mettre 1 point

    Moyen : mettre 2 points

    Grand : mettre 3 points

    On effectue le total des points

    On détermine les % correspondants

| | N2 | | N3 | | N4 | N5 | Points | % |
|------|------|---|------|---|------|------|--------|-------|
| N1 | N1 | 3 | N1 | 2 | | | 20 | 27,39 |
| | N2 | | | | | | 25 | 34,25 |
| | | | N3 | | | | 10 | 13,69 |
| | | | | | N4 | | 18 | 24,65 |
| | | | | | | N5 | 0 | 0 |
| | | | | | | Total | 73 | |

Dans l'éventualité où un composant a un zéro, ce qui voudrait dire une valeur nulle (ce qui n'est pas acceptable), on attribue un % d'existence correspondant à une réalité, par analogie.

Par exemple si on affecte 8 % à N5 qui avait 0, on affecte les 92 % restants sur les autres composants.

| | N2 | N3 | N4 | N5 | Points | % |
|---|---|---|---|---|---|---|
| N1 | N1   3 | N1   2 | | | 20 | 27,39 |
| | N2 | | | | 25 | 34,25 |
| | | N3 | | | 10 | 13,69 |
| | | | N4 | | 18 | 24,65 |
| | | | | N5 | 0 | 0 |
| | | | | Total | 73 | |

| % |
|---|
| 27,39 |
| 34,25 |
| 13,69 |
| 24,65 |
| 0 |

| % |
|---|
| 25,19 |
| 31,51 |
| 12,59 |
| 22,67 |
| 8 |

Affectation de 8 %

Répartition des 92% restants sur les autres composants
92 % x 27,39 = 25,19
92 % x 34,25 = 31,51
92 % x 13,69 = 12,59
92 % x 24,65 = 22,67
Pour le coût des composants effectuer le % par rapport au coût global du produit

Les outils d'étude et d'évaluation des solutions

# Tableau multi-critères de décision
## fonctionnelle

A l'issue de la phase de bilan prévisionnel, un choix doit être effectué parmi les différentes solutions possibles, après justification de faisabilité de celles-ci.

L'outil N° 24 permet de sélectionner une solution, après les séances de créativité, d'après des critères techniques et économiques.

Lors d'un bilan prévisionnel, les critères de sélection pour effectuer le choix de la solution la plus adaptée sont parfois multiples et complexes à gérer.

## 1 - Les critères-indicateurs

Pour effectuer ce bilan prévisionnel, le groupe de travail doit dans un premier temps, définir les **critères- indicateurs** qui serviront à établir cette étude comparative entre les solutions.

Ce choix est très important car la décision finale dépendra de ceux-ci.

Les principaux indicateurs sont :
- Les performances, le coût, les délais, la technologie.
- Les risques, la sûreté de fonctionnement, le soutien logistique intégré, etc.
- Les investissements matériels en machines, outillages, appareillages, contrôles, etc.
- Les investissements en nombre de personnes, qualification, formation, etc.
- Les fournisseurs, le partenariat, leurs prestations (qualité, délais, fiabilité du service).

D'autres indicateurs peuvent être pris en compte :
- Le savoir-faire de l'entreprise.
- La maîtrise technique de l'entreprise par rapport aux solutions.

Etc.

## 2 - Le tableau

Comme nous l'avons déjà énoncé plusieurs fois, nous respecterons toujours notre concept qui est d'utiliser la fonction comme référence.

Pour chaque indicateur le groupe de travail mettra une note suivant un barème établi.

Afin de justifier la note, et pour ne pas oublier l'origine de cette décision, il sera important de noter en annexe les motifs précis de cette évaluation.

*Exemple*

*Dans le tableau suivant, nous avons sélectionné un certain nombre de rubriques, celles-ci sont sélectionnées par le groupe de travail en fonction du contexte du produit.*

*On place généralement deux colonnes, une pour l'évaluation du critère indicateur, l'autre pour le coût correspondant. Ce qui permet de déduire un ratio coût/ indicateur.*

Les outils du bilan prévisionnel

| Produit | | Solution A | | | | | | | | | | | | | | Solution B | | | | |
|---|---|---|---|---|---|---|---|---|---|---|---|---|---|---|---|---|---|---|---|---|
| | | 1 Perfor. | | | 2 Outil | | | 3 Maint. | | | 4 Person. | | | 5 Fourn. | | | 1 Perfor. | 2 Outil | 3 Maint. | 4 person. | 5 Fourn. |
| Fonct. | Coef. | N | T | C | N | T | C | N | T | C | N | T | C | N | T | C | | | | | |
| F1 | 10 % | | | | | | | | | | | | | | | | | | | | |
| C1 | | | | | | | | | | | | | | | | | | | | | |
| C2 | | | | | | | | | | | | | | | | | | | | | |
| C3 | | | | | | | | | | | | | | | | | | | | | |
| F2 | 20 % | | | | | | | | | | | | | | | | | | | | |
| C1 | | | | | | | | | | | | | | | | | | | | | |
| C2 | | | | | | | | | | | | | | | | | | | | | |
| F3 | 30 % | | | | | | | | | | | | | | | | | | | | |
| C1 | | | | | | | | | | | | | | | | | | | | | |
| C2 | | | | | | | | | | | | | | | | | | | | | |
| F4 | 40 % | | | | | | | | | | | | | | | | | | | | |
| C1 | | | | | | | | | | | | | | | | | | | | | |
| C2 | | | | | | | | | | | | | | | | | | | | | |
| Total par indicateur Points et coûts | | T | | | T | | | T | | | T | | | T | | | T | T | T | T | T |
| Ratio coût/indicateur | | R | | | R | | | R | | | R | | | R | | | R | R | R | R | R |

**Fiche de commentaires sur les évaluations**
Performances :

Outillage :

Maintenance :

Etc.

---

1 Performances
2 Outillage
3 Maintenance
4 Personnel
5 Fournisseurs
N = Note attribuée
T = Total de points
C = Coût

Barème
1 = Mauvais
2 = Passable
3 = Moyen
4 = Bien
5 = Très bien

# Modèle de compte rendu
## en analyse de la valeur

Après chaque séance de travail, un document de synthèse du travail effectué par le groupe doit être rédigé.

Il est important d'avoir un secrétaire de séance qui prend des notes sur le déroulement de la cession. Celui-ci sera chargé de rédiger le compte rendu.

Ce document sera distribué à chaque membre de l'équipe, ainsi qu 'à un certain nombre de destinataires dont la liste aura été préalablement établie.

Le compte rendu a l'intérêt d'assurer une traçabilité du développement du projet. Cet historique chronologique permettra ultérieurement de tenir compte d'un certain nombre d'informations, lors d'un autre projet.

C'est la mémoire des membres du groupe. Lorsque les projets se déroulent sur plusieurs mois, les personnes oublient certains éléments. La relecture des précédents comptes rendus remémore les faits.

Il informe les différents responsables du développement du projet, ce qui leur permet d'en suivre l'évolution et éventuellement d'intervenir.

Il sert également à la préparation des futures réunions de travail.

Le modèle de compte rendu, présenté ci-après, donne un certain nombre de rubriques, non exhaustives.

Elles sont adaptables en fonction du type de projet traité.

Les outils d'aide à la gestion du projet

---

Société X
Coordonnées
Logo
Etc.

# COMPTE RENDU
## ACTION AV

**Titre du projet :** ..................... **Produit :** ................................

---

Membres permanents du groupe de travail :
M. ................... Service ..................
M. ................... Service ..................
M. ................... Service ..................
M. ................... Service ..................
M. ................... Service ..................
M. ................... Service ..................

Emetteur M. ou Mme : .............
Service : ...................................
Téléphone : ...........................
Date d'émission : ....................
N° de CR : ...............................

---

Chef de projet : ........................
Animateur : ..............................

---

Autres destinataires :
M. ...................................................
M. ............................................
M. ............................................

Excusés :
M. ...........................................
M. ...........................................
M. ...........................................

---

Date prévue de la prochaine réunion : ................................................................
Lieu : ....................................... Horaires : ................................................

---

## Documents remis lors de la séance de travail

Liste des documents, avec le nombre de pages de chacun, le nom de la personne qui a fourni ces documents et l'origine de ceux-ci.
Ces documents seront joints en annexe à l'ordre du jour (ou leurs références).

## Suivi de la séance

Généralement la séance de travail doit s'effectuer suivant l'ordre du jour établi par l'animateur, mais il est souhaitable de le rappeler sommairement ici.
Joindre ou reprendre le sommaire de l'ordre du jour.
Précisez si l'ordre du jour a été respecté, si non, donner les motifs.

---

## Points traités

Une liste récapitulative des points essentiels traités par le groupe de travail doit être établie.

## Notes et remarques

Si certains des points précédents le nécessitent, des schémas, des explications complémentaires seront détaillés sous cette rubrique.

## Propositions de choix

Le groupe de travail a le pouvoir d'effectuer certains choix. Si c'est le cas celui-ci est inscrit dans la liste des acquis (outil N° 30).

Dans l'éventualité où le choix ne peut être fait immédiatement, si celui-ci dépend d'une hiérarchie, d'un autre service, d'une autre structure, on le mentionne à cette rubrique avec toutes les informations nécessaires à la prise de décision.

## Points fondamentaux à développer

En cours d'étude, un bon nombre de points devront être développés plus en détail. Pour être sûr de ne pas les oublier et afin de pouvoir en assurer le suivi, on les liste au fur et à mesure du développement.

## Travaux à exécuter

La liste de ces tâches et travaux est mentionnée ici.

Il est très vivement recommandé d'effectuer un dossier de suivi des actions qui synthétise tous ces travaux et leur suivi (outil N°32).

## Déroulement de la séance

Le secrétaire mentionne, dans l'ordre chronologique, l'activité du groupe de travail au cours de la cession.

## Divers

Autres éléments ne rentrant pas dans ces rubriques.

# LA FICHE DES ACQUIS

En cours de développement d'un projet, un certain nombre de points sont débattus, avant qu'une décision soit prise.

Cette fiche a pour objet de mentionner les points qui ont été figés à l'issue de ces discussions.

Il est important de mentionner ces acquis et de rédiger les conclusions qui ont permis d'aboutir à ce choix.

L 'expérience montre que sur des projets de longue durée, le groupe oublie et remet en cause des décisions qui avaient été prises. Ceci crée des pertes de temps et un manque d'efficacité.

Parfois la situation et le contexte nécessitent quand même une remise en cause des décisions prises. La fiche des acquis aidera par ses informations.

Les outils d'aide à la gestion du projet

# Fiche des acquis

Action AV Produit :

Responsable :

Date de proposition :          Date d'acceptation :

Acquis :

Motifs et Justificatifs :

Date de proposition :          Date d'acceptation :

Acquis :

Motifs et Justificatifs :

Date de proposition :          Date d'acceptation :

Acquis :

Motifs et Justificatifs :

# LA FICHE DES IDÉES

Pendant les séances de travail le groupe ou l'un des membres peut avoir des idées sur la conception du produit. Il est recommandé de les prendre en compte, et de les noter soigneusement pour pouvoir les développer plus tard.

Un ordre du jour est établi avec un timing très serré, l'animateur qui gère le groupe n'a pas toujours le temps d'écouter et de développer ces idées. Ne pas les prendre en compte serait une maladresse psychologique vis-à-vis de son équipe, car s'il les rejette plusieurs fois, les membres de son groupe ne feront plus de propositions.

Pour éviter cette situation, on nomme un responsable : « monsieur idées » qui est chargé de prendre les notes correspondantes sur une fiche prévue à cet effet.

En cours de cession, si une idée surgit, l'animateur demande à la personne de présenter très rapidement son idée qui est notée par le responsable.

L'émetteur de l'idée est alors sécurisé. Celle-ci a été enregistrée. Il sait qu'il aura la possibilité de la développer plus tard, au moment propice, lors de la phase de créativité.

Ce potentiel d'idées retenues fera partie de la phase préparatoire de créativité. Ce qui permettra un gain de temps lors des recherches de solutions.

Les outils d'aide à la gestion du projet

# Fiche des idées

| Action AV Produit : | Responsable : |
|---|---|

Date de proposition :
Idée            Emise par M. ou Mme :
Description de l'idée :

Schémas de principe :

Date de proposition :
Idée            Emise par M. ou Mme :
Description de l'idée :

Schémas de principe :

Date de proposition :
Idée            Emise par M. ou Mme :
Description de l'idée :

Schémas de principe :

# LE DOSSIER DES ACTIONS

En cours de séance, un certain nombre de travaux à exécuter sont identifiés par le groupe de travail. Il est très important de les répertorier afin de les faire réaliser.

Une liste d'actions à effectuer est rédigée. Elle permettra le suivi du développement ainsi que la traçabilité des actions.

Les éléments à mentionner dans le tableau sont :

La date de la demande d'exécution.

Le libellé du contenu de l'action à développer.

Le nom du responsable chargé de l'action.

La date de retour.

Le numéro de l'action.

Le contrôle de l'exécution.

Les motifs de non-exécution.

Le retard ou les délais supplémentaires accordés.

Pendant la séance de travail le responsable de ce dossier notera toutes ces informations sur sa liste.

A chaque nouvelle réunion de travail, le groupe fera le point d'après cette liste sur l'exécution des travaux, chaque responsable présentera ses résultats.

Si le travail n'a pas pu être réalisé, les motifs seront mentionnés, des délais complémentaires pourront être octroyés en fonction des circonstances.

Chaque fois qu'une action sera entièrement réalisée, on l'indiquera dans la colonne correspondante.

La liste sera jointe au compte rendu de chaque réunion pour information et suivi.

# Liste des actions

| Date de demande | N° | Responsable | Libellé des Actions<br>Indiquer les motifs de retard ou de non-exécution<br>Corriger la date de retour prévue si nécessaire | Date de retour prévue | Date exécution finale |
|---|---|---|---|---|---|
| | 1 | | | | |
| | 2 | | | | |
| | 3 | | | | |
| | 4 | | | | |
| | | | | | |
| | | | | | |
| | | | | | |
| | | | | | |
| | | | | | |

# L'ORDRE DU JOUR

Un plan d'action a été établi. Les principaux points à traiter pour chaque séance sont normalement connus. On entre maintenant, dans le détail du contenu de la cession de travail.

L'animateur doit préparer l'ordre du jour de chaque cession de travail. Pour cela, il contacte le chef de projet pour s'informer des dernières évolutions. Il adapte le contenu de la séance de travail en fonction des derniers événements pour optimiser au maximum le temps de travail du groupe.

Les différentes rubriques sont les suivantes :

### Le point sur la séance précédente

En début de séance, la parole est donnée à tous les membres de l'équipe pour que chacun d'entre eux puisse s'exprimer sur ce qui a été fait précédemment, ou sur ce qu'il serait souhaitable de faire.

Il est également possible d'ajouter à l'ordre du jour un point supplémentaire à la demande d'un des membres du groupe, sous réserve de temps disponible.

### La liste des actions

L'équipe reprend la liste des actions. Chaque responsable fait le point ou rend compte du travail effectué.

L'animateur a dû prévoir dans l'ordre du jour le temps nécessaire aux exposés des actions en cours.

### Les points à traiter

La liste des différentes rubriques des travaux à effectuer pendant la cession.

### Les exposés ou développements joints

L'animateur peut exposer la méthode et les outils à mettre en œuvre lors de cette cession. Il joint alors à ce document les éléments nécessaires pour que les membres du groupe puissent effectuer les préparations nécessaires.

### Les remarques

Un certain nombre de commentaires ou de rappels peuvent être effectués à cette rubrique.

Les outils d'aide à la gestion du projet

Société X
Coordonnées
Logo
Etc.

Chef de projet : ...........................
Animateur : ..................................
Date d'envoi de l'OJ : ..................

# Ordre du jour
## ACTION AV

**Titre du projet :** ......................... **Produit :**...........................

Membres permanents du groupe de travail :
M. ................... Service ................ M. ..................... Service.......................
M. ................... Service ................M. ..................... Service.......................
M. ................... Service ................M. ..................... Service.......................

Réunion N° ......... du : .............. Lieu : ........................Horaires :......................
Date prévue de la prochaine réunion : ........... Lieu :.................Horaires :............

## Déroulement de la cession

**Le point sur la séance précédente**

**La liste des actions**

**Les points à traiter**

**Les exposés ou développements joints**

**Remarques**

# *ANNEXE*

  **VALORISE**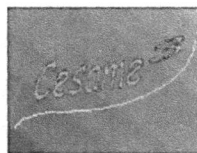

PROGICIEL D'ANALYSE DE LA VALEUR

## 1 - Introduction

Les phénomènes économiques ne cessent de s'accélérer, entraînant des turbulences de toutes sortes. La mondialisation des marchés favorise l'émergence de nouveaux concurrents capables, en quelques mois, de prendre une part significative d'un marché.

L'accélération des évolutions technologiques influence de plus en plus le comportement des consommateurs, qui se désintéressent des produits existants et recherchent des produits innovants : ceci entraînant une accélération du cycle de renouvellement des produits.

Les industriels sont devant un risque majeur de perte de compétitivité face à la pression concurrentielle (souvent en provenance de pays à faibles coûts de main d'œuvre), s'ils ne peuvent en permanence détecter et anticiper ces phénomènes économiques.

L'innovation est l'un des moyens de lutte face à ce contexte, et l'Analyse de la Valeur un outil puissant qui permet de réaliser ces innovations dans de meilleurs délais et au meilleur coût. L'Analyse de la Valeur permet de s'attaquer aux différents coûts par une remise en cause volontaire de tous les éléments qui les constituent et permet de rechercher en permanence la juste valeur d'un produit telle qu'elle est perçue par le client.

Grâce à l'Analyse de la Valeur, RENAULT a pu, et ceci pour la première fois, fabriquer un nouveau véhicule pour un prix inférieur à celui du véhicule remplacé. De la CLIO I à la CLIO II, il y a une diminution de la diversité des pièces et des opérations. Ainsi, le nombre de pièces composant la nouvelle CLIO a été réduit de 30 % et le nombre de fixations de 25 % tout en réalisant une augmentation des exigences de qualité et de fiabilité. Parallèlement les temps de montage ont été réduits de 25 % et les coûts de fabrication de 30 %.

L'utilisation de l'Analyse de la Valeur est parfois complexe compte tenu de ses nombreuses phases et de l'importance des informations à collecter. L'informatisation de cette démarche grâce au logiciel VALORISE permet d'en faciliter le déroulement et de pérenniser l'utilisation de l'Analyse de la Valeur comme vecteur pour la conception de produits nouveaux ou la reconception de produits existants.

VALORISE facilite la capitalisation des expériences acquises durant le déroulement des projets, et assure une trace des informations réutilisables pour les futurs développements.

Dès la première application, le gain de temps est substantiel, grâce à une formalisation rigoureuse de la démarche et à la transparence que le logiciel permet entre la conduite de l'animateur et l'application par le groupe de travail.

Les outils de l'A.V. sont assortis de représentations graphiques favorables à une utilisation en groupe, en temps réel, par vidéo-projection. Chaque participant peut, quel que soit son niveau d'expérience et de pratique de l'A.V., assimiler et enrichir le travail du groupe à son rythme, dès lors que le logiciel est utilisé en réseau.

VALORISE est avant tout centré sur la conception et l'optimisation de produits industriels ; il est également ouvert sur l'amélioration des processus de fabrication et des processus administratifs, voire sur la clarification d'orientations ou de choix techniques ou stratégiques.

## 2 - Présentation de VALORISE

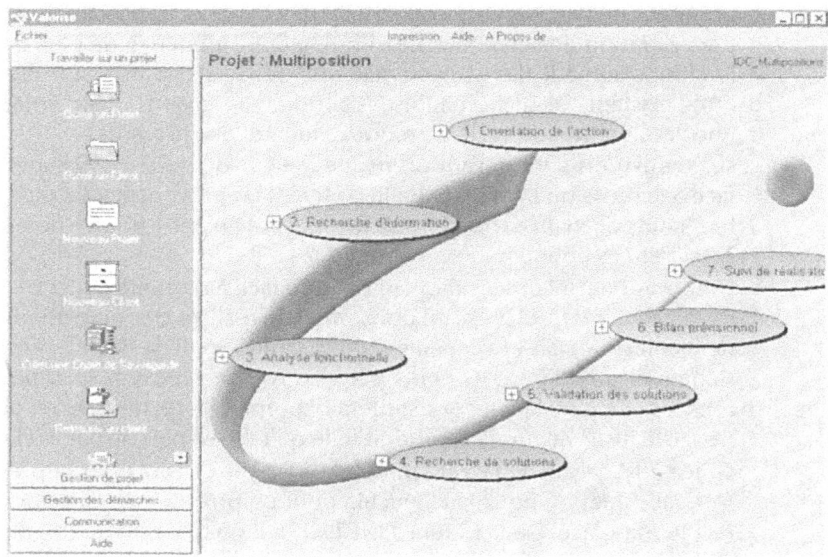

VALORISE est un progiciel d'Analyse de la Valeur permettant de formaliser l'ensemble de la démarche, sur le plan méthodologique et sur le plan opérationnel.

Sur le plan méthodologique, l'utilisateur est guidé dans le déroulement de la démarche par l'enclanchement des modules correspondant aux 7 phases de la démarche normalisée, et à l'intérieur de chaque phase, par des outils correspondant par exemple à la décomposition des coûts, à la recherche des fonctions, ou encore à la recherche d'idées. L'ensemble est constitué d'une trentaine de modules différents.

Sur le plan opérationnel, la conduite du projet s'effectue depuis un programme général qui fait appel aux différents modules, toutes les saisies d'informations étant regroupées dans une même base de données, assurant la cohérence de l'ensemble.

VALORISE est avant tout le support de la totalité des travaux réalisés soit en groupe de travail, soit de manière individuelle par les participants et les partenaires du projet. Il permet une formalisation rigoureuse, la prise en charge de tous les calculs, la constitution de dossiers complets dont le Cahier des Charges Fonctionnel, ainsi que l'animation ergonomique des travaux de groupe.

## 2.1 Quelques exemples de modules figurant dans le progiciel

### La Check-List d'orientation de l'action

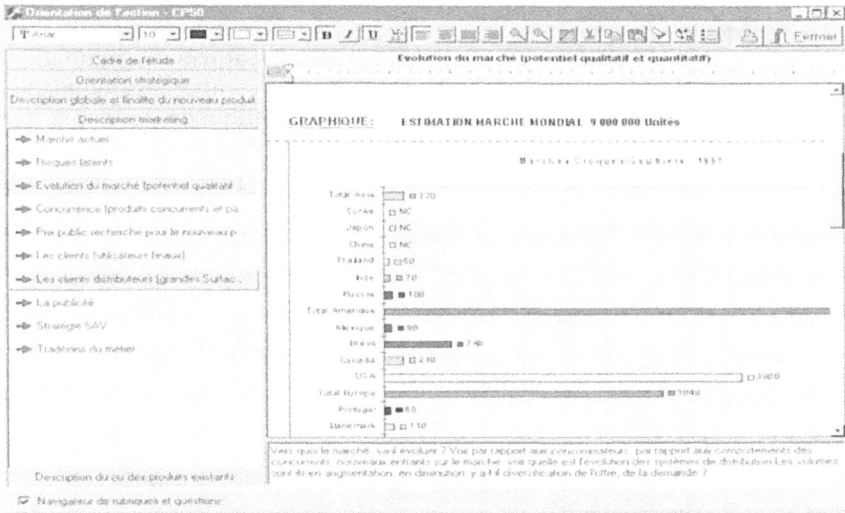

Véritable lieu de collaboration entre les différentes fonctions de l'entreprise, du marketing au service après-vente, ce module délimite le cadre du projet et ses degrés de liberté.

## L'Organigramme Technique Produit

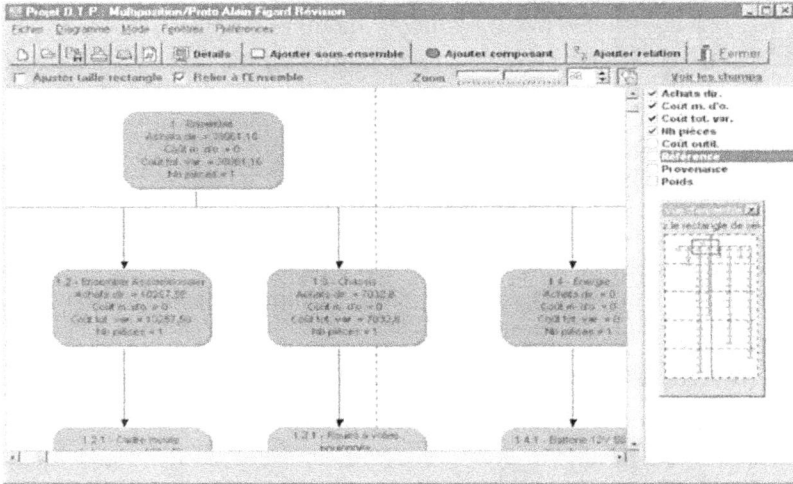

Ce module, situé en phase de recherche d'informations, permet de décomposer un produit en sous-ensembles et composants, de manière à permettre une réflexion sur l'origine et la distribution des coûts, de manière analytique et visuelle.

## La Rosace des Fonctions

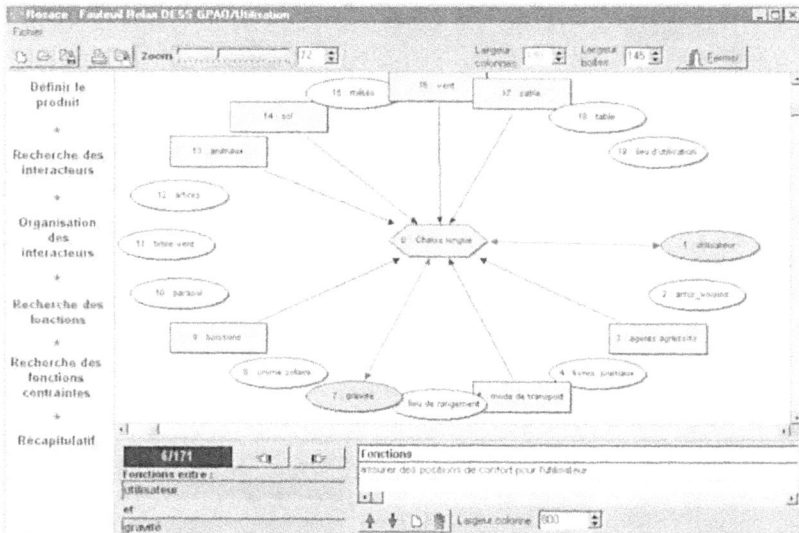

La recherche des fonctions par l'analyse du système étudié dans son environnement est au cœur de la démarche d'Analyse de la Valeur. Convivialité et exhaustivité grâce au progiciel, constituent les bases de la réussite de cette partie à la fois délicate de mise en œuvre et puissante pour la suite.

*La matrice des coûts par fonction*

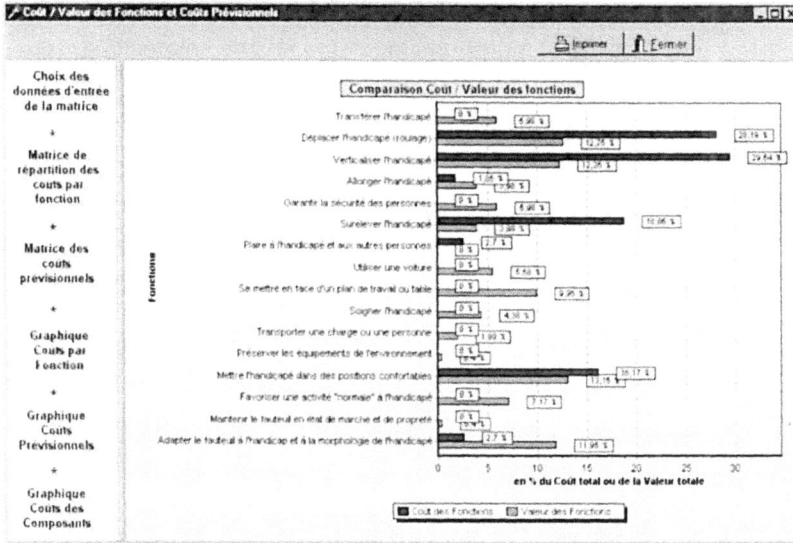

Le graphique de comparaison entre le coût de réalisation des fonctions et leur niveau d'appréciation par les clients constitue une réflexion clé sur l'amélioration à bon escient des performances du produit, aussi bien que sur la réduction des coûts de fabrication. VALORISE rend cette opération simple et rapide, avec un affichage immédiat des résultats.

*Le graphe de recherche des idées (Galaxie)*

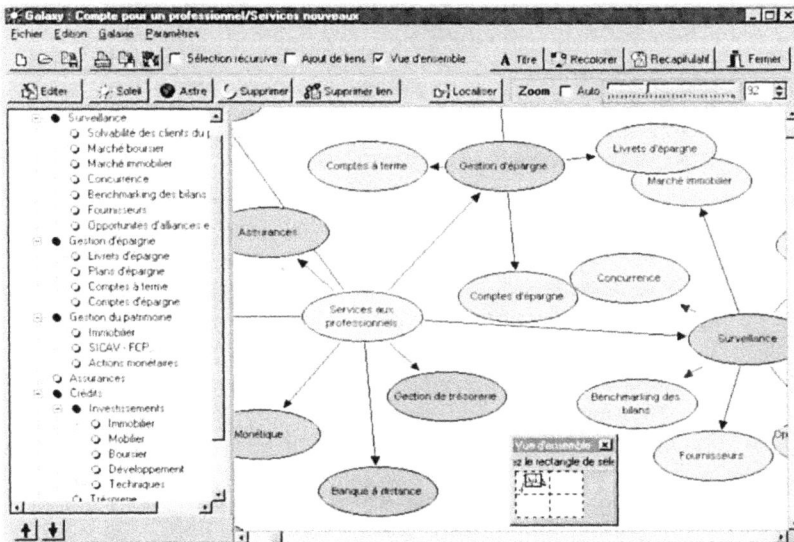

La recherche d'idées en groupe ou individuelle est démultipliée grâce à plusieurs modules dont ce graphe de recherche proposant une structuration souple de production de nouvelles idées. D'autres modules comme l'analyse morphologique (recherche matricielle) ou le FAST (représentation logique) couvrent de manière adaptée différentes formes ou différents stades de la créativité.

## 2.2 L'aide méthodologique ou contextuelle

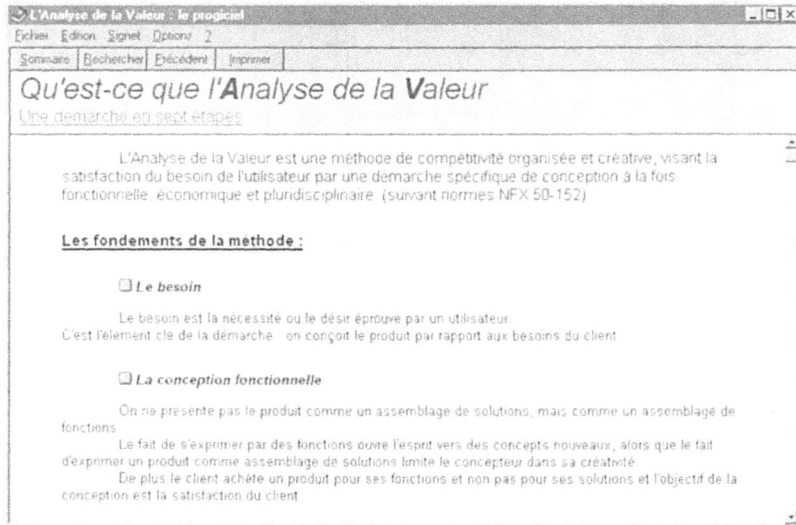

L'utilisateur est guidé lors d'un apprentissage individuel ou lors de l'approfondissement de l'application de la méthode par des aides sur la méthodologie ou sur l'utilisation du progiciel.

## 3- Les fonctionnalités du progiciel VALORISE

Le progiciel VALORISE, réalisé en collaboration avec l'ECOLE CENTRALE DE LYON, présente une richesse de fonctionnalités qui en font l'unique et presque indispensable outil de mise en application rapide, conviviale, complète et pérenne de l'Analyse de la Valeur.

Parmi l'ensemble de ces fonctionnalités, on peut distinguer :

- Déroulement de l'ensemble de la démarche d'Analyse de la Valeur appliquée à la conception de produits, de services, de logiciels, etc...
- Tous les outils indispensables à la progression d'une étude sont présents dans le progiciel
- Rapidité de saisie des informations au clavier, par intégration de documents existants (traitements de texte, tableurs, images, photos)
- Saisie unique intégrée à une base de données, réutilisable pour d'autres projets, par enrichissements successifs
- Intégration de tous les calculs nécessaires, édition de courbes et de graphiques

- Travail en individuel, en réseau, en formation ou en réunion de groupe avec utilisation d'un vidéoprojecteur
- Gestion de projet intégrée avec préparation de réunions, planning, compte-rendu de réunion, tâches à réaliser, historique des décisions prises
- Démarche paramétrable, adaptée au type de produit étudié ou de projet, ainsi qu'au contexte particulier de l'entreprise. Des démarches types peuvent être fournies.
- Constitution de rapports, présentations, cahiers des charges imprimés
- Basé sur les normes françaises et européennes, le progiciel intègre des outils classiques pour les praticiens de la méthodologie, ainsi que des outils inédits, correspondant à une logique d'informatisation.

## 4 - Les principaux atouts du progiciel

Le progiciel VALORISE est utilisable aussi bien en PME qu'en grande entreprise, ou en école d'ingénieurs. Il est destiné avant tout aux applications industrielles, et constitue le premier outil permettant d'intégrer totalement l'ensemble de la démarche d'Analyse de la Valeur.

L'Analyse de la Valeur étant une méthodologie reconnue pour la puissance des résultats qu'elle apporte dans toute démarche de conception, VALORISE aide l'entreprise à réussir l'intégration de cette démarche en contournant ce qui est parfois vécu comme contraignant, lourd ou trop mobilisateur des ressources internes :

- Valorise permet une démarche cohérente et complète.
- Valorise facilite l'utilisation de l'Analyse de la Valeur.
- Valorise procure d'importants gains de temps
- Valorise fédère les forces créatives de l'entreprise.
- Valorise allège notablement les budgets des études.
- Valorise favorise la pérennisation de l'utilisation de l'Analyse de la Valeur dans l'entreprise.

Le progiciel s'insère parfaitement dans le contexte actuel de l'industrie, où les maîtres mots sont : innovation, cycle de renouvellement rapide des produits, pression sur les prix, délais courts, travail collaboratif pour réussir, faire bien du premier coup, fournir des prestations et des produits de grande qualité.

De manière schématisée, voici les apports du progiciel dans une utilisation "au quotidien" de l'Analyse de la Valeur :

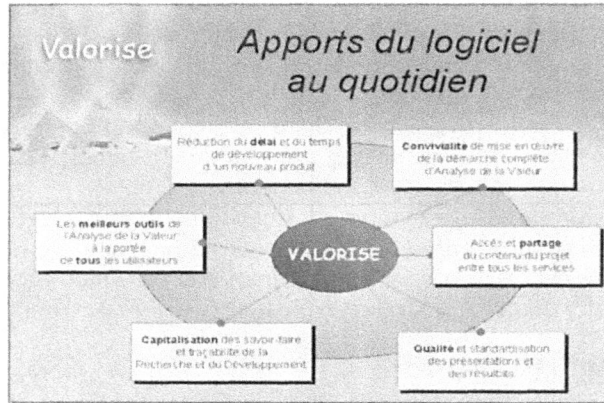

- VALORISE aide à se concentrer sur les tâches nobles de réflexion, d'analyse et d'imagination en prenant en charge le travail fastidieux, tout en l'agrémentant par une interface conviviale et ludique.
- VALORISE donne plus d'autonomie aux membres du groupe, qui ont accès à l'anticipation du déroulement de la démarche, et à toutes les données traitées par le groupe.
- VALORISE fait gagner un temps précieux à l'animateur lors de la préparation de chaque séance de travail, et prend en charge le compte-rendu formel.
- VALORISE apporte une contribution majeure en terme de rapidité et de facilité de mise en œuvre. Il est une réponse face aux contraintes budgétaires et à la réduction des temps impartis pour les projets.
- VALORISE permet de réduire considérablement les délais de développement d'un produit par le travail en " Workshop " (séminaire intensif) en concentrant les phases d'analyse fonctionnelle et de créativité sur 2 à 3 jours.
- VALORISE est un outil de communication d'informations entre les services de l'entreprise grâce à l'enrichissement de la base de données associées, accessible depuis chaque poste de travail.
- VALORISE s'intègre dans une démarche de Qualité Totale et constitue la trame de la procédure de conception suivant les normes ISO 9001.

## 5 - Les caractéristiques techniques du progiciel

- VALORISE est destiné à un environnement de travail Windows : Windows 95, 98 ou NT.
- Le progiciel peut s'utiliser en réseau local, plusieurs personnes pouvant alors se connecter sur la même base de données.
- Il comprend environ 30 modules intégrés sous un programme général (voir quelques exemples ci-dessus)

- Matériel nécessaire : PC Pentium 166 avec 32 Mo de mémoire vive, espace disque nécessaire : environ 100 Mo pour l'installation des programmes et de la base de données.
- VALORISE a été développé sous Delphi, et utilise Paradox comme base de données
- Un nombre illimité de bases de données différentes peuvent être créées, sous l'appellation de « nouveaux clients ». Chaque base de données ou client peut contenir plusieurs projets.
- Le progiciel est protégé par une clé matérielle ultra-courte posée sur le port parallèle.

**6 - Contacts**

L'éditeur du progiciel est la société Cesame3.
Adresse postale : Cesame3
                        17 bis rue Jean Vianney
                        69130 ECULLY
Tél : 04 78 33 99 82
Fax : 04 78 33 38 08
E-Mail : cesame3@valorise.com
Site Web : www.valorise.com
Pour tout contact, s'adresser à Damien MARX.

www.ingramcontent.com/pod-product-compliance
Lightning Source LLC
Chambersburg PA
CBHW082140210326
41599CB00031B/6051